Die Streitverkündung im europäischen Interventionsrecht

Berliner Schriften zum internationalen und ausländischen Privatrecht

Herausgegeben von Prof. Dr. Helmut Grothe, Freie Universität Berlin

Freie Universität Berlin

Band 5

PETER LANG

Frankfurt am Main · Berlin · Bern · Bruxelles · New York · Oxford · Wien

Ulrike von Paris

Die Streitverkündung im europäischen Interventionsrecht

PETER LANG
Internationaler Verlag der Wissenschaften

Bibliografische Information der Deutschen Nationalbibliothek
Die Deutsche Nationalbibliothek verzeichnet diese Publikation in der Deutschen Nationalbibliografie; detaillierte bibliografische Daten sind im Internet über http://dnb.d-nb.de abrufbar.

Zugl.: Berlin, Freie Univ., Diss., 2011

Gedruckt auf alterungsbeständigem,
säurefreiem Papier.

D 188
ISSN 1865-486X
ISBN 978-3-631-62076-2

www.peterlang.de

Meinem lieben Vater zum 60. Geburtstag

Vorwort

Die vorliegende Arbeit wurde im Mai 2011 vom Fachbereich Rechtswissenschaft der Freien Universität Berlin als Dissertation angenommen. Das Manuskript lag im April 2010 vor und ist für die Veröffentlichung weitgehend aktualisiert worden.

Besonderer Dank gilt meinem Doktorvater, Prof. Dr. Helmut Grothe, der mir bereits im Studium Hilfe und Inspiration war und mir bei der Erstellung meiner Dissertation alle Freiheiten gewährte. Ich danke ihm auch für die Aufnahme meiner Arbeit in diese Schriftenreihe. Weiterhin danke ich Prof. Dr. Martin Schwab für die Übernahme des Zweitgutachtens.

Dank gebührt auch Dr. Rolf Wagner für sein Interesse und seine Unterstützung. Und Dr. Tobias Boecken, der mir durch die flexible Gestaltung meiner Arbeitszeiten die Finanzierung dieses Projekts ermöglichte.

Ganz herzlich danke ich meinen lieben Eltern und meinem Bruder, die immer für mich da sind, und meinen Freunden. Vor allem aber danke ich Selçuk, ohne den dieses Buch nicht entstanden wäre!

Berlin im Juni 2011 Ulrike von Paris

Inhaltsübersicht

Vorwort ..... **VII**

Inhaltsverzeichnis ..... **XI**

Abkürzungsverzeichnis ..... **XVII**

Literaturverzeichnis ..... **XXI**

Einleitung **1**
A. Untersuchungsgegenstand und Ziel der Arbeit 1
B. Gang der Untersuchung 7

1. Abschnitt: Rechtsquellen des europäischen Interventionsrechts **9**
A. Überblick 9
B. Verordnung (EG) Nr. 44/2001 – EuGVO 9
I. Grundregel des Art. 6 Nr. 2 EuGVO 9
II. Ausnahmeregel des Art. 65 EuGVO 9
III. Sonderregelung des Art. 11 EuGVO 11
C. Lugano Übereinkommen 11
I. Grundregel des Art. 6 Nr. 2 LugÜ 11
II. Ausnahmeregel des Art. II Protokoll 1 LugÜ 12
D. Besondere Streitverkündungsregeln im internationalen Transportrecht 13
I. Eisenbahntransportabkommen COTIF 13
II. Straßentransportabkommen CMR 14
III. Verhältnis zur EuGVO 15

2. Abschnitt: Gewährleistungs- und Interventionsklagen **17**
A. Begriff und Wesen 17
I. Gewährleistungsklagen 17
II. Interventionsklagen 17
III. Wesen 21
B. Die internationale Zuständigkeit nach Art. 6 Nr. 2 EuGVO 21
I. Sinn und Zweck 22
II. Voraussetzungen 23
III. Schranken der Zuständigkeit 36
C. Sonstige Zulässigkeitsvoraussetzungen 50
D. Anerkennung von Entscheidungen nach Art. 6 Nr. 2 EuGVO 53
I. Anerkennungsvoraussetzungen 54
II. Überprüfung der Zuständigkeit 55

3. Abschnitt: Streitverkündung **59**
A. Funktion und Wesen 59
I. Streitverkündungsmodell in Europa 59
II. Streitverkündung nach der ZPO 61
B. Gerichtspflichtigkeit des Dritten nach Art. 65 Abs. 1 S. 2 EuGVO 66
I. Einführung 66
II. Voraussetzungen 69
III. Hindernisse 75

C. Anerkennung der Streitverkündungswirkung; Art. 65 Abs. 2 S. 2 EuGVO 92
I. Reichweite der Anerkennungspflicht 93
II. Anerkennungsvoraussetzungen 93
III. Anerkennungswirkungen 95
D. Vereinbarkeit des Art. 65 EuGVO mit Art. 18 AEUV 97

4. Abschnitt: Vermeintliche Strukturdefizite der Streitverkündung 101
A. Überblick 101
B. Zeitpunkt der Streitverkündungsprüfung 102
I. Einleitung 102
II. Möglichkeiten der Konfliktlösung 115
III. Eigener Lösungsansatz 122
IV. Ergebnis 128
C. Behandlung von Parallelprozessen im Falle Streitverkündung 130
I. Einleitung 130
II. Rechtshängigkeitssperre bei Gewährleistungs- und Interventionsklagen .. 135
III. Europäische Rechtshängigkeit und Streitverkündung 141
IV. Ergebnis 161

5. Abschnitt: Aktuelle Entwicklungen 163
A. Überblick 163
B. Revision des LugÜ 163
C. Grünbuch zur Überprüfung der EuGVO 164
I. Study JLS/C4/2005/03 74 164
II. Kommissionsbericht und Grünbuch 165
III. Stellungnahmen 166
IV. Kommissionsvorschlag 167
D. Ergebnis 167

Zusammenfassung der Ergebnisse 169
A. Das europäische Interventionsrecht 169
I. Gewährleistungs- und Interventionsklagen 169
II. Streitverkündung 171
B. Vermeintliche Strukturdefizite der Streitverkündung 173
I. Zeitpunkt der Zulässigkeitsprüfung 173
II. Europäische Rechtshängigkeit und Streitverkündung 174
C. Ausblick 175

Materialien 177

Inhaltsverzeichnis

Vorwort ..... **VII**

Inhaltsübersicht ..... **IX**

Abkürzungsverzeichnis ..... **XVII**

Literaturverzeichnis ..... **XXI**

Einleitung **1**
A. Untersuchungsgegenstand und Ziel der Arbeit 1
B. Gang der Untersuchung 7

1. Abschnitt: Rechtsquellen des europäischen Interventionsrechts **9**
A. Überblick 9
B. Verordnung (EG) Nr. 44/2001 – EuGVO 9
I. Grundregel des Art. 6 Nr. 2 EuGVO 9
II. Ausnahmeregel des Art. 65 EuGVO 9
III. Sonderregelung des Art. 11 EuGVO 11
C. Lugano Übereinkommen 11
I. Grundregel des Art. 6 Nr. 2 LugÜ 11
II. Ausnahmeregel des Art. II Protokoll 1 LugÜ 12
D. Besondere Streitverkündungsregeln im internationalen Transportrecht 13
I. Eisenbahntransportabkommen COTIF 13
II. Straßentransportabkommen CMR 14
III. Verhältnis zur EuGVO 15

2. Abschnitt: Gewährleistungs- und Interventionsklagen **17**
A. Begriff und Wesen 17
I. Gewährleistungsklagen 17
II. Interventionsklagen 17
1. Dritter als Interventionskläger 18
2. Dritter als Streithelfer 19
3. Begriffsbestimmung 21
III. Wesen 21
B. Die internationale Zuständigkeit nach Art. 6 Nr. 2 EuGVO 21
I. Sinn und Zweck 22
II. Voraussetzungen 23
1. Anwendungsbereich der EuGVO 23
a. Enge Auffassung 24
b. Vermittelnde Auffassung 25
c. Weite Auffassung 27
d. Zwischenergebnis 29
2. Konnexität 29
a. Die EuGH-Entscheidung GIE Réunion Européenne 31
b. Reichweite der Entscheidung 33
c. Ausgestaltung des Konnexitätserfordernisses 33
aa. Gewährleistungsklagen 33
bb. Interventionsklagen 34

cc. Feststellung der Konnexität ... 34
dd. Zwischenergebnis ... 35
III. Schranken der Zuständigkeit ... 36
1. Gerichtsstandsmissbrauch ... 36
2. Vorrangige Gerichtsstände ... 37
a. Ausschließliche Zuständigkeiten, Art. 22 EuGVO ... 37
b. Zwingende Zuständigkeiten ... 38
aa. Versicherungssachen ... 38
bb. Verbraucher- und Arbeitssachen ... 40
3. Gerichtsstandsvereinbarungen ... 41
a. Anwendungsbereich von Art. 23 EuGVO ... 41
aa. Teleologische Reduktion des Anwendungsbereichs ... 42
(1) Konstellation 1: Reine Inlandsfälle ... 43
(2) Konstellation 2: Bloßer Drittstaatenbezug ... 46
bb. Prorogation drittstaatlicher Gerichte ... 47
b. Derogationswirkung ... 48
c. Zwischenergebnis ... 50
C. Sonstige Zulässigkeitsvoraussetzungen ... 50
D. Anerkennung von Entscheidungen nach Art. 6 Nr. 2 EuGVO ... 53
I. Anerkennungsvoraussetzungen ... 54
II. Überprüfung der Zuständigkeit ... 55

3. Abschnitt: Streitverkündung ... 59
A. Funktion und Wesen ... 59
I. Streitverkündungsmodell in Europa ... 59
II. Streitverkündung nach der ZPO ... 61
1. Zulässigkeitsvoraussetzungen ... 62
2. Wirkungen ... 64
a. Interventionswirkung ... 64
b. Verjährungshemmung ... 65
B. Gerichtspflichtigkeit des Dritten nach Art. 65 Abs. 1 S. 2 EuGVO ... 66
I. Einführung ... 66
1. Nicht erwähnte Mitgliedstaaten ... 66
2. Sinn und Zweck ... 68
3. Begriff der Gerichtspflichtigkeit ... 68
II. Voraussetzungen ... 69
1. Anwendungsvoraussetzungen des Art. 65 Abs. 1 S. 2 EuGVO ... 69
a. Ausgangsprozess ... 69
b. Regressprozess ... 70
c. Wohnsitz in anderem Mitgliedstaat ... 71
2. Zulässigkeitsvoraussetzungen nach lex fori ... 71
3. Erfordernis der internationalen Zuständigkeit ... 73
III. Hindernisse ... 75
1. Missbrauch ... 75
2. Vorrangige Gerichtsstände ... 76
a. Ausschließliche Zuständigkeiten ... 76
b. Zwingende Zuständigkeiten ... 76
aa. Versicherungssachen ... 76

bb. Verbraucher- und Arbeitssachen ... 77
3. Gerichtsstandsvereinbarungen ... 78
a. Dispositionsbefugnis der Parteien ... 79
b. Art. 23 EuGVO und Streitverkündungsausschluss ... 79
aa. Internationale Streitverkündungszuständigkeit ... 80
(1) Meinungsstand ... 80
(a) Grobposition 1 ... 80
(b) Grobposition 2 ... 81
(2) Eigene Bewertung ... 82
bb. Systematik der Verordnung und Einheitlichkeitsgrundsatz ... 88
c. Anforderungen an den Streitverkündungsausschluss ... 91
C. Anerkennung der Streitverkündungswirkung; Art. 65 Abs. 2 S. 2 EuGVO ... 92
I. Reichweite der Anerkennungspflicht ... 93
II. Anerkennungsvoraussetzungen ... 93
1. Anerkennungsfähigkeit des Ausgangsurteils ... 94
2. Eigenständige Anerkennungsprüfung der Streitverkündung ... 94
3. Überprüfung der Zuständigkeit ... 95
III. Anerkennungswirkungen ... 95
D. Vereinbarkeit des Art. 65 EuGVO mit Art. 18 AEUV ... 97

4. Abschnitt: Vermeintliche Strukturdefizite der Streitverkündung ... 101
A. Überblick ... 101
B. Zeitpunkt der Streitverkündungsprüfung ... 102
I. Einleitung ... 102
1. Streitverkündungsprüfung nach den Grundsätzen der ZPO ... 103
a. Differenzierte Betrachtung ... 103
aa. Nichtbeitritt ... 103
bb. Beitritt ... 104
(1) Zwischenstreit nach § 71 ZPO im Ausgangsverfahren ... 105
(2) Kein Zwischenstreit ... 107
b. Keine Differenzierung bei der Frage der Verjährungshemmung ... 109
c. Umfang der Prüfung im Folgeprozess ... 110
aa. Amtswegige Prüfung ... 110
bb. Prüfung auf Einrede ... 110
cc. Feststellung der Reichweite der Interventionswirkung ... 111
2. Das Verbot der Nachprüfung der internationalen Zuständigkeit ... 111
a. Grundsatz des Art. 35 Abs. 3 EuGVO ... 111
b. Ausnahmeregel des Art. 35 Abs. 1 EuGVO ... 111
c. Anwendbarkeit auf die Streitverkündung ... 112
3. Résumé ... 114
II. Möglichkeiten der Konfliktlösung ... 115
1. Lösung auf Verordnungsebene ... 115
2. Anpassung des nationalen Verfahrensrechts ... 117
a. Bisheriger Meinungsstand ... 117
aa. Literatur ... 117
bb. OLG Köln ... 119
b. Stellungnahme ... 120
III. Eigener Lösungsansatz ... 122

1. Zusammenhang von Nachprüfungsverbot und Zuständigkeitsprüfung. 122
2. Prüfung der internationalen Zuständigkeit nach der EuGVO 123
a. Zuständigkeitsprüfung von Amts wegen 123
aa. Ausschließliche Zuständigkeit nach Art. 25 EuGVO 123
bb. Nichteinlassung des Beklagten nach Art. 26 Abs. 1 EuGVO 124
cc. Keine Amtsprüfung bei Einlassung des Beklagten 124
b. Modalitäten der amtswegigen Prüfung 124
3. Übertragung auf die Streitverkündung 125
4. Voraussetzungen der vorgezogenen Prüfung im Einzelnen 126
a. Anwendbarkeit der Verordnung auf den Folgeprozess 126
b. Voraussetzungen in Abhängigkeit vom Verhalten des Dritten 126
aa. Nichtbeitritt 126
bb. Beitritt unter Vorbehalt 127
cc. Vorbehaltloser Beitritt 128
5. Zwischenergebnis 128
IV. Ergebnis 128
C. Behandlung von Parallelprozessen im Falle Streitverkündung 130
I. Einleitung 130
1. Streitverkündung und Rechtshängigkeit nach nationalem Recht 130
2. Rechtshängigkeitsvorschriften der EuGVO 131
a. Rechtshängigkeitssperre des Art. 27 EuGVO 132
aa. Voraussetzungen 132
bb. Rechtsfolgen 133
b. Konnexität nach Art. 28 EuGVO 133
aa. Voraussetzungen 133
bb. Rechtsfolgen 134
II. Rechtshängigkeitssperre bei Gewährleistungs- und Interventionsklagen .. 135
1. Priorität der Interventionsklage am Gerichtsstand des Hauptprozesses 135
2. Priorität der isolierten Regressklage 137
a. Die Entscheidung des OLG Hamm 137
b. Bewertung 138
III. Europäische Rechtshängigkeit und Streitverkündung 141
1. Streitverkündung mit Klage 141
a. LG Frankfurt / OLG Hamburg 141
b. Bewertung 142
2. Streitverkündung im Sinne von Art. 65 Abs. 1 S. 2 EuGVO 144
a. Rechtshängigkeitssperre 144
b. Konnexitätsregel 145
aa. Anwendbarkeit 145
bb. Eignung zur Konfliktlösung 146
c. Eigene Lösung 149
aa. Analoge Anwendung von Art. 27 EuGVO 149
(1) Vermeidung unvereinbarer Entscheidungen 149
(a) Interventionswirkung als Entscheidung 151
(b) Unvereinbarkeit 151
(2) Prozessökonomie 153
(3) Einheitlichkeitsgrundsatz / Effektivität des Rechtsschutzes.. 155

(4) Zwischenergebnis ... 156
bb. Rechtsfolgenanordnung des Art. 27 EuGVO ... 156
(1) Rechtsfolgen bei Priorität der Streitverkündung ... 156
(2) Rechtsfolgen bei Priorität des Folgeprozesses ... 158
(a) Unzuständigkeitserklärung; Art. 27 Abs. 2 EuGVO ... 158
(b) Aussetzung nach Art. 27 Abs. 1 EuGVO ... 159
IV. Ergebnis ... 161
5. Abschnitt: Aktuelle Entwicklungen ... 163
A. Überblick ... 163
B. Revision des LugÜ ... 163
C. Grünbuch zur Überprüfung der EuGVO ... 164
I. Study JLS/C4/2005/03 74 ... 164
II. Kommissionsbericht und Grünbuch ... 165
III. Stellungnahmen ... 166
IV. Kommissionsvorschlag ... 167
D. Ergebnis ... 167
Zusammenfassung der Ergebnisse ... 169
A. Das europäische Interventionsrecht ... 169
I. Gewährleistungs- und Interventionsklagen ... 169
II. Streitverkündung ... 171
B. Vermeintliche Strukturdefizite der Streitverkündung ... 173
I. Zeitpunkt der Zulässigkeitsprüfung ... 173
II. Europäische Rechtshängigkeit und Streitverkündung ... 174
C. Ausblick ... 175
Materialien ... 177

Abkürzungsverzeichnis

aA	Andere Auffassung
ABl. EG	Amtsblatt der Europäischen Gemeinschaft
ABl. EU	Amtsblatt der Europäischen Union
Abs.	Absatz
AEUV	Vertrag über die Arbeitsweise der Europäischen Union
AG	Aktiengesellschaft
Alt.	Alternative
Anh.	Anhang
Art.	Artikel
Artt.	Artikel (pl.)
Aufl.	Auflage
Bd.	Band
BGB	Bürgerliches Gesetzbuch
BGBl.	Bundesgesetzblatt
BGH	Bundesgerichtshof
BRD	Bundesrepublik Deutschland
Bsp.	Beispiel
bzgl.	Bezüglich
bzw.	Beziehungsweise
Cass.	Cour de Cassation
CIM	Einheitliche Rechtsvorschriften für den Vertrag über die internationale Eisenbahnbeförderung von Gütern
CIV	Einheitliche Rechtsvorschriften für den Vertrag über die internationale Eisenbahnbeförderung von Personen und Gepäck
CMR	Übereinkommen über den Beförderungsvertrag im internationalen Straßengüterverkehr v. 19.5.1956
COTIF	Übereinkommen über den internationalen Eisenbahnverkehr v. 9.5.1980
Cpc	Codice procedure civile
CPO	Civilprozeßordnung (1877)
Ders.	Derselbe
Dies.	Dieselbe(n)
EFTA-Staaten	Mitgliedstaaten der Europäischen Freihandelsassoziation
EG	Vertrag zur Gründung der Europäischen Gemeinschaft
Einl	Einleitung
EMRK	Europäische Menschenrechtskonvention
EU	Europäische Union
EuGH	Europäischer Gerichtshof
EuGVO	Verordnung (EG) Nr. 44/2001 des Rates vom 22. Dezember 2000 über die gerichtliche Zuständigkeit und die Anerkennung und Vollstreckung von Entscheidungen in Zivil- und Handelssachen
EuGVÜ	Übereinkommen über die gerichtliche Zuständigkeit und die Vollstreckung gerichtlicher Entscheidungen in Zivil- und

	Handelssachen vom 27.9.1968
EuZVO	Verordnung (EG) Nr. 1393/2007 des Europäischen Parlaments und des Rates vom 13. November 2007 über die Zustellung gerichtlicher und außergerichtlicher Schriftstücke in Zivil- oder Handelssachen in den Mitgliedstaaten und zur Aufhebung der Verordnung (EG) Nr. 1348/2000 des Rates
EuZW	Europäische Zeitschrift für Wirtschaftsrecht
EWG	Europäische Wirtschaftsgemeinschaft
EWS	Europäisches Wirtschafts- und Steuerrecht
EZPR	Europäisches Zivilprozessrecht
EZVR	Europäisches Zivilverfahrensrecht
f.	und folgende Seite
ff.	und folgende Seiten
FS	Festschrift
GA	Generalanwalt
GG	Grundgesetz
GR	Gemeinschaftsrecht
GS	Gedächtnisschrift
HansOLG	Hanseatisches Oberlandesgericht
Hrsg.	Herausgeber
Hs.	Halbsatz
HZÜ	Übereinkommen über die Zustellung gerichtlicher und außergerichtlicher Schriftstücke im Ausland in Zivil- und Handelssachen vom 15. November 1965
i.S.v.	im Sinne von
i.V.m.	in Verbindung mit
IPR	Internationales Privatrecht
IPRax	Praxis des internationalen Privat- und Verfahrensrechts
IPRspr.	Die deutsche Rechtssprechung auf dem Gebiet des internationalen Privatrechts
IRV	Internationaler Rechtsverkehr
IZPR	Internationales Zivilprozessrecht
JurBüro	Das juristische Büro
JuS	Juristische Schulung
JZ	Juristenzeitung
LG	Landgericht
LugÜ I	Übereinkommen über die gerichtliche Zuständigkeit und die Vollstreckung gerichtlicher Entscheidungen in Zivil- und Handelssachen vom 16. September 1988
LugÜ	Übereinkommen über die gerichtliche Zuständigkeit und die Vollstreckung gerichtlicher Entscheidungen in Zivil- und Handelssachen vom 21. Dezember 2007
MDR	Monatsschrift für deutsches Recht
MüKo	Münchener Kommentar zum Bürgerlichen Gesetzbuch
MüKoZPO	Münchener Kommentar zur Zivilprozessordnung
mwN	mit weiteren Nachweisen
NCPC	Nouveau Code de Procédure civile

NiemeyersZ	Niemeyer's Zeitschrift für internationals Recht
NJW	Neue juristische Wochenschrift
NJW-RR	NJW-Rechtsprechungs-Report
Nr.	Nummer
OLG	Oberlandesgericht
OLGR	OLGReport
Pl.	Plural
ProzRB	Der Prozess-Rechtsberater
RabelsZ	Rabels Zeitschrift für ausländisches und internationals Privatrecht
Rev. crit.	Revue critique de droit international privé
RIW	Recht der internationalen Wirtschaft
Rn.	Randnummer(n)
Rs.	Rechtssache
Rspr.	Rechtsprechung
S.	Seite(n); Siehe
Slg.	Sammlung der Rechtsprechung des Gerichtshofs der Europäischen Gemeinschaften und des Gerichts erster Instanz
sog.	so genannte(r,s)
TransportR	Transportrecht
u.a.	unter anderem; und andere
v.	vom; von
VersR	Versicherungsrecht
vgl.	Vergleiche
Vorbem	Vorbemerkungen
WM	Wohnungswirtschaft und Mietrecht; Zeitschrift für Wirtschafts- und Bankrecht
WuB	Entscheidungssammlung zum Wirtschafts- und Bankrecht
z.B.	zum Beispiel
ZEuP	Zeitschrift für Europäisches Privatrecht
zit	Zitiert
ZPO	Zivilprozessordnung
ZVglRWiss	Zeitschrift für vergleichende Rechtswissenschaft
ZZP	Zeitschrift für Zivilprozeß
ZZPInt	Zeitschrift für Zivilprozeß international

Literaturverzeichnis

Adolphsen, Jens: Anmerkung zu EuGH v. 19.5.1998, Rs. C-351/96, Drouot/CMI, in: ZZPInt 3 (1998), S. 249-263

Auer, Astrid Christiane: Die internationale Zuständigkeit des Sachzusammenhangs im erweiterten EuGVÜ-System nach Artikel 6 EuGVÜ, Regensburg 1996

Aull, Matthias J.: Der Geltungsanspruch des EuGVÜ: "Binnensachverhalte" und internationales Zivilverfahrensrecht in der Europäischen Union, Frankfurt am Main 1996

ders.: Zur isolierten Prorogation nach Art. 17 Abs. 1 LugÜ (zu OLG Hamm, 18.9.1997-5 U 89/97), in: IPRax 1999, S. 226-229

Bamberger, Heinz Georg/Roth, Herbert: Kommentar zum Bürgerlichen Gesetzbuch, Band 1, 2. Aufl., München 2007, (zit: Bamberger/Roth/*Bearbeiter*)

Banniza von Bazan, Ulrike: Der Gerichtsstand des Sachzusammenhangs im EuGVÜ, dem Lugano-Abkommen und im deutschen Recht, Frankfurt am Main 1995

Basedow, Jürgen: Das forum conveniens der Reeder im EuGVÜ, in: IPRax 1985, S. 133-137

Baumbach, Adolf/ Lauterbach, Wolfgang u.a.: Zivilprozessordnung, 67. Aufl., München 2009, (zit: Baumbach/Lauterbach/*Bearbeiter*)

Bäumer, Annette: Die ausländische Rechtshängigkeit und ihre Auswirkungen auf das internationale Zivilverfahrensrecht, Köln 1999

Bischof, Helmut: Die Streitverkündung, in: JurBüro 1984, S. 969 ff.

ders.: Praxisprobleme der Streitverkündung, in: MDR 1999, S. 787-791

Brandes, Frank: Der gemeinsame Gerichtsstand: die Zuständigkeit im europäischen Mehrparteienprozeß nach Art. 6 Nr. 1 EuGVÜ/LÜ, Frankfurt am Main 1998

Burgstaller, Alfred: Internationales Zivilverfahrensrecht, Wien 2000

Bydlinski, Franz: Juristische Methodenlehre und Rechtsbegriff, 2. Aufl., Wien 1991, (zit: Methodenlehre)

Coester-Waltjen, Dagmar: Die Bedeutung des Art. 6 Nr. 2 EuGVÜ (zu EuGH, 15.5.1990 - Rs. C 365/88)), in: IPRax 1992, S. 290-292

dies.: Konnexität und Rechtsmissbrauch - zu Art. 6 Nr. 1 EuGVVO, in: Die richtige Ordnung - Festschrift für Jan Kropholler zum 70. Geburtstag, Tübingen 2008, S. 747-758, (zit: Konnexität und Rechtsmissbrauch)

Dasser, Felix/Oberhammer, Paul: Kommentar zum Lugano-Übereinkommen (LugÜ), Bern 2008, (zit: Dasser/Oberhammer/*Bearbeiter*, LugÜ)

Decker, Peter: Die Anerkennung ausländischer Entscheidungen im Zivilprozess, Regensburg 1984

Droz, Georges A. L.: Compétence Judiciaire et effets des jugements dans le marché commun (Etude de la Convention de Bruxelles du 27 septembre 1968), Paris 1972, (zit: Compétence Juciciaire)

Eibner, Josef-Adolf: Möglichkeiten und Grenzen der Streitverkündung, Erlangen 1986

Ferrari, Franco u.a.: Internationales Vertragsrecht, München 2007, (zit: Ferrari/*Bearbeiter*)

Fremuth, Fritz/ Thume, Karl-Heinz: Kommentar zum Transportrecht, Frankfurt am Main 2000, (zit: Transportrecht)

Freyberger, Dietrich: Streitverkündung: Zulässigkeitsprüfung im Ausgangsverfahren, in: ProzRB 2003, S. 10-11

Gebauer, Martin: Internationale Zuständigkeit und Prozess-aufrechnung (zu LG Berlin, 30.1.1996 – 102 O 261/95), in: IPRax 1998, S. 79-86

Geimer, Reinhold: Anerkennung und Vollstreckbarerklärung französischer Garantieurteile in der Bundesrepublik Deutschland, in: ZZP 85 (1972), S. 196-206

ders.: Härtetest für deutsche Dienstleister im Ausland, in: IPRax 1998, S. 175-177

ders.: Salut für die Verordnung (EG) Nr. 44/2001 (Brüssel I-VO), in: IPRax 2002, S. 69-74

ders.: Fora Connexitatis, Der Sachzusammenhang als Grundlage der internationalen Zuständigkeit, in WM 1979, S. 350-361

ders.: Anmerkung zu BGH, Urt. v. 15.10.1969 - VIII ZR 122/68, in: NJW 1970, S. 387

ders.: Ungeschriebene Anwendungsgrenzen des EuGVÜ: Müssen Berührungspunkte zu mehreren Vertragsstaaten bestehen? in: IPRax 1991, S. 31-35

ders.: Anmerkung zu BGH, 20.1.1986, II ZR 56/85, in: NJW 1986, S. 1439-1440

ders.: Nachprüfung der internationalen Zuständigkeit des Urteilsstaates in Versicherungs- und Verbrauchersachen - Zu BGH, 2.5.1979, VIII ZB 1/79, in: RIW 1980, S. 305-307

ders. Internationales Zivilprozessrecht, 6. Aufl., Köln 2009, (zit: IZPR) *ders.* Die Prüfung der internationalen Zuständigkeit, in: WM, 1986, S. 117-123

Geimer, Reinhold/Schütze, Rolf: Internationale Urteilsanerkennung, Das EWG-Übereinkommen über die gerichtliche Zuständigkeit und die Vollstreckung gerichtlicher Entscheidungen in Zivil- und Handelssachen, Band I, 1. Halbband, München 1983, (zit: Bd. I/1)

dies.: Europäisches Zivilverfahrensrecht,

2. Aufl., München 2004, (zit: EZVR, 2. Aufl.),

3. Aufl., München 2010, (zit: EZVR)

dies.: Internationaler Rechtsverkehr in Zivil- und Handelssachen, München 2008, (zit: Geimer/Schütze/*Bearbeiter*, IRV)

Glaser, Michael: Der Rechtsschutz nach § 98 Abs. 2 Satz 2 StPO, Tübingen 2008

Gottwald, Peter: Europäische Gerichtspflichtigkeit kraft Sach-zusammenhangs (zu EuGH, 27.9.1988 – Rs. 189/87), in: IPRax 1989, S. 272-274

Götze, Cornelius: Vouching In und Third-Party Practice, Formen unfreiwilliger Drittbeteiligung im amerikanischen Zivilprozeß und ihre Anerkennung in Deutschland, Berlin 1993

Grothe, Helmut: Anmerkung zu BGH v. 28.9.2004, IX ZR 155/03, in: WuB, IV A. § 204 1.05

ders.: Zwei Einschränkungen des Prioritätsprinzips im europäischen Zuständigkeitsrecht: ausschließliche Gerichtsstände und Prozessverschleppung (zu EuGH v. 9.12.2003, Rs. C-116/02), in: IPRax 2004, S. 205-212

Grunsky, Wolfgang: Probleme des EWG-Übereinkommens über die gerichtliche Zuständigkeit und die Vollstreckung gerichtlicher Entscheidungen in Zivil- und Handelssachen, in: JZ 1973, S. 641-647

Hahn, Carl: Die gesammten Materialien zur Civilprozeßordnung und dem Einführungsgesetz derselben vom 30. Januar 1877, 1. Abteilung, Berlin 1880,

(zit: Materialien zur CPO)

Häsemeyer, Ludwig: Drittinteressen im Zivilprozeß, in: ZZP 101 (1988), S. 385-412

ders.: Die Interventionswirkung im Zivilprozess - prozessuale Sicherung materiellrechtlicher Alternativverhältnisse, in: ZZP 84 (1971), S. 179-202

Hau, Wolfgang: Anmerkeung zu EuGH v. 22.2.2001, Rs. C-111/01, Gantner Electronic, in: ZZPInt 8 (2003), S. 499-50

Haubold, Jens: Internationale Zuständigkeit nach CMR und EuGVÜ/LugÜ, in: IPRax 2000, S. 91-96

Heinze, Christian/Dutta, Anatol: Ungeschriebene Grenzen für europäische Zuständigkeiten bei Streitigkeiten mit Drittstaatenbezug (zu EuGH, 1.3.2005 - Rs. C-281/02), in: IPRax 2005, S. 224-230

Heiss, Helmut: Anmerkung zu EuGH v. 26.5.2005, Rs. C-77/04, in: VersR 2005, S. 1003

Heß, Burkhard: Der Binnenmarktprozeß, in: JZ 1998, S. 1021-1032

Hommelhoff, Peter u.a.: Europäischer Binnenmarkt, IPR und Rechtsangleichung, Heidelberg 1995

Isenburg-Epple, Sabine: Die Berücksichtigung ausländischer Rechtshängigkeit nach dem Europäischen Gerichtsstands- und Vollstreckungsübereinkommen vom 27.9.1968, Frankfurt am Main 1992

Jauernig, Othmar: Zivilprozessrecht, 29. Aufl., München 2007

Jayme, Erik: Anmekrung zu LG Frankfurt a. M., 23.6.1991 – 3/2 O 139/90, in: IPRax 1992, S. 389

Knöringer, Dieter: Die Streitverkündung, §§ 72-74 ZPO, in: JuS 2007, S. 335-341

Koch, Harald: Streitverkündung und Drittklage im amerikanisch-deutschen Prozeß, in: ZVglRWiss 85 (1986), S. 11-62

Koch, Matthias: Unvereinbare Entscheidungen i. S. d. Art. 27 Nr. 3 und 5 EuGVÜ und ihre Vermeidung, Frankfurt am Main 1993

Köckert, Ulrike: Die Beteiligung Dritter im internationalen Zivilverfahrensrecht, Berlin 2010

Kohler, Christian: Internationale Gerichtsstandsvereinbarungen: Liberalität und Rigorismus im EuGVÜ, in: IPRax 1983, S. 265-271

Koller, Ingo: Transportrecht, Kommentar zu Spedition und Gütertransport, 6. Aufl., München 2007

Kraft, Bernd: Grenzüberschreitende Streitverkündung und Third Party Notice, Berlin 1997

Kropholler, Jan/ von Hein, Jan: Europäisches Zivilprozessrecht, 9. Aufl., Frankfurt am Main 2011, (zit: Kropholler, EZPR)

Larenz, Karl/ Canaris, Claus-Wilhelm: Methodenlehre der Rechtswissenschaft, 3. Aufl., Berlin 1995, (zit: Methodenlehre)

Leipold, Dieter: Wege zur Konzentration von Zivilprozessen, Anregungen aus dem Europäischen Zivilprozeßrecht, Berlin 1999

ders.: Internationale Rechtshängigkeit, Streitgegenstand und Rechtsschutzinteresse - Europäisches und Deutsches Zivilprozeßrecht im Vergleich, in:

Gedächtnisschrift für Peter Arens, München 1993, S. 227-249, (zit: GS Arens)

Lenenbach, Markus: Die Behandlung von Unvereinbarkeiten zwischen rechtskräftigen Zivilurteilen nach deutschem und europäischem Zivilprozessrecht, Berlin 1997

ders.: Gerichtsstand des Sachzusammenhangs nach Art. 21 EuGVÜ, in: EWS 1995, S. 361-367

Linke, Hartmut: Internationales Zivilprozessrecht, 4. Aufl., Köln 2006

Lüke, Wolfgang: Die Beteiligung Dritter im Zivilprozeß, Tübingen 1993

Lüpfert, Johanna Adelheid: Konnexität im EuGVÜ, Rechtsvergleichende Studie mit einem Vorschlag zur Weiterentwicklung des deutschen Rechts, Berlin 1997

Mansel, Heinz-Peter: Streitverkündung und Interventionsklage im Europäischen Zivilprozessrecht, in: Hommelhoff u.a. (Hrsg.), Europäischer Binnenmarkt Internationales Privatrecht und Rechtsangleichung, Heidelberg 1995, S. 161-270

ders.: Gerichtsstandsvereinbarung und Ausschluß der Streitverkündung durch Prozeßvertrag, in: ZZP 109 (1996), S. 61-77

ders.: Inländische Rechtshängigkeitssperre durch ausländische Streitverkündung (zu LG Frankfurt a. M., 22.2.1988 - 2/21 O 185/86)), in: IPRax 1990, S. 214-216

ders.: Gerichtspflichtigkeit von Dritten: Streitverkündung und Interventionsklage, in: Bayons u.a. (Hrsg.), Die Übereinkommen von Brüssel und Lugano, Wien 1997, S. 177-211

ders.: Streitverkündung (vouching in) und Drittklage (third party complaint) im US-Zivilprozeßrecht und die Urteilsanerkennung in Deutschland, in: Heldrich u.a. (Hrsg.), Herausforderungen des Internationalen Zivilverfahrensrechts, Tübingen 1994, S. 63-84

ders.: Vollstreckung eines französischen Garantieurteils bei gesellschaftsrechtlicher Rechtsnachfolge nd andere vollstreckungsrechtliche Fragen des EuGVÜ, in: IPRax 1995, S. 362-365

Martens, Klaus-Peter: Grenzprobleme der Interventionswirkung, in: ZZP 85 (1972), S. 77-95

Martiny, Dieter: Handbuch des Internationalen Zivilverfahrensrechts, Band III/1, Anerkennung ausländischer Entscheidungen nach autonomem Recht, Tübingen 1984, (zit: HB IZVR III/1)

Meier, Markus: Grenzüberschreitende Drittbeteiligung, Eine Untersuchung über die Formen unfreiwilliger Drittbeteiligung in Europa und den Vereinigten Staaten von Amerika in der Bundesrepublik Deutschland, Frankfurt am Main 1993

Mezger, Ernst: Die Ausschließlichkeit des gewählten Gerichtsstandes (Art. 17 EuGVÜ) aus französischer Sicht, in: IPRax 1984, S. 331-334

Milleker, Erich: Inlandswirkungen der Streitverkündung im ausländischen Verfahren, in: ZZP 80 (1967), S. 288-310

ders.: Formen der Intervention im französischen Zivilprozeß und ihre Anerkennung in Deutschland, in: ZZP 84 (1971), S. 91-102

Münchener Kommentar BGB: Münchener Kommentar zum Bürgerlichen Gesetzbuch, Band 1, 1. Halbband, 5. Aufl. 2006, (zit: MüKo/*Bearbeiter*, BGB)

Münchener Kommentar ZPO: Münchener Kommentar zur Zivilprozessordnung mit Gerichtsverfassungsgetz und Nebengesetzen,

Band 1, 3. Aufl., München 2008,

Band 3, 3. Aufl., München 2008, (zit: MüKoZPO/*Bearbeiter*)

Musielak, Hans-Joachim: Kommentar zur Zivilprozessordnung mit Gerichtsverfassungsgesetz, 6. Aufl., München 2008

Nagel, Heinrich/ Gottwald, Peter: Internationales Zivilprozessrecht, 6. Aufl., Köln 2007

Nieroba, Alice: Die europäische Rechtshängigkeit nach der EuGVVO (Verordnung (EG) Nr. 44/2001) an der Schnittstelle zum nationalen Zivilprozessrecht, Frankfurt am Main 2006

Nogratnig, Gerhard: Die Streitverkündung auf dem Prüfstand des Europäischen Zivilprozeßrechts, Eine Darstellung am Beispiel Österreich - Deutschland, Saarbrücken 1997

Oberhammer, Paul: Internationale Rechtshängigkeit, Aufrechnung und objektive Rechtskraftgrenzen in Europa (zu OGH, 22.2.2001 – 6 Ob 295/00a), in: IPRax 2002, S. 424-431

Oppermann, Thomas: Europarecht, 4. Aufl., München 2009

Ost, Konrad: Doppelrelevante Tatsachen im Internationalen Zivilverfahrensrecht, Zur Prüfung der internationalen Zuständigkeit bei den Gerichtsständen des Erfüllungsortes und der unerlaubten Handlung, Frankfurt am Main 2002

Otte, Karsten: Umfassende Streitentscheidung durch Beachtung von Sachzusammenhängen, Gerechtigkeit durch Verfahrensabstimmung? Tübingen 1998

Otto, Sebastian: Die subjektiven Grenzen der Rechtshängigkeitssperre im deutschen und europäischen Zivilprozessrecht, Berlin 2007

Palandt, Otto: Bürgerliches Gesetzbuch, 68. Aufl., München 2009, (zit: Palandt/*Bearbeiter*)

Piltz, Burghard: Die Zuständigkeitsordnung nach dem EWG-Gerichtsstands- und Vollstreckungsübereinkommen, in: NJW 1979, S. 1071-1075

Prütting, Hanns/ Gehrlein, Markus: ZPO Kommentar, 1. Aufl., Köln 2010, (zit: Prütting/Gehrlein/*Bearbeiter*)

Radtke, Manfred: Der Grundsatz der Lex Fori und die Anwendbarkeit ausländischen Verfahrensrechts, Münster 1981

Rauscher, Thomas: Europäisches Zivilprozess- und Kollisionsrecht, Brüssel I-VO, LugÜbk 2007, Bearbeitung 2011, München, (zit: Rauscher/*Bearbeiter*)

ders.: Internationales Privatrecht, 3. Aufl., Heidelberg 2009, (zit: IPR)

ders.: Anmerkung zu EuGH v. 7.3.1995, Rs. C-68/93, in: ZZPInt 1 (1996), S. 151-166

Rechberger, Walter/ Frauenberger-Pfeiler, Ulrike: Der österreichische Oberste Gerichtshof und der räumlich-persönliche Anwendungsbereich des EuGVÜ/LGVÜ, in: ZZPInt 6 (2001), S. 3-24

Reischl, Klaus: Verfahrenskonzentration durch Aufrechnungseinrede im europäischen Zivilprozess (zu EuGH, 8.5.2003 – Rs. C-111/01 – Gantner./.Basch), in: IPRax 2003, S. 426-430

Rosenberg, Leo/Schwab, Karl Heinz/Gottwald, Peter: Zivilprozessrecht, 16. Aufl. München 2004

Roth, Günter: Zur Derogation der deutschen Gerichtszuständigkeit, in: IPRax 1987, S. 141-143

Roth, Herbert: Zur Überprüfung der Voraussetzungen einer Streitverkündung im Vorprozess (zu OLG Köln, 3.6.2002 - 11 W 20/02), in: IPRax 2003, S. 515-517

ders.: Aufrechnung und internationale Zuständigkeit nach deutschem und europäischem Prozessrecht, in: RIW 1999, S. 819-823

ders.: Das Konnexitätserfordernis im Mehr-parteiengerichtsstand des Art. 6 Nr. 1 EuGVO, in: Die richtige Ordnung - Festschrift für Jan Kropholler zum 70. Geburtstag, Tübingen 2008, S. 885-903

Rüfner, Thomas: Das Verhältnis der Gewährleistungs- und Interventionsklage (Art. 6 Nr. 2 EuGVO/EuGVÜ) zum Hauptprozess, in: IPRax 2005, S. 500-503

Rüthers, Bernd: Rechtstheorie, 4. Aufl., München 2008

Samtleben, Jürgen: Internationale Gerichtsstandsvereinbarungen nach dem EWG-Übereinkommen und nach der Gerichtsstandsnovelle, in NJW 1974, S. 1590-1596

ders.: Europäische Gerichtsstandsvereinbarungen und Drittstaaten - viel Lärm um nichts? Zum räumlichen Anwendungsbereich des Art. 17 EuGVÜ/LugÜ, in: RabelsZ 59, 1995, S. 693-712

Schack, Haimo: Internationales Zivilverfahrensrecht, 5. Aufl., München 2010, (zit: IZVR)

ders.: Derogation des Vermögensgerichtsstandes zwischen deutscher lex fori und ausländischem Prorogationsstatut (zu BGH v. 24.11.1988 - III ZR 150/87), in: IPRax 1990, S. 19-20

Schlosser, Peter: EU-Zivilprozessrecht, 3. Aufl., München 2009

ders.: EuGÜbk: Zuständigkeit bei mehreren Beklagten an verschiedenen Wohnsitzen - Begriff der unerlaubten Handlung, in: RIW 1988, S. 987-989

ders.: Unzulässige Diskriminierung nach Bestehen oder Fehlen eines EG-Wohnsitzes im europäischen Zivilprozessrecht, in: Festschrift für Andreas Heldrich zum 70. Geburtstag, München 2005, S. 1007-1019, (zit: FS Heldrich)

Schober, Axel: Drittbeteiligung im Zivilprozeß, Votum für die Einführung der Garantieklage in das zivilprozessuale Erkenntnisverfahren aufgrund einer Untersuchung des deutschen, französischen und europäischen Rechts einschließlich seiner historischen Wurzeln und zukünftigen Entwicklungsmöglichkeiten, Bayreuth 1990

Schoibl, Norbert A.: Die Prüfung der internationalen Zuständigkeit und der Zulässigkeit des Verfahrens nach dem Brüsseler und dem Luganer Übereinkommen, in: Wege zur Globalisierung des Rechts, Festschrift für Rolf A. Schütze zum 65. Geburtstag, München 1999, S. 777-806

Schröder, Jochen: Internationale Zuständigkeit, Opladen 1971

Schultes, Hans-Jörg: Beteiligung Dritter am Zivilprozeß, Köln 1994

Schurig, Klaus: Der Konnexitätsgerichtsstand nach Art. 6 Nr. 1 EuGVVO und die Verschleifung von örtlicher und internationaler Zuständigkeit im europäischen Zivilverfahrensrecht, in: Festschrift für Hans-Joachim Musielak zum 70. Geburtstag, München 2004, S. 492-522, (zit: FS Musielak)

Schütze, Rolf: Die Berücksichtigung der Konnexität nach dem EWG-Übereinkommen über die gerichtliche Zuständigkeit und die Vollstreckung gerichtlicher Entscheidungen, in: RIW 1975, S. 543-545

ders.: Ausschluß der Zuständigkeit der Garantieklage (Art. 6 Nr. 2 EuGVÜ) durch internationale Gerichtsstandsvereinbarungen, in: RIW 1985, S. 966-967

ders.: Die Anerkennung nichtiger Urteile, in: IPRax 1994, S. 266-268

Schwab, Martin: Grundzüge des Zivilprozessrechts, 2. Aufl., Heidelberg 2007

Spellenberg, Ulrich: Drittbeteiligung im Zivilprozeß in rechtsvergleichender Sicht, in: ZZP 106 (1993), S. 283-340

ders.: Örtliche Zuständigkeit kraft Sachzusammenhangs, in: ZVglRWiss 79 (1980), S. 89-131

Staudinger, Julius von: Kommentar zum Bürgerlichen Gesetzbuch mit Einführungsgesetz und Nebengesetzen, Buch 1 (Allgemeiner Teil 5), Berlin 2009, (zit: Staudinger/*Bearbeiter*, BGB)

Stein, Friedrich/Jonas, Martin: Kommentar zur Zivilprozessordnung,

Band 2, 22. Aufl., Tübingen 2004,

Band 3, 22. Aufl., Tübingen 2005, (zit: Stein/Jonas/*Bearbeiter*)

Stürner, Rolf: Die erzwungene Intervention Dritter im europäischen Zivilprozess, in: Einheit und Vielfalt des Rechts, Festschrift für Reinhold Geimer zum 65. Geburtstag, München 2002, S. 1307-1315

Sujecki, Bartosz: Die reformierte Zustellungsverordnung, in: NJW 2008, S. 1628-1631

Taschner, Martin: Ausnahmen von der Rechtshängigkeitssperre nach Art. 27 Abs. 1 EuGVO? in: EWS 2004, S. 494-500

Taupitz, Jochen: Verjährungsunterbrechung im Inland durch unfreiwillige Beteiligung am fremden Rechtsstreit im Ausland, in: ZZP 102 (1989), S. 288-318

Thomas, Heinz/Putzo, Hans: Zivilprozessordnung, 29. Aufl., München 2008, (zit: Thomas/Putzo/*Bearbeiter*)

Thume, Karl-Heinz: Kommentar zur CMR, Übereinkommen über den Beförderungsvertrag im internationalen Straßengüterverkehr, 2. Aufl., Frankfurt am Main 2007, (zit: Thume/*Bearbeiter*)

von Hein, Jan: Kapitalanlegerschutz im Verbrauchergerichtsstand zwischen Fernabsatz und konventionellem Vertrieb: Zur Konkretisierung der "Ausrichtung" in Art. 15 Abs. 1 lit. c EuGVO (zu OLG Dresden, 15.12.2004 - 8 U 1855/04), in: IPRax, 2006, S. 16-20

von Hoffmann, Bernd/Hau, Wolfgang: Probleme der abredewidrigen Streitverkündung im Europäischen Zivilrechtsverkehr, in: RIW 1997, S. 89-94

von Hoffmann, Bernd: Gegenwartsprobleme internationaler Zuständigkeit, in: IPRax 1982, S. 217-222

Wagner, Gerhard: Die Aufrechnung im Europäischen Zivilprozeßrecht, in: IPRax 1999, S. 65-76

Wernecke, Frauke: Die Einheitlichkeit des europäischen und des nationalen Begriffs vom Streitgegenstand, Berlin 2003

Werres, Rüdiger: Die Wirkungen der Streitverkündung und ihre Grenzen, in: NJW 1984, S. 208-210

Wieczorek, Bernhard/ Schütze, Rolf: Zivilprozeßordnung und Nebengesetze, Großkommentar, Erster Band,

1. Teilband, 3. Aufl., Berlin 1994,

2. Teilband, 3. Aufl., Berlin 1994, (zit: Wieczorek/Schütze/*Bearbeiter*)

Wilhelmi, Walter: Die Streitverkündung vom Ausland, in: NiemeyersZ, 48, 1933 ff.

Winter, Wolfgang: Ineinandergreifen von EuGVVO und nationalem Zivilverfahrensrecht am Beispiel des Gerichtsstands des Sachzusammenhangs, Art. 6 EuGVVO, Berlin 2007

Wittwer, Alexander: Die EuGH-Rechtsprechung zum Europäischen Zivilprozessrecht aus den Jahren 2005 und 2006, in: ZEuP 2007, S. 829-857

Wolf, Manfred: Einheitliche Urteilsgeltung im EuGVÜ, in: Festschrift für Karl Heinz Schwab zum 70. Geburtstag , München 1990, S. 561-574

Zöller, Richard: Zivilprozessordnung, 26. Aufl., Köln 2007, (zit: Zöller/*Bearbeiter*)

Einleitung

A. Untersuchungsgegenstand und Ziel der Arbeit

Grundsätzlich wird ein Zivilprozess allein zwischen zwei Parteien geführt, dem Kläger und dem Beklagten. Das Urteil, welches in einem Zivilprozess ergeht, entfaltet seine Bindungswirkung vorbehaltlich weniger Ausnahmen auch nur zwischen diesen beiden Personen. Dritte, die im Verfahren keine Parteistellung innehatten, sind in der Regel nicht an das dort ergangene Urteil gebunden.[1] Allerdings beschränkt sich die Rechtswirklichkeit keinesfalls auf Zweiparteienkonstellationen. In einer Vielzahl von Fällen werden Dritte ein rechtliches Interesse am Ausgang eines Prozesses haben.[2] Auch die Prozessparteien können ein erhebliches Interesse daran haben, dass am Verfahren unbeteiligte Dritte an die im Prozess getroffenen Feststellungen gebunden werden. Dies lässt sich an folgendem Beispiel kurz exemplarisch verdeutlichen.

Hersteller H liefert an Einzelhändler V Fernsehgeräte. Eines davon verkauft V an K weiter. K reklamiert bald darauf Mängel und tritt nach mehrfach fehlgeschlagenen Nacherfüllungsversuchen vom Kaufvertrag zurück. K verklagt V nun auf Rückzahlung des bereits vollständig gezahlten Kaufpreises.[3]

In diesem Beispiel hat zum einen H ein Interesse daran, dass V den Prozess gewinnt, da V bei Verlust des Prozesses H auf Regress in Anspruch nehmen wird. Umgekehrt möchte V, dass die Feststellungen aus dem Prozess zwischen ihm und K auch im Verhältnis zu H bindend sind, falls es zum Regressprozess kommen sollte. Andernfalls wäre es denkbar, dass er im ersten Prozess gegen K unterliegt, weil etwa das erste Gericht der Auffassung ist, der Fernseher sei bei Gefahrübergang mangelhaft und K daher zum Rücktritt berechtigt gewesen. Er könnte weiter im Folgeprozess gegen H verlieren, weil das zweite Gericht der Ansicht ist, V habe den Fernseher nicht wegen Mangels zurücknehmen müssen. Dieselbe Frage würde zum Nachteil des V uneinheitlich beurteilt. Ohne eine Bindungswirkung hinsichtlich der in beiden Prozessen identischen Fragestellungen würde V demnach Gefahr laufen, beide Prozesse zu verlieren, obwohl er bei einheitlicher Beurteilung mindestens einen hätte gewinnen müssen.[4]

Dieser einfache Fall macht deutlich, dass es zwecks angemessenen Interessenausgleiches und zur Gewährleistung von einheitlichen Entscheidungen Mechanismen bedarf, welche eine Beteiligung von Dritten an Prozessen zwischen anderen Personen ermöglichen.

Spielte sich das genannte Beispiel ausschließlich in Deutschland ab, richteten sich sowohl die Beteiligung des H im Vorprozess zwischen K und V als

---

1 Zu den subjektiven Grenzen der Rechtskraft vgl. *Rosenberg/Schwab/Gottwald*, Zivilprozessrecht, S. 1076 ff.

2 Vgl. *Häsemeyer*, ZZP 101 (1988), S. 385 ff, 402; *Spellenberg*, ZZP 106 (1993), 283 ff.

3 Der Beispielsfall ist entnommen aus *Schwab*, Grundzüge des Zivilprozessrechts, S. 34.

4 Vgl. auch *Häsemeyer*, ZZP 84 (1971), S. 179, 186.

auch die Bindungswirkung der dort getroffenen Feststellungen im Folgeprozess zwischen V und H nach der ZPO. V würde H im Vorprozess aller Wahrscheinlichkeit nach gemäß den §§ 72-74, 68 ff. ZPO den Streit verkünden. H könnte sich dann aussuchen, ob er dem Vorprozess als Streithelfer beitritt oder untätig bleibt. In jedem Fall träte gegen ihn im Folgeprozess die Interventionswirkung ein, so dass sich H nicht darauf berufen könnte, der Vorprozess sei unrichtig entschieden worden. Stellte das Gericht des Vorprozesses also fest, dass V den Fernseher aufgrund berechtigten Rücktritts zurücknehmen musste, so könnte H dies im Folgeprozess grundsätzlich nicht mehr bestreiten.

Das beschriebene praktische Bedürfnis an einheitlicher Beurteilung zusammengehöriger Sachverhalte besteht naturgemäß auch in anderen Ländern. Alle europäischen Staaten[5] sehen daher auch eine Möglichkeit der zivilprozessualen Drittbeteiligung vor, wobei deren nationale Verfahrensordnungen aber von unterschiedlichen Formen der Drittbeteiligung ausgehen. Im Wesentlichen stehen sich im europäischen Rechtsraum die der romanischen Rechtstradition entstammenden echten Drittklagen einerseits und das germanisch geprägte Prinzip der Streitverkündung mit Interventionswirkung andererseits gegenüber. Einige Länder, z.B. Ungarn und Österreich, würden den Beispielsfall ähnlich wie beschrieben in einen Vor- und einen Folgeprozess unterteilen und die für den zweiten Prozess relevanten Feststellungen des ersten Prozesses auf diesen erstrecken. In anderen Ländern, z.B. in Frankreich und Belgien, könnte H dagegen als nachrangiger Beklagter in den Prozess zwischen K und V einbezogen und bereits in diesem rechtskräftig verurteilt werden.

Da rechtlich und wirtschaftlich verflochtene Sachverhalte mit mehr als zwei Beteiligten auch vor Landesgrenzen keinen Halt machen, stellt sich die Frage nach der Behandlung einer grenzüberschreitenden zivilprozessualen Drittbeteiligung. Konkret: Was passiert, wenn der Rechtsstreit zwischen K und V im Ausland anhängig ist, H aber seinen Sitz im Inland hat? Oder umgekehrt: Der Prozess zwischen K und V wird in Deutschland entschieden, H aber hat seinen Wohnsitz im Ausland? Zu unterscheiden sind hier im Wesentlichen zwei Problemkreise. Zum einen ist fraglich, ob und unter welchen Bedingungen eine Einbeziehung des Dritten in den ausländischen Prozess zulässig ist und welche Wirkungen eine derartige Einbeziehung entfaltet. Weiterhin ist fraglich, ob und unter welchen Voraussetzungen solche Wirkungen in anderen Staaten anzuerkennen sind. Sofern sich diese Fragen im europäischen Rechtsraum stellen, ist damit die Regelungsmaterie des europäischen Interventionsrechts berührt, welche den Gegenstand dieser Arbeit bildet.[6]

---

5 Damit sind sowohl die Mitgliedstaaten der Europäischen Union angesprochen als auch diejenigen EFTA-Staaten, die nicht zur Union gehören, etwa die Schweiz, Norwegen und Island.

6 Vgl. *Mansel*, Streitverkündung und Interventionsklage, S. 164. Unter dem internationalen Interventionsrecht ist die Summe derjenigen Vorschriften zu verstehen, welche die

Das europäische Interventionsrecht findet sich im Wesentlichen in den Vorschriften der Artt. 6 Nr. 2 und 65 EuGVO.[7] Im Verhältnis der Mitgliedstaaten zu bestimmten EFTA-Staaten wird die grenzüberschreitende Drittbeteiligung durch das am 1. Januar 2010 in Kraft getretene revidierte Lugano Übereinkommen (LugÜ), insbesondere durch dessen Art. 6 Nr. 2 und Art. II des Protokolls 1 geregelt.[8]

Da die einzelnen europäischen Staaten in ihren nationalen Verfahrensrechten hinsichtlich der zivilprozessualen Drittbeteiligung unterschiedlichen Modellen folgen, ist auch das europäische Interventionsrecht inhaltlich gespalten. Grundsätzlich hat sich das europäische Verfahrensrecht für das romanische Rechtsinstitut der Gewährleistungs- und Interventionsklagen entschieden. Die EuGVO sieht in Art. 6 Nr. 2 eine internationale Zuständigkeit des Ausgangsgerichts für derartige Klagen vor.[9] Im Anwendungsbereich der EuGVO könnte H daher grundsätzlich unmittelbar in den Prozess zwischen K und V einbezogen werden, dort eine Parteistellung erhalten und zur Regressleistung verurteilt werden, auch wenn dieser Prozess in einem fremden Mitgliedstaat stattfindet, in dem ansonsten kein Gerichtsstand des H besteht.

Die Streitverkündung ist im europäischen Interventionsrecht dagegen die Ausnahme. Da den nationalen Verfahrensordnungen einiger Mitgliedstaaten echte Drittklagen unbekannt sind, kann die internationale Zuständigkeit des Art. 6 Nr. 2 EuGVO gemäß Art. 65 Abs. 1 S. 1 EuGVO in diesen nicht geltend gemacht werden. In diesen Staaten tritt an die Stelle der Gewährleistungs- und Interventionsklagen das Modell der Streitverkündung. Art. 65 Abs. 1 S. 2 EuGVO sieht vor, dass jede Person mit Wohnsitz in einem anderen Mitgliedstaat in Deutschland, Österreich und Ungarn mittels der jeweiligen Vorschriften über die Streitverkündung vor Gericht geladen werden kann.[10] Kennzeichnend für das

---

Einbeziehung eines ausländischen Dritten in einen im Inland anhängigen Rechtsstreit zwischen anderen Personen regeln.

7 Verordnung (EG) Nr. 44 / 2001 des Rates vom 22.12. 2000 über die gerichtliche Zuständigkeit und die Anerkennung und Vollstreckung von Entscheidungen in Zivil- und Handelssachen, ABl. EG Nr. L 12 vom 16.1.2001, S. 1 ff.

8 Übereinkommen über die gerichtliche Zuständigkeit und die Anerkennung und Vollstreckung von Entscheidungen in Zivil- und Handelssachen vom 30.10.2007, ABl. EU Nr. L 339 vom 21.12.2007, S. 3 ff. Dieses ist gemäß seinem Art. 69 Abs. 4 seit dem 1.1.2010 in Kraft. Es ersetzt gemäß seinem Art. 69 Abs. 6 das Übereinkommen über die gerichtliche Zuständigkeit und die Anerkennung und Vollstreckung von Entscheidungen in Zivil- und Handelssachen vom 16. September 1988, ABl. EG Nr. L 319 vom 25.11.1988, S. 9 ff. (LugÜ I).

9 Dem entspricht weitgehend die Regelung des Art. 6 Nr. 2 LugÜ.

10 Die Vorschrift des Art. V Protokoll 1 LugÜ I entsprach Art. 65 EuGVO weitgehend. Zusätzlich zu den in Art. 65 EuGVO genannten Staaten waren dort noch Spanien und die Schweiz aufgezählt. Im revidierten LugÜ soll der Vorbehalt allerdings auf Estland, Lettland, Litauen, Polen und Slowenien ausgedehnt werden, vgl. die Erklärung nach Art. II Abs. 2 Protokoll 1 LugÜ in ABl. EG 1009 Nr. L 147 vom 10. Juni 2009, S. 1, 4.

Streitverkündungsmodell ist dabei, dass der Dritte im Ausgangsprozess keine Parteistellung erhalten und demgemäß auch nicht über die Rechtskraftwirkung des Urteils an die dortigen Feststellungen gebunden werden kann. Das Gericht des Folgeprozesses hat aber gemäß Art. 65 Abs. 2 S. 2 EuGVO die Streitverkündungswirkung zu beachten, so dass auch hier eine einheitliche Beurteilung zusammengehöriger Tatsachen- und Rechtsfragen gewährleistet ist.

Vergleicht man die unterschiedlichen Drittbeteiligungsinstitute miteinander, so scheint die Streitverkündung gegenüber echten Drittklagen strukturelle Nachteile aufzuweisen, so dass der Grundsatz der Gleichheit und Einheitlichkeit der Rechte und Pflichten der vom Gemeinschafts- bzw. Unionsrecht betroffenen Personen in Frage gestellt sein könnte.[11] Die Rechte und Pflichten der Betroffenen würden sich je nach dem Gerichtsort des Hauptprozesses, dessen Verfahrensrecht über die maßgebliche Form der Drittbeteiligung entscheidet, unterschiedlich gestalten.

Während der Garantiekläger seinen Regressanspruch unmittelbar im Zusammenhang mit der gegen ihn erhobenen Klage verfolgen und eine Verurteilung des Regressbeklagten bereits im Hauptverfahren erreichen kann, trifft den Streitverkünder eine doppelte Prozessführungslast. Dazu kommt, dass sich der Streitverkünder hinsichtlich des Folgeprozesses mit erhöhter Wahrscheinlichkeit ins Ausland begeben muss, um seinen Regressanspruch durchzusetzen. Der Garantiekläger kann seinen Regressanspruch demgegenüber im Rahmen des Hauptverfahrens geltend machen und daher häufig an seinem eigenen Wohnsitz einen Titel gegen den Dritten erwirken.

Auch für den Dritten ist es – ebenso wie für den Initiator der Drittbeteiligung – von erheblicher Bedeutung, ob sich diese im Wege der Klage oder der Streitverkündung vollzieht. Dies soll kurz anhand unseres Beispielfalles verdeutlicht werden.

Angenommen, K und V prozessieren in Frankreich. H hat seinen Sitz in Deutschland. H und V haben für alle Streitigkeiten aus ihrem Rechtsverhältnis eine ausschließliche Gerichtsstandsvereinbarung zugunsten der deutschen Gerichte getroffen. Dennoch strengt V eine Gewährleistungsklage gegen H vor dem Gericht des Hauptprozesses in Frankreich an und stützt sich dabei auf Art. 6 Nr. 2 EuGVO. Für H gibt es drei Reaktionsmöglichkeiten. Er könnte sich zum einen – was recht unwahrscheinlich ist – zuständigkeitsbegründend auf das Verfahren einlassen. Ein gegen ihn ergangenes Urteil wäre in Deutschland anzuerkennen und vollstreckbar. Die entgegenstehende Gerichtsstandsvereinbarung könnte im Anerkennungsverfahren nicht mehr gerügt werden. Wahrscheinlicher ist aber die zweite Variante: H tut gar nichts. Gemäß Art. 26 Abs. 1 EuGVO müsste das Gericht seine Zuständigkeit von Amts wegen prüfen und würde

11 Vgl. EuGH v. 15.11.1983, Rs. C-288/82 (*Duijnstee*), RIW 1984, 483, 484 Rn. 13 f.; EuGH v. 27.9.1988, Rs. C-189/87 (*Kalfelis*), IPRax 1989, 288, 289 Rn. 10; EuGH v. 11.8.1995, Rs. C-432/93 (*SISRO*), IPRax 1996, 336, 338 Rn. 39.

die Klage aufgrund der entgegenstehenden Gerichtsstandsvereinbarung als unzulässig abweisen. H könnte als dritte Handlungsvariante vor dem französischen Gericht erscheinen und dessen Zuständigkeit rügen. Das Gericht würde die Klage aufgrund des Derogationseffekts der Gerichtsstandsvereinbarung im Sinne von Art. 23 Abs. 1 S. 2 EuGVO ebenfalls als unzulässig abweisen.

Wenn nun aber K und V in Deutschland prozessieren, H seinen Sitz in Frankreich hat und V und H dieselbe Vereinbarung zugunsten der französischen Gerichte getroffen haben, stellt sich die Situation anders dar, wenn V dem H dennoch abredewidrig den Streit verkündet. Unabhängig davon, ob H dem Verfahren als Streithelfer beitritt oder nicht, trifft ihn im Folgeprozess die Interventionswirkung gemäß Art. 65 Abs. 2 S. 2 EuGVO in Verbindung mit §§ 74 Abs. 1, Abs. 3, 68 ZPO. Das deutsche Gericht würde im Falle des Nichtbeitritts die für Klagen geltende Vorschrift des Art. 26 EuGVO nicht ohne weiteres anwenden und auch sonst die (Un-)Zulässigkeit der Streitverkündung nicht von Amts wegen prüfen. Selbst im Falle seines Beitritts könnte H die Zulässigkeit der Streitverkündung nicht rügen, da eine Überprüfung der Streitverkündung nach deutschem Verfahrensrecht erst im Folgeverfahren erfolgt. Findet dieses Verfahren aber in einem anderen Mitgliedstaat statt, wird sich das ausländische Gericht aller Wahrscheinlichkeit nach ebenfalls – aufgrund der Vorschrift des Art. 35 Abs. 3 EuGVO – an einer Überprüfung der Abredewidrigkeit der Streitverkündung gehindert sehen, so dass H keine Möglichkeit hat, den Einwand der Abredewidrigkeit überhaupt vorzubringen. Aufgrund der mit dem deutschen Forum verbundenen Drittbeteiligungsform der Streitverkündung sieht sich H benachteiligt. Ihn treffen die Bindungswirkungen der Streitverkündung, ohne dass er die gegebenenfalls entgegenstehende ausschließliche Gerichtsstandsvereinbarung geltend machen konnte.[12] Die Frage, ob sich eine Person durch eine solche Vereinbarung nicht nur gegen die Drittbeteiligung in ausländischen Verfahren mittels Klage, sondern auch gegen eine solche mittels Streitverkündung schützen kann, erscheint sehr praxisrelevant, da die wenigsten Parteien bei der Vertragsgestaltung daran denken werden, ihnen unbekannte Formen der Drittbeteiligung ausdrücklich auszuschließen.

Nehmen wir weiterhin an, unser Fall zwischen K und V spielt sich wieder in Frankreich ab, H ist in Deutschland ansässig. V zieht H mittels einer Gewährleistungsklage gemäß Art. 6 Nr. 2 EuGVO vor das französische Gericht des Hauptprozesses. Anschließend erhebt H bei einem deutschen Gericht – etwa weil dort der Erfüllungsort liegt – Klage auf Feststellung, er sei V gegenüber nicht regresspflichtig. Das deutsche Gericht würde sich in diesem Fall letztlich nach Art. 27 Abs. 2 EuGVO zugunsten des französischen Gerichts für unzustän-

12 Entscheidungen in dieser Konstellation sind nicht ersichtlich. Nach *Mansel*, Gerichtspflichtigkeit von Dritten, S. 196, konnten einige mit der Frage des Streitverkündungsausschlusses befasste deutsche Richter mit Drohung einer entsprechenden Vorlage beim EuGH Vergleiche erzwingen.

dig erklären (müssen). Umgekehrt: Im Ausgangsprozess zwischen K und V in Deutschland erklärt V dem französischen H den Streit. Wenn H jetzt am Erfüllungsort in Frankreich in Form einer negativen Feststellungsklage den Folgeprozess anhängig machte, griffe die Sperre des Art. 27 EuGVO nicht ein. Die Streitverkündung ist weder eine Klage noch macht sie den Anspruch rechtshängig, welcher den Streitverkündungsgrund bildet. Auch Art. 28 EuGVO setzt eine anhängige Klage voraus und ist damit nicht ohne weiteres anwendbar. H könnte in dieser Konstellation also die Interventionswirkung der deutschen Streitverkündung untergraben.[13]

Diese Beispiele zeigen, dass die Streitverkündung einer echten Drittklage in einigen Situationen sowohl aus dem Blickwinkel des Dritten als auch im Hinblick auf die Interessen des Streitverkünders unterlegen erscheint. Die Rechtsschutzmöglichkeiten des Dritten scheinen bei der Frage nach der Derogation und der gerichtlichen Geltendmachung der Abredewidrigkeit der Streitverkündung im Vergleich zum Garantiebeklagten verkürzt, während sich der Streitverkünder bei der Behandlung von Parallelprozessen im Vergleich zum Garantiekläger benachteiligt sieht. Weiterhin können die öffentlichen Ziele der Drittbindung, namentlich die Gewährleistung einheitlicher Entscheidungen und die Verfahrenskonzentration bei der Streitverkündung auf den ersten Blick nicht ausreichend durchgesetzt werden, da insbesondere die Rechtshängigkeitssperre des Art. 27 EuGVO nicht einzugreifen scheint und die Gefahr besteht, dass die Bindungswirkung der Streitverkündung durch Parallelprozesse konterkariert wird.

Die angesprochenen Nachteile lassen sich auf zwei unterschiedliche Ursachen zurückführen. Zum einen resultieren sie daraus, dass das europäische Zivilverfahrensrecht bei der Frage der Drittbeteiligung von zwei unterschiedlichen Rechtsinstituten Gebrauch macht. Zwar verfolgen sowohl Gewährleistungs- und Interventionsklagen als auch die Streitverkündung ein ähnliches Ordnungsziel, namentlich die Vermeidung widersprüchlicher Entscheidungen und die Förderung der Prozessökonomie. Allerdings kann eine Streitverkündung nicht als Klage qualifiziert werden, so dass erhebliche Unterschiede zwischen beiden Instituten offenbar sind.

Zum anderen können sich im Bereich der grenzüberschreitenden Streitverkündung Nachteile daraus ergeben, dass zwei in sich abgeschlossene Rechtssysteme aufeinander treffen, namentlich das nationale Verfahrensrecht, nach dem sich die Streitverkündung bestimmt, und die EuGVO andererseits.

Aufgrund der angedeuteten Konflikte und insbesondere der Schwerfälligkeit einer verfahrensrechtlichen Trennung zusammengehöriger Sachverhalte wurde in der Literatur bereits vorgeschlagen, das Rechtsinstitut der Streitverkündung

---

13 In einer Entscheidung des Hof den Haag wurde die Sperrwirkung einer deutschen Streitverkündung bzgl. einer negativen Feststellungklage in den Niederlanden nach Art. 27 oder 28 EuGVO thematisiert und verneint, vgl. Europäisches TransportR 2008, 618, 622.

durch die Einführung der Gewährleistungs- bzw. Interventionsklage zu ersetzen.[14] Durch die EU-Erweiterung 2004 sind aber einige Staaten in die Europäische Union aufgenommen worden, die bei der zivilprozessualen Drittbeteiligung ebenfalls nach dem germanisch geprägten Modell der Streitverkündung verfahren. Zu nennen sind etwa Estland, Lettland, Litauen, Polen und Slowenien.[15] Da diese Staaten in der parallelen (Ausnahme-)Vorschrift zu Art. 65 EuGVO im LugÜ[16] bereits ausdrücklich berücksichtigt werden[17], ist auch eine entsprechende Ausdehnung von Art. 65 EuGVO zu erwarten. Eine Ersetzung der Streitverkündung durch die Einführung echter Drittklagen hätte dann nicht nur auf die deutsche, österreichische und ungarische Verfahrensordnung Auswirkungen, sondern auf das nationale Prozessrecht einer erheblichen Anzahl von Mitgliedstaaten der Europäischen Union. Dementsprechend ist eine andere Möglichkeit zu finden, die beiden unterschiedlichen Institute des europäischen Interventionsrechts miteinander in Einklang zu bringen.

Die vorliegende Untersuchung will die beschriebenen Konflikte bei der grenzüberschreitenden Streitverkündung im europäischen Rechtsraum daher konkret aufzeigen und versuchen, diese mit Blick auf den Grundsatz der Einheitlichkeit der Rechte und Pflichten der von der EuGVO betroffenen Personen mittels Auslegung des Gemeinschafts- bzw. Unionsrechts und durch Anpassung des nationalen Zivilverfahrensrechts aufzulösen.

B. Gang der Untersuchung

Die Arbeit gliedert sich in fünf Abschnitte. Im ersten Abschnitt werden die Rechtsquellen des europäischen Interventionsrechts vorgestellt. Im zweiten und dritten Abschnitt werden Voraussetzungen, Wirkungen und Anerkennung der Gewährleistungs- und Interventionsklagen einerseits und der Streitverkündung anderseits erläutert. Diese Darstellung soll der Untersuchung als Ausgangspunkt vorangestellt werden. Im zweiten Abschnitt wird dabei schwerpunktmäßig auf den bislang wenig konturierten Begriff der Interventionsklage und auf das Konnexitätserfordernis zwischen Haupt- und Drittklage eingegangen, während im dritten Abschnitt die Derogierbarkeit der Streitverkündung – und damit die Streitfrage nach dem Erfordernis einer internationalen Streitverkündungszuständigkeit – im Vordergrund stehen.

Der vierte Abschnitt befasst sich mit den vermeintlichen strukturellen Defiziten der Streitverkündung im Vergleich zu echten Drittklagen und gliedert sich seinerseits in zwei Hauptteile. Im ersten Teil soll untersucht werden, ob und wann die Zulässigkeit der Streitverkündung überprüft werden kann. Da der

14 Vgl. etwa *Schober*, S. 197 ff.; *Leipold*, S. 16.
15 Vlg. Study JLS/C4/2005/03, S. 107 Rn. 230.
16 Art. II Protokoll 1 LugÜ.
17 Vgl. die Erklärung der Europäischen Gemeinschaft nach Art. II Abs. 2 Protokoll 1 LugÜ in ABl. EU Nr. L 147 vom 10.6.2009, S. 1, 4.

Streitverkündungsempfänger nach der ZPO keine Möglichkeit hat, die Zulässigkeit der Streitverkündung zu rügen und das ausländischen Gericht des Folgeprozesses eine Zulässigkeitsprüfung wegen Art. 35 Abs. 3 EuGVO aller Wahrscheinlichkeit nach nicht vornehmen wird, ergäbe sich bei isolierter Betrachtung beider kollidierender Rechtssysteme eine Rechtsschutzlücke. Der Dritte könnte die Unzulässigkeit seiner Einbeziehung – z.B. im Falle der abredewidrigen Streitverkündung – in keinem der beiden Prozesse gerichtlich geltend machen. Hier soll daher untersucht werden, ob die besondere Interessenlage im europäischen Streitverkündungsrecht eine Anpassung des nationalen Zivilverfahrensrechts und eine vorgezogene Prüfung der Zulässigkeit bereits im Ausgangsverfahren erfordert.

Der zweite Hauptteil des vierten Abschnittes widmet sich der Frage, ob die Rechtshängigkeitssperre des Art. 27 EuGVO oder die Vorschrift des Art. 28 EuGVO auch dann eingreifen können, wenn vor einem anderen Gericht zwar keine die gleiche Rechtssache betreffende Klage anhängig ist, jedoch eine Streitverkündung erklärt wurde, welcher ein Streitverkündungsgrund gleicher Art zugrunde liegt.

Da einige der praktischen Schwierigkeiten, die durch die Zweigliedrigkeit des europäischen Drittbeteiligungsrechts entstehen, mittlerweile an die Europäische Kommission herangetragen und durch ein Grünbuch zur Überprüfung der EuGVO zur öffentlichen Diskussion gestellt worden sind, erfolgt in einem fünften Abschnitt ein kurzer Ausblick zur Entwicklung des europäischen Interventionsrechts.

Zum Abschluss der Arbeit werden die wesentlichen Ergebnisse der Untersuchung zusammengefasst.

1. Abschnitt: Rechtsquellen des europäischen Interventionsrechts

A. Überblick

Regelungsgegenstand des europäischen Interventionsrechts ist die Einbeziehung von Personen mit Wohnsitz in einem Mitgliedstaat der Europäischen Union (bzw. einem EFTA-Staat) in Prozesse, die zwischen anderen Personen vor den Gerichten anderer Mitgliedstaaten (bzw. EFTA-Staaten) anhängig sind. Daneben statuiert das europäische Interventionsrecht die Voraussetzungen für die Anerkennung der mit der Drittbeteiligung verbundenen Entscheidungswirkungen.[18]

B. Verordnung (EG) Nr. 44/2001 – EuGVO

Die grenzüberschreitende Drittbeteiligung wird im Verhältnis der Mitgliedstaaten der Europäischen Union zueinander durch Artt. 6 Nr. 2, 11 und 65 EuGVO der Verordnung (EG) Nr. 44/2001 des Rates vom 22. Dezember 2000 über die gerichtliche Zuständigkeit und die Anerkennung und Vollstreckung von Entscheidungen in Zivil- und Handelssachen (EuGVO)[19] geregelt.

I. Grundregel des Art. 6 Nr. 2 EuGVO

Die Grundregel des europäischen Interventionsrechts ist in Art. 6 Nr. 2 EuGVO verankert und lautet:

> Eine Person, die ihren Wohnsitz im Hoheitsgebiet eines Mitgliedstaats hat, kann auch verklagt werden:
>
> (...)
>
> 2. wenn es sich um eine Klage auf Gewährleistung oder um eine Interventionsklage handelt, vor dem Gericht des Hauptprozesses, es sei denn, dass die Klage nur erhoben worden ist, um diese Person dem für sie zuständigen Gericht zu entziehen;
>
> (...)

II. Ausnahmeregel des Art. 65 EuGVO

Der Gerichtsstand der Gewährleistungs- und Interventionsklage wurde bereits durch Art. 6 Nr. 2 EuGVÜ[20] in das europäische Verfahrensrecht eingeführt, da die nationalen Verfahrensordnungen aller Gründerstaaten der EWG mit Aus-

18 *Mansel*, Streitverkündung und Interventionsklage, S. 164 f.

19 ABl. EG Nr. L 12 vom 16.1.2001, S. 1 ff.

20 Übereinkommen über die gerichtliche Zuständigkeit und die Vollstreckung gerichtlicher Entscheidungen in Zivil- und Handelssachen vom 27.9.1968, BGBl. II 1972, S. 774.

nahme von Deutschland einen solchen Gerichtsstand vorsahen.[21] Da aus deutscher Sicht aber auch bei der zivilprozessualen Drittbeteiligung strikt am Zweiparteienprinzip festzuhalten war und das praktische Bedürfnis an der einheitlichen Beurteilung eines zusammengehörigen Tatsachenkomplexes innerstaatlich mit dem Rechtsinstitut der Streitverkündung ausreichend bedient wurde[22], ist gegen Art. 6 Nr. 2 EuGVÜ ein Vorbehalt eingelegt worden.[23] Dieser sollte der besonderen Rechtslage in Deutschland Rechnung tragen und wurde – inzwischen erweitert um Österreich und Ungarn – in die Sonderregelung des Art. 65 EuGVO übernommen. Eine solche Sonderregelung ist insofern notwendig, als dass die Mitgliedstaaten im Rahmen der EuGVO eine Justizgewährungspflicht trifft und jeder Mitgliedstaat vorbehaltlich einer expliziten Ausnahme verpflichtet ist, ein kompetentes Gericht zur Verfügung zu stellen, sofern ein Gerichtsstand nach der Verordnung eröffnet ist.[24]

Art. 65 EuGVO lautet:

(1) Die in Artikel 6 Nummer 2 und Artikel 11 für eine Gewährleistungs- oder Interventionsklage vorgesehene Zuständigkeit kann in Deutschland, Österreich und Ungarn nicht geltend gemacht werden. Jede Person, die ihren Wohnsitz in einem anderen Mitgliedstaat hat, kann vor Gericht geladen werden

a) in Deutschland nach den §§ 68 und 72 bis 74 der Zivilprozessordnung, die für die Streitverkündung gelten,

b) in Österreich nach § 21 der Zivilprozessordnung, der für die Streitverkündung gilt,

c) in Ungarn nach den §§ 58 bis 60 der Zivilprozessordnung (Polgári perrendtartás), die für die Streitverkündung gelten.

(2) Entscheidungen, die in den anderen Mitgliedstaaten aufgrund des Artikels 6 Nummer 2 und des Artikels 11 ergangen sind, werden in Deutschland, Österreich und Ungarn nach Kapitel III anerkannt und vollstreckt. Die Wirkungen, welche die in diesen Staaten ergangenen Entscheidungen nach Absatz 1 gegenüber Dritten haben, werden auch in den anderen Mitgliedstaaten anerkannt.

---

21 *Jenard*, Bericht zum EuGVÜ, S. 1, 27 mit Verweis auf die jeweiligen nationalen Bestimmungen.

22 Die Einführung einer echten Drittklage wurde bereits von den Vätern der ZPO mit dem Hinweis abgelehnt, die Streitverkündung mit Interventionswirkung reiche aus, um die einheitliche Beurteilung eines zusammengehörigen Sachverhalts zu gewährleisten, vgl. *Hahn*, Materialien zur CPO, S. 183; *Leipold*, S. 15.

23 Vgl. *Geimer*, WM 1979, S. 350, 351: „Die deutschen Vertragsunterhändler glaubten, die Gewährleistungs- und Interventionsklage sei dem deutschen Prozeßrechtssystem so fremd, dass seine Rezeption unmöglich sei".

24 *Kropholler*, EZPR, Vor Art. 2 Rn. 2; *Geimer/Schütze*, EZVR, Art. 2 Rn. 54.

III. Sonderregelung des Art. 11 EuGVO

Im 3. Abschnitt von Kapitel II der Verordnung finden sich besondere Regelungen für die gerichtliche Zuständigkeit in Versicherungssachen. Art. 11 EuGVO enthält eine Sonderregel für die Drittbeteiligung, welche lautet:

> (1) Bei der Haftpflichtversicherung kann der Versicherer auch vor das Gericht, bei dem die Klage des Geschädigten gegen den Versicherten anhängig ist, geladen werden, sofern dies nach dem Recht des angerufenen Gerichts zulässig ist.
>
> (2) Auf eine Klage, die der Geschädigte unmittelbar gegen den Versicherer erhebt, sind die Artikel 8, 9 und 10 anzuwenden, sofern eine solche unmittelbare Klage zulässig ist.
>
> (3) Sieht das für die unmittelbare Klage maßgebliche Recht die Streitverkündung gegen den Versicherungsnehmer oder den Versicherten vor, so ist dasselbe Gericht auch für diese Personen zuständig.

C. Lugano Übereinkommen

Die grenzüberschreitende Drittbeteiligung im Verhältnis der Mitgliedstaaten zu bestimmten EFTA-Staaten, die der Europäischen Union nicht angehören (etwa die Schweiz, Norwegen und Island), ist in den Artt. 6 Nr. 2 und II des Protokolls 1 des Übereinkommens über die gerichtliche Zuständigkeit und die Anerkennung und Vollstreckung von Entscheidungen in Zivil- und Handelssachen vom 30. Oktober 2007 geregelt.[25] Dieses ist gemäß seinem Art. 69 Abs. 4 seit dem 1. Januar 2010 in Kraft und ersetzt gemäß seinem Art. 69 Abs. 6 das Übereinkommen über die gerichtliche Zuständigkeit und die Anerkennung und Vollstreckung von Entscheidungen in Zivil- und Handelssachen vom 16. September 1988.[26]

I. Grundregel des Art. 6 Nr. 2 LugÜ

Auch das LugÜ geht im Grundsatz von einer Zuständigkeit des Gerichts des Hauptprozesses für Gewährleistungs- und Interventionsklagen aus.

Art. 6 Nr. 2 LugÜ lautet:

> Eine Person, die ihren Wohnsitz im Hoheitsgebiet eines durch dieses Übereinkommen gebundenen Staates hat, kann auch verklagt werden:
>
> (…)
>
> 2. wenn es sich um eine Klage auf Gewährleistung oder um eine Interventionsklage handelt, vor dem Gericht des Hauptprozesses, es sei denn, dass die Klage nur erhoben worden ist, um diese Person dem für sie zuständigen Gericht zu entziehen;
>
> (…)

25 ABl. EU Nr. L 339 vom 21.12.2007, S. 3 ff.
26 ABl. EG Nr. L 319 vom 25.11.1988, S. 9 ff. (LugÜ I).

Art. 11 LugÜ enthält ebenfalls eine Sonderregel für die Drittbeteiligung in Versicherungssachen, welche der Vorschrift des Art. 11 EuGVO wortgleich entspricht.

II. Ausnahmeregel des Art. II Protokoll 1 LugÜ

Die Art. 65 EuGVO entsprechende Regelung ist in Art. II Protokoll 1 LugÜ zu finden und lautet:

> (1) Die in Artikel 6 Nummer 2 und Artikel 11 für eine Gewährleistungs- oder Interventionsklage vorgesehene Zuständigkeit kann in den in Anhang IX genannten Staaten, die durch dieses Übereinkommen gebunden sind, nicht in vollem Umfang geltend gemacht werde. Jede Person, die ihren Wohnsitz in einem anderen durch dieses Übereinkommen gebundenen Staat hat, kann vor den Gerichten dieser Staaten nach Maßgabe der in Anhang IX genannten Vorschriften verklagt werden.
>
> (2) Die Europäische Gemeinschaft kann zum Zeitpunkt der Ratifizierung erklären, dass die in Artikel 6 Nummer 2 und Artikel 11 genannten Verfahren in bestimmten anderen Mitgliedstaaten nicht in Anspruch genommen werden können, und Angaben zu den geltenden Vorschriften mitteilen.
>
> (3) Entscheidungen, die in den anderen durch dieses Übereinkommen gebundenen Staaten aufgrund des Artikels 6 Nummer 2 und des Artikels 11 ergangen sind, werden in den in den Absätzen 1 und 2 genannten Staaten nach Titel III anerkannt und vollstreckt. Die Wirkungen, welche die in diesen Staaten ergangenen Entscheidungen gemäß den Absätzen 1 und 2 gegenüber Dritten haben, werden auch in den anderen durch dieses Übereinkommen gebundenen Staaten anerkannt.

Anhang IX lautet[27]:

> Die Staaten und Vorschriften im Sinne des Artikels II des Protokolls 1 sind folgende:
>
> - Deutschland: §§ 68, 72, 73 und 74 der Zivilprozessordnung, die für die Streitverkündung gelten,
> - Estland: Artikel 214 Absätze 3 und 4 und Artikel 216 der Zivilprozessordnung (Tsiviilkohtumenetluse seadustik), die für die Streitverkündung gelten,
> - Lettland: Artikel 78, 79, 80 und 82 der Zivilprozessordnung (Civilprocesa likums), die für die Streitverkündung gelten,
> - Litauen: Artikel 47 der Zivilprozessordnung (Civilinio proceso kodeksas),
> - Ungarn: Artikel 58 bis 60 der Zivilprozessordnung (Polgári perrendtartás), die für die Streitverkündung gelten,
> - Österreich: § 21 der Zivilprozessordnung, der für die Streitverkündung gilt,

27 Vgl. die Erklärung der Europäischen Gemeinschaft nach Art. II Abs. 2 Protokoll 1 LugÜ in ABl. EU Nr. L 147 vom 10.6.2009, S. 1, 4.

- Polen: Artikel 84 bis 85 der Zivilprozessordnung (Kodeks postepowania cywilnego), die für die Streitverkündung (przypozwanie) gelten,
- Slowenien: Artikel 204 der Zivilprozessordnung (Zarkon o pravdnem postopku), der für die Streitverkündung gilt,
- Schweiz: (in Bezug auf jene Kantone, deren Zivilprozessordnung keine Zuständigkeit im Sinne von Artikel 6 Nummer 2 und Artikel 11 des Übereinkommens vorsieht): die einschlägigen Vorschriften der anwendbaren Zivilprozessordnung über die Streitverkündung (litis denuntiatio).

Ein ähnlicher Vorbehalt galt aufgrund von Art. V Protokoll 1 des LugÜ von 1988 neben Deutschland und Österreich für Spanien und die Schweiz. Das revidierte LugÜ streicht die Ausnahme für Spanien, beschränkt die Ausnahme für die Schweiz auf die Kantone, deren Zivilprozessordnungen Gewährleistungs- und Interventionsklagen nicht kennen und erstreckt sie weiterhin auf Estland, Lettland, Litauen, Polen und Slowenien.

D. Besondere Streitverkündungsregeln im internationalen Transportrecht

Sowohl im Eisenbahntransportabkommen COTIF[28] als auch im Straßentransportabkommen CMR[29] finden sich besondere Streitverkündungsregeln.[30] Da alle EU-Mitgliedstaaten außer Malta und Zypern Vertragsstaaten des COTIF und des CMR sind, können sich Konkurrenzprobleme ergeben. Gleiches gilt für die Vertragsstaaten des LugÜ mit Ausnahme Islands, welches nicht zu den Vertragsstaaten des COTIF gehört.

I. Eisenbahntransportabkommen COTIF

Das COTIF enthält in seinen beförderungsrechtlichen Bestimmungen eine spezielle einheitsrechtliche Regelung der Interventionswirkung. Diese befindet sich zum einen in Art. 63 § 1 S. 1 der Einheitlichen Rechtsvorschriften für den Vertrag über die internationale Eisenbahnbeförderung von Personen und Gepäck (CIV)[31] und zum anderen in der Parallelvorschrift des Art. 51 § 1 S. 1 der Einheitlichen Rechtsvorschriften für den Vertrag über die internationale Eisenbahnbeförderung von Gütern (CIM).[32] Beide Vorschriften betreffen das Rückgriffsverfahren unter mehreren Transporteuren.

---

28 Übereinkommen über den internationalen Eisenbahnverkehr v. 19.5.1980, BGBl. II 1985, 130 in der Neufassung des Protokolls von Vilnius v. 3. Juni 1999, in Kraft getreten zum 1.7.2006, BGBl. II 2002, 2142.

29 Übereinkommen über den Beförderungsvertrag im internationalen Straßengüterverkehr v. 19.5.1956, BGBl. II 1961, 1120 in der Fassung des Protokolls v. 5.7.1978, BGBl. II 1980, 733.

30 Vgl. dazu auch *Mansel*, Streitverkündung und Interventionsklage, S. 169 ff.

31 Anhang A zum COTIF.

32 Anhang B zum COTIF.

Art. 63 § 1 S. 1 CIV lautet:

> Ein Beförderer, gegen den gemäß Artikel 62 Rückgriff genommen wird, kann die Rechtmäßigkeit der durch den Rückgriff nehmenden Beförderer geleisteten Zahlung nicht bestreiten, wenn die Entschädigung gerichtlich festgesetzt worden ist, nachdem dem erstgenannten Beförderer durch gehörige Streitverkündung die Möglichkeit gegeben war, dem Rechtsstreit beizutreten.

Art. 51 § 1 S. 1 CIM lautet:

> Ein Beförderer, gegen den gemäß Artikel 50 Rückgriff genommen wird, kann die Rechtmäßigkeit der durch den Rückgriff nehmenden Beförderer geleisteten Zahlung nicht bestreiten, wenn die Entschädigung gerichtlich festgesetzt worden ist, nachdem dem erstgenannten Beförderer durch gehörige Streitverkündung die Möglichkeit gegeben war, dem Rechtsstreit beizutreten.

Hat also ein Beförderer eine Entschädigung geleistet und den anderen beteiligten Transporteuren in dem Prozess mit dem Geschädigten den Streit verkündet und ihnen so die Möglichkeit gegeben, dem Rechtsstreit beizutreten, so kann die Rechtmäßigkeit der durch den Rückgriff nehmenden Beförderer geleisteten Zahlung im Rückgriffsprozess nicht mehr bestritten werden. Das Gericht des Rückgriffsprozesses ist damit an die gerichtliche Festsetzung der Entschädigung durch das Gericht des Ausgangsprozesses gebunden. Diese Rechtsfolge entspricht der allgemein gehaltenen Regelung des § 68 ZPO für den speziellen Fall des Rückgriffs im internationalen Transportrecht.[33] Es handelt sich hier um die originäre Anordnung einer speziellen Interventionswirkung durch vereinheitlichtes Prozessrecht, welche das Gericht des Folgeprozesses unmittelbar – nicht etwa im Rahmen der Urteilsanerkennung – beachten muss.[34]

II. Straßentransportabkommen CMR

Art. 39 Abs. 1 CMR enthält eine ähnliche Streitverkündungsregelung wie die eben beschriebene[35] und lautet:

> Ein Frachtführer, gegen den nach den Artikeln 37 und 38 Rückgriff genommen wird, kann nicht einwenden, daß der Rückgriff nehmende Frachtführer zu Unrecht gezahlt hat, wenn die Entschädigung durch eine gerichtliche Entscheidung festgesetzt worden war, sofern der im Wege des Rückgriffs in Anspruch genommene Frachtführer von dem gerichtlichen Verfahren ordnungsgemäß in Kenntnis gesetzt worden war und in der Lage war, sich daran zu beteiligen.

Die Vorschrift schneidet dem in Regress genommenen Frachtführer den Einwand ab, dass der Regress nehmende Frachtführer selbst gar nicht gehaftet habe und entfaltet demnach eine der Streitverkündung des deutschen Rechts ähnliche

---

33 *Mansel*, Streitverkündung und Interventionsklage, S. 170.

34 *Mansel*, Streitverkündung und Interventionsklage, S. 170 f.

35 *Koller*, Art. 51 CIM Rn. 1 formuliert, Art. 51 § 1 S. 1 CIM und Art. 39 Abs. 1 CMR deckten sich in der Sache völlig.

Wirkung.[36] Auch diese Bindungswirkung ist als eine einheitsrechtliche Form einer prozessualen Interventionswirkung zu qualifizieren.[37]

III. Verhältnis zur EuGVO

Gemäß Art. 71 Abs. 1 EuGVO lässt die EuGVO Übereinkommen unberührt, denen die Mitgliedstaaten angehören und die für besondere Rechtsgebiete die gerichtliche Zuständigkeit, die Anerkennung oder die Vollstreckung von Entscheidungen regeln.[38] Sowohl das COTIF mit seinen Anhängen CIV und CIM als auch das CMR sind als Übereinkommen im Sinne dieses Artikels zu qualifizieren, da sie für besondere Rechtsgebiete (Eisenbahn- und Straßentransportrecht) die gerichtliche Zuständigkeit und auch die Anerkennung und Vollstreckung gerichtlicher Entscheidungen regeln. Somit lässt die EuGVO das COTIF und das CMR unberührt. Im Konfliktfalle gehen COTIF und CMR den Regelungen der Verordnung vor.[39] Zu einer solchen Überschneidung kommt es jedoch gar nicht, da die Transportabkommen den originären Eintritt einer speziellen Interventionswirkung anordnen, während Art. 65 EuGVO die Statthaftigkeit grenzüberschreitender Streitverkündungen und die Anerkennung der Wirkungen einer solchen betrifft.[40] Die besonderen Streitverkündungsregeln im internationalen Transportrecht stehen also selbstständig neben der Vorschrift des Art. 65 EuGVO.

---

36 *Thume/Schmid*, Art. 39 CMR Rn. 3; Ferrari/*Otte*, Art. 39 CMR Rn. 2; *Fremuth/Thume*, Transportrecht, Art. 39 CMR Rn. 2.

37 *Mansel*, Streitverkündung und Interventionsklage, S. 172.

38 Eine ähnliche Regelung enthält Art. 67 Abs. 1 LugÜ.

39 Vgl. *Kropholler*, EZPR, Art. 71 Rn. 4 mwN.

40 *Mansel*, Streitverkündung und Interventionsklage, S. 172.

2. Abschnitt: Gewährleistungs- und Interventionsklagen

A. Begriff und Wesen

Im folgenden Abschnitt sollen die Voraussetzungen, Wirkungen und die Anerkennung von Gewährleistungs- und Interventionsklagen im Sinne von Art. 6 Nr. 2 EuGVO[41] beschrieben werden. Zunächst hat eine Begriffsklärung zu erfolgen.

Im Anwendungsbereich der EuGVO gilt der Grundsatz, dass die Verordnung die Zuständigkeit allein regelt, so dass Begriffe, deren Auslegung unmittelbar über die Reichweite der internationalen Zuständigkeit eines Mitgliedstaates entscheidet, möglichst autonom ausgelegt werden müssen.[42] Die Begriffe der Gewährleistungs- und Interventionsklage sind im Rahmen der EuGVO daher gemeinschaftsrechtlich autonom, jedoch im Lichte der im Wesentlichen übereinstimmenden romanischen Rechtsordnungen zu interpretieren.[43]

I. Gewährleistungsklagen

Gewährleistungsklagen sind solche Klagen, die der Beklagte in einem Rechtsstreit gegen einen Dritten zum Zweck der eigenen Schadloshaltung wegen der Folgen dieses Rechtsstreits erhebt.[44] Es handelt sich also um die Klage einer Partei eines anhängigen Verfahrens gegen einen verfahrensfremden Dritten auf Schadloshaltung für den Fall des Unterliegens des Garantieklägers im Hauptprozess.[45] Gewährleistungsklagen bilden den Hauptanwendungsfall des Art. 6 Nr. 2 EuGVO und sind unter anderem in England, Frankreich, Luxemburg, Belgien, Italien und den Niederlanden bekannt.[46]

II. Interventionsklagen

Im Gegensatz zum hinreichend konturierten Begriff der Gewährleistungsklage ist die Reichweite des Tatbestandes der Interventionsklage im Sinne von

---

41 Ebenso Art. 6 Nr. 2 LugÜ.

42 Für das EuGVÜ vgl. *Nogratnig*, S. 62 f. und Wieczorek/Schütze/*Hausmann*, Anhang I § 40, Vor Art. 2 Rn. 21. Zur EuGVO vgl. *Winter*, S. 61.

43 Rauscher / *Leible*, Art. 6 Rn. 13; *Kropholler*, EZPR, Art. 6 Rn.26; *Geimer/Schütze*, Bd. I/1, § 74 S. 388 f.

44 *Jenard*, Bericht zum EuGVÜ, S. 1, 27; *Coester-Waltjen*, IPRax 1992, S. 290; EuGH v. 26.5.2005, Rs. C-77/04 (*GIE Réunion Européenne*), IPRax 2005, 535 Rn. 28: Die Entscheidung erging zu Art. 6 Nr. 2 EuGVÜ. Aufgrund der wortgleichen Fassung kann diese Entscheidung – sowie sonstige Aussagen zu Art. 6 Nr. 2 EuGVÜ – auch auf Art. 6 Nr. 2 EuGVO übertragen werden.

45 *Mansel*, Gerichtspflichtigkeit von Dritten, S. 203.

46 Vgl. *Geimer*, WM 1979, S. 350, 359 f.; *Jenard*, Bericht zum EuGVÜ, S. 1, 27; *Stürner*, FS Geimer, S. 1310; *Auer*, S. 101 ff.

Art. 6 Nr. 2 EuGVO bislang nicht eindeutig geklärt.[47] Nach dem *Jenard*-Bericht erschien es den Verfassern des EuGVÜ angebracht, beide Begriffe ausdrücklich vorzusehen, obwohl der Begriff der Gewährleistung bereits in dem der Intervention enthalten sei.[48] Zur Bestimmung des Interventionsbegriffs wird im *Jenard*-Bericht auf die Artikel 15 und 16 der belgischen Gerichtsordnung verwiesen. Danach ist die Intervention allgemein ein Verfahren, durch das ein Dritter Prozesspartei wird. Sie dient entweder dem Schutz der Interessen des Intervenienten oder einer der Parteien des Rechtsstreits. Sie ist freiwillig, wenn der Dritte von sich aus in das Verfahren eintritt und erzwungen, wenn der Dritte während des Verfahrens durch eine oder mehrere Prozessparteien geladen wird.

Aufgrund der weiten Fassung des Begriffes der Interventionsklage nach nationalem belgischem Recht ergeben sich auf europäischer Ebene einige Zweifelsfragen. Unklar ist insbesondere, ob auch eine Klage als Interventionsklage im Sinne des Art. 6 Nr. 2 EuGVO qualifiziert werden kann, die der Dritte selbst auf eigene Initiative hin als Interventionskläger gegen eine der Hauptparteien erhebt. Weiterhin ist streitig, ob der Anwendungsbereich des Art. 6 Nr. 2 EuGVO solche Drittbeteiligungsformen erfasst, die zwar eine Bindungswirkung bezüglich des Dritten auslösen können, diesem aber nicht die Rolle einer selbstständigen Prozesspartei zukommen lassen und nicht mit einem rechtskraftfähigen Urteil gegen diesen enden.

1. Dritter als Interventionskläger

Nach den Artikeln 15 und 16 der belgischen Gerichtsordnung fällt auch die freiwillige Beteiligung auf eigene Initiative des Dritten unter den Begriff der Interventionsklage.[49] Im Rahmen der EuGVO hat aber eine gemeinschaftsrechtlich autonome Auslegung zu erfolgen.[50]

Der Wortlaut von Art. 6 Nr. 2 EuGVO formuliert offen, dass *eine Person* mit Wohnsitz in einem Mitgliedstaat im Falle einer Gewährleistungs- oder Interventionsklage auch vor dem Gericht des Hauptprozesses *verklagt werden kann* und schließt daher nicht aus, dass der Dritte selbst dabei die Rolle des Interventionsklägers einnimmt und eine der Hauptparteien als Interventionsbeklagten verklagt.[51] Auch der Zweck des Art. 6 Nr. 2 EuGVO, der auf Einheit-

---

47 Vgl. *Rüfner*, IPRax 2005, S. 500, 501.

48 *Jenard*, Bericht zum EuGVÜ, S. 1, 28.

49 Vgl. *Jenard*, Bericht zum EuGVÜ, S. 1, 28.

50 *Kropholler*, EZPR, Art. 6 Rn.26.

51 *Mansel*, Streitverkündung und Interventionsklage, S. 234; *Coester-Waltjen*, IPRax 1992, S. 290; *Schlosser*, Art. 6 Rn. 6; *Winter*, S. 64. Der französische Wortlaut lässt diese Deutung ebenso zu. Allein der englische Wortlaut könnte dagegen sprechen. Dort heißt es: „A person (…) may also be sued *as a third party* (…) in the court seised of the original proceedings (…). “ Dies könnte darauf hindeuten, dass nur der Dritte gemäß Art. 6 Nr. 2 als Garantie- bzw. Interventionsbeklagter in Betracht kommt, nicht jedoch eine der Hauptparteien.

lichkeit der Entscheidungen und Verfahrenskonzentration abzielt, stützt die Einbeziehung der Interventionsklage des Dritten in den Anwendungsbereich der Norm.[52]

Eine andere Ansicht möchte dagegen nur Fälle der unfreiwilligen Drittbeteiligung unter Art. 6 Nr. 2 EuGVO fassen, so dass der Dritte ausschließlich die Rolle des Interventionsbeklagten einnehmen könnte. Die zusätzliche Erwähnung der Interventionsklage neben der Gewährleistungsklage hält diese Ansicht für praktisch nicht relevant.[53] Argumentiert wird, die Zuständigkeit bezüglich des Dritten folge im Falle eines freiwilligen Beitritts desselben bereits aus Art. 24 EuGVO bzw. der freiwillige Beitritt entspreche einem Verzicht auf die Einrede der Unzuständigkeit.[54] Art. 24 EuGVO bezieht sich allerdings nur auf eine Einlassung des Beklagten. Ebenso kann grundsätzlich nur der Beklagte auf die Einrede der Unzuständigkeit verzichten. Bei einer eigenen Klage des Dritten als Interventionskläger nähme aber eine der Hauptparteien die Rolle des Interventionsbeklagten ein, so dass auf dessen Einlassung bzw. Verzicht abzustellen wäre.[55] Diese muss nicht notwendig vorliegen, so dass die Zuständigkeit gegenüber der interventionsbeklagten Hauptpartei durch Art. 6 Nr. 2 EuGVO begründet werden kann.

Der Begriff der Interventionsklage umfasst demnach sowohl Formen der unfreiwilligen als auch der freiwilligen Drittbeteiligung.[56] Interventionskläger im Sinne von Art. 6 Nr. 2 EuGVO kann sowohl eine der beiden Hauptparteien als auch der bislang unbeteiligte Dritte selbst sein.

2. Dritter als Streithelfer

Es stellt sich weiter die Frage, ob der Beitritt eines Dritten zum Verfahren mit dem Ziel der bloßen Unterstützung einer der Hauptparteien unter den Tatbestand der Interventionsklage gemäß Art. 6 Nr. 2 EuGVO zu fassen ist. In einigen Mitgliedstaaten gibt es Drittbeteiligungsformen, bei denen der Beitritt der bislang unbeteiligten Person in der Form der Streithilfe erfolgt und nicht zu einem vollstreckbaren Urteil gegen diesen führen kann.[57] Diese Formen ähneln der Neben-

---

52 *Mansel*, Streitverkündung und Interventionsklage, S. 234; *Winter*, S. 64; Rauscher / *Leible*, Art. 6 Rn. 15.

53 *Geimer*, WM 1979, S. 350, 361; *Geimer/Schütze*, Bd. I/1, § 74, S. 387 f.; *Meier*, S. 120 f.

54 *Meier*, S. 120 f. mwN; *Droz*, Compétence Judiciaire, S. 76.

55 Ebenso *Mansel*, Streitverkündung und Interventionsklage, S. 235; *Winter*, S. 64.

56 So auch *Winter*, S. 64; *Coester-Waltjen*, IPRax 1992, S. 290; *Rüfner*, IPRax 2005, S. 500; offen lassend *Kropholler*, EZPR, Art. 6 Rn. 27; aA. *Geimer*, WM 1979, S. 350, 361; *Geimer/Schütze*, Bd. I/1, § § 74, S. 387 f.

57 Z.B. die französische intervention volontaire accessoire. Gegen den Dritten, den Streithelfer, ergeht kein eigenständiges Urteil. Jedoch wird er der Rechtskraft des zwischen den Hauptparteien ergehenden Urteils unterworfen; vgl. *Mansel*, Streitverkündung und Interventionsklage, S. 236.

intervention, wenn die Initiative vom Dritten ausgeht und der Streitverkündung, falls der Beitritt aufgrund einer entsprechenden Aufforderung seitens einer der Hauptparteien erfolgt.

Im belgischen und französischen Recht erlangt ein Streithelfer zwar formal die Parteistellung, ist aber in der Prozessführung von der unterstützten Hauptpartei abhängig.[58] Trotz teils weitgehender Bindungswirkungen ergeht einem solchen Streithelfer gegenüber kein vollstreckbares Urteil.

Solche Drittbeteiligungsformen „ohne Vollstreckbarkeit“[59] können nach richtiger Ansicht von Art. 6 Nr. 2 EuGVO nicht umfasst sein.[60] Dafür sprechen zwei entscheidende systematische Argumente. Zum einen beziehen sich die Vorschriften des Abschnittes 2 von Kapitel II der Verordnung – in dem sich Art. 6 Nr. 2 EuGVO befindet – ausschließlich auf Entscheidungszuständigkeiten. Es handelt sich dort um Normen der unmittelbaren Gerichtspflichtigkeit, also Vorschriften, welche die Zuständigkeit der Gerichte regeln, unmittelbar über die Rechtspositionen der Beteiligten zu entscheiden.[61] Bei den genannten Formen der Drittbeteiligung, bei denen der Dritte lediglich als Streithelfer die Prozessführung einer Hauptpartei unterstützt, gehören eigene Rechtspositionen des Dritten aber nicht unmittelbar zum Entscheidungsgegenstand.

Weiterhin hätte es des Vorbehalts des Art. 65 EuGVO nicht bedurft, wenn Drittbeteiligungsformen ohne Vollstreckbarkeit unter den Begriff der Interventionsklage des Art. 6 Nr. 2 EuGVO zu subsumieren wären.[62] Denn dann wäre auch die Streitverkündung problemlos in den Anwendungsbereich des Art. 6 Nr. 2 EuGVO gefallen und eine Sonderregelung, wie sie in Art. 65 EuGVO zu finden ist, wäre entbehrlich gewesen.

Dementsprechend fallen Drittbeteiligungsformen, bei denen der Dritte keine volle Parteistellung erhält, er nur die Prozessführung einer Hauptpartei unterstützt und kein vollstreckbares Urteil gegen ihn ergehen kann, nicht unter Art. 6 Nr. 2 EuGVO. Vielmehr ist in diesen Fällen Art. 65 EuGVO analog anzuwenden.[63] Ergeht jedoch ein Feststellungsurteil gegenüber dem Dritten, durch welches die Bindung an die Prozessergebnisse in Urteilsform festgehalten wird und kam dem Dritten im Verfahren die volle Parteistellung mit sämtlichen Verfahrensrechten zu, handelt es sich um eine Interventionsklage im Sinne des Art. 6 Nr. 2 EuGVO.[64]

---

58 *Spellenberg*, ZZP 106 (1993), 283, 311; *Mansel*, Streitverkündung und Interventionsklage, S. 237.

59 Dazu ausführlich *Mansel*, Streitverkündung und Interventionsklage, S. 183 f.

60 *Winter*, S. 64 f.; aA. wohl *Rüfner*, IPRax 2005, S. 500, 502.

61 *Mansel*, Streitverkündung und Interventionsklage, S. 236; *Winter*, S. 64.

62 *Mansel*, Streitverkündung und Interventionsklage, S. 236.

63 Dies gilt auch für die Nebenintervention nach §§ 66 ff. ZPO, vgl. *Mansel*, Streitverkündung und Interventionsklage, S. 237.

64 Als Beispiel ist die französische declaration au fin de jugement commun zu nennen, die zwar ebenso wie die declaration volontaire accessoire nur eine Rechtskrafterstreckung

3. Begriffsbestimmung

Nach alledem ist der – soweit ersichtlich bislang einzigen – Begriffsbestimmung *Mansels* zuzustimmen.[65] Interventionsklagen sind danach alle im Verfahrensrecht eines Mitgliedstaates vorgesehenen Klagearten, die nach diesem Recht dazu führen, dass ein Dritter zur dritten Partei des Prozesses wird und eine dritte Parteiseite neben dem Kläger und dem Beklagten des Hauptprozesses einnimmt. Dabei macht der Interventionskläger mit der Interventionsklage einen eigenen prozessualen Anspruch geltend. Interventionskläger kann sowohl eine der Hauptparteien als auch der Dritte sein. Der Begriff der Interventionsklage erfasst sowohl Konstellationen der unfreiwilligen wie der freiwilligen Drittbeteiligung.

III. Wesen

Hauptanwendungsfall des Art. 6 Nr. 2 EuGVO ist die Konstellation, dass der Beklagte des Hauptprozesses einen bisher unbeteiligten Dritten als nachrangigen Beklagten in den Prozess einbezieht, um gegen diesen ein vollstreckbares Leistungsurteil zu erwirken und dadurch die Folgen des Verlustes des Hauptprozesses auszugleichen. Die Initiative der Drittbeteiligung kann allerdings auch vom Kläger des Hauptprozesses oder von der bislang verfahrensfremden Person ausgehen.

Gemein ist den Formen und Ausprägungen der Gewährleistungs- und Interventionsklagen, dass der Dritte mit sämtlichen damit verbundenen Verfahrensrechten als Partei in den Prozess eintritt und die Entscheidung über die verschiedenen prozessualen Ansprüche im selben Prozess und zwingend einheitlich ergehen muss.[66] Anders als bei der Streitverkündung bzw. sonstigen Fällen der Bindungswirkung ohne Vollstreckbarkeit wird der Gesamtsachverhalt im Rahmen eines echten Mehrparteienprozesses geklärt.

B. Die internationale Zuständigkeit nach Art. 6 Nr. 2 EuGVO

Nach Art. 6 Nr. 2 EuGVO kann eine Person mit Wohnsitz in einem Mitgliedstaat mittels Gewährleistungs- oder Interventionsklage vor dem Gericht des Hauptprozesses verklagt werden, selbst wenn dieses Gericht nach den allgemeinen Vorschriften (Artt. 2, 3 und 5 EuGVO) nicht für eine Klage gegen diese

---

zum Inhalt hat, bei der allerdings eine Art Feststellungsurteil ergeht und der Dritte seine Parteirechte unabhängig von den Hauptparteien geltend machen kann; vgl. *Spellenberg*, ZZP 106 (1993), 283, 184.

65 *Mansel*, Streitverkündung und Interventionsklage, S. 238; *ders.*, Gerichtspflichtigkeit von Dritten, S. 177, 203.

66 Vgl. *Mansel*, Gerichtspflichtigkeit von Dritten, S. 203. Dies kann nur insoweit gelten, als dass die einzelnen Ansprüche materiell der gleichen Rechtsordnung unterliegen. Ansonsten kann sich das Gebot der Einheitlichkeit nur auf Sach- und nicht auf Rechtsfragen beziehen.

Person zuständig wäre. Die Zuständigkeit für den Hauptprozess begründet gleichzeitig die internationale und örtliche Zuständigkeit für die mit ihm in Zusammenhang stehende Gewährleistungs- bzw. Interventionsklage.[67]

I. Sinn und Zweck

Art. 6 EuGVO dient generell der Vermeidung widersprüchlicher Entscheidungen und der Förderung der Prozessökonomie durch Verfahrenskonzentration bei Vorliegen eines besonderen Sachzusammenhangs zwischen Haupt- und Drittklage.

Die EuGVO misst dem Sachzusammenhang (Konnexität) im Interesse der Vermeidung widersprüchlicher Entscheidungen der Gerichte verschiedener Mitgliedstaaten in weitem Umfang kompetenzrechtliche Bedeutung zu.[68] Allerdings wird der in Art. 2 Abs. 1 EuGVO garantierte Grundsatz „actor sequitor forum rei" durch die Anerkennung des Sachzusammenhangs als Kompetenzgrund erheblich eingeschränkt.[69] Bereits die Erwägungsgründe der Verordnung legen nahe, dass vom allgemeinen Gerichtsstand des Beklagtenwohnsitz abweichende Zuständigkeiten eine Ausnahme darstellen und daher restriktiv zu handhaben sind.[70] Die Tatbestände des Art. 6 EuGVO sind deshalb keinesfalls als Ausdruck eines allgemeinen Gerichtsstandes des Sachzusammenhangs zu verstehen.[71]

Im Falle einer Gewährleistungs- bzw. Interventionsklage nach Art. 6 Nr. 2 EuGVO tritt das Interesse des Dritten, möglichst nur an seinem (Wohn-)Sitz verklagt zu werden, hinter den verfolgten Zielen der Verfahrenskonzentration und Entscheidungsharmonie zurück.[72] Der effiziente Umgang mit gerichtlichen Ressourcen spielt hier eine wichtige Rolle. Aus Gründen der Zweckmäßigkeit soll eine gemeinsame Verhandlung und Entscheidung von Haupt- und Regressprozess ermöglicht werden. Dadurch werden zugleich die Interessen des Garantieklägers berührt, welcher durch eine einheitliche Beurtei-

---

67 Gleiches gilt für die sachliche Zuständigkeit, vgl. *Winter*, S. 69; *Köckert*, S. 69 f. AA. *Mansel*, Streitverkündung und Interventionsklage, S. 227.

68 *Geimer*, WM 1979, S. 350; *Geimer/Schütze*, Bd. I/1, § 74, S. 376; *Gottwald*, IPRax 1989, 272 ff.; *Schurig*, FS Musielak, S. 493 ff.

69 Vgl. Wieczorek/Schütze/*Hausmann*, Anhang I § 40, Art. 6 Rn. 1.

70 Vgl. Erwägungsgrund (11): Die Zuständigkeitsvorschriften müssen in hohem Maße voraussehbar sein und sich grundsätzlich nach dem Wohnsitz des Beklagten richten, und diese Zuständigkeit muss stets gegeben sein außer in einigen genau festgelegten Fällen, in denen aufgrund des Streitgegenstandes oder der Vertragsfreiheit der Parteien ein anderes Anknüpfungskriterium gerechtfertigt ist.

71 Vgl. EuGH v. 27.10.1998, Rs. C-51/97 (*Réunion Européenne*), IPRax 2000, S. 210 Rn. 38 ff.; Rauscher / *Leible*, Art. 6 Rn. 1.

72 *Kropholler*, EZPR, Art. 6 Rn. 18; Rauscher / *Leible*, Art. 6 Rn. 11; *Geimer*, WM 1979, S. 350, 360.

lung eines zusammengehörigen Gesamtsachverhalts vor dem Risiko eines mehrfachen Prozessverlustes geschützt wird.[73]

II. Voraussetzungen

Sofern eine Klage nach verordnungsautonomer Qualifikation als Gewährleistungs- oder Interventionsklage anzusehen ist, kommt der internationale Gerichtsstand des Art. 6 Nr. 2 EuGVO in Betracht.[74] Es müssen weiterhin folgende Voraussetzungen vorliegen.

1. Anwendungsbereich der EuGVO

Die Gewährleistungs- bzw. Interventionsklage muss zunächst in den sachlichen Anwendungsbereich der EuGVO fallen, d.h. bei dem mit der Gewährleistungs- bzw. Interventionsklage verfolgten prozessualen Anspruch muss es sich um eine Zivil- oder Handelssache im Sinne von Art. 1 EuGVO handeln. Der Garantie- bzw. Interventionsbeklagte muss seinen Wohnsitz im Hoheitsgebiet eines Mitgliedstaates haben, so dass der räumlich-persönliche Anwendungsbereich der Verordnung eröffnet ist.[75] Art. 6 Nr. 2 EuGVO findet gemäß Art. 66 Abs. 1 EuGVO weiterhin nur dann Anwendung, wenn die Verordnung im Zeitpunkt der Erhebung der Gewährleistungs- oder Interventionsklage sowohl im Verhältnis zum Gerichtsstaat als auch im Verhältnis zum (Wohn)-Sitzstaat des Garantie- bzw. Interventionsbeklagten in Kraft getreten ist.

Auch der von der Gewährleistungs- bzw. Interventionsklage zu unterscheidende Hauptprozess muss in den sachlichen Anwendungsbereich der Verordnung fallen, d.h. auch dieser muss eine Zivil- oder Handelssache im Sinne von Art. 1 EuGVO betreffen.[76] Er muss weiterhin bei der Erhebung der Gewährleistungs- bzw. Interventionsklage (schon und noch) anhängig sein.[77]

---

73 Daneben stellt es allgemein ein überragendes Interesse der Rechtspflege dar, einen zusammenhängenden Sachverhalt auch einheitlich zu würdigen; vgl. *Spellenberg*, ZVglRWiss 79 (1980), S. 89, 119. Die Justiz könnte an Glaubwürdigkeit einbüßen, wenn ein in sich zusammenhängender Tatsachenkreis einmal so, einmal anders, wenn zusammengehörige Rechtsfragen hier in diesem, dort in jenem Sinn entschieden würden, *Schröder*, Internationale Zuständigkeit, S. 581.

74 Eine Gewährleistungs- bzw. Interventionsklage ist – ohne dass die Voraussetzungen des Art. 6 Nr. 2 EuGVO vorliegen – auch dann im Gerichtsstand des Hauptprozesses möglich, wenn eine entsprechende Gerichtsstandswahl getroffen wurde oder sich der Gewährleistungs- bzw. Interventionsbeklagte rügelos eingelassen hat (Art. 24 EuGVO). Auf diese Möglichkeiten soll hier aber nicht weiter eingegangen werden.

75 Zu Art. 6 Nr. 1 EuGVO wird teilweise eine Ausdehnung auf Personen ohne Wohnsitz im Hoheitsgebiet eines Mitgliedstaates vertreten; s. vor allem *Geimer*, WM 1979, S. 350, 357; aA. *Brandes*, S. 91 ff. Der klare Wortlaut des Art. 6 Nr. 2 EuGVO und das Gesamtsystem der Verordnung verlangen aber eindeutig, dass der Garantie- bzw. Interventionsbeklagte in einem Mitgliedstaat ansässig sein muss, vgl. Art. 4 Abs. 1 EuGVO.

76 *Kropholler*, EZPR, Art. 6 Rn.30; *Winter*, S. 65.

77 *Kropholler*, EZPR, Art. 6 Rn. 26.

Umstritten ist, ob die Zuständigkeit des Gerichts der Hauptsache auf einer Vorschrift der EuGVO beruhen muss, oder ob eine Zuständigkeit im Sinne von Art. 4 EuGVO in Verbindung mit nationalem Verfahrensrecht ausreicht, damit der Hauptprozess den Anknüpfungspunkt für eine Gewährleistungs- oder Interventionsklage im Sinne von Art. 6 Nr. 2 EuGVO bilden kann.[78] Die Streitfrage läuft darauf hinaus, ob der persönliche Anwendungsbereich der Verordnung auch für den Hauptprozess eröffnet sein, mithin der Hauptbeklagte seinen Wohnsitz in einem Mitgliedstaat haben muss.

a. Enge Auffassung

Die bislang wohl herrschende Auffassung geht davon aus, Art. 6 Nr. 2 EuGVO sei unanwendbar, wenn sich der Hauptprozess auf eine Zuständigkeit gemäß Art. 4 EuGVO in Verbindung mit dem autonomen Verfahrensrecht stütze.[79] Andernfalls bestünde die Gefahr, dass Urteile gegen Beklagte mit Wohnsitz in einem Mitgliedstaat anerkannt werden müssten, die unter Umständen entgegen Art. 3 Abs. 2 EuGVO in exorbitanten Gerichtsständen ergangen sind.[80]

Dieser Argumentation ist entgegenzusetzen, dass sich die Zuständigkeit gegenüber dem Garantie- bzw. Interventionsbeklagten unmittelbar aus der Verordnung und nicht aus einer Regelung im Sinne von Art. 3 Abs. 2 EuGVO ergibt.[81] Art. 6 Nr. 2 EuGVO selbst enthält keine exorbitante Zuständigkeit. Exorbitant sind grundsätzlich solche Gerichtsstände, die weder einen sachlichen Bezug zur Streitsache, noch einen persönlichen Bezug zum Beklagten aufweisen.[82] Die EuGVO sieht aber in den abschließenden Fällen des Art. 6 EuGVO den Leitgedanken des Sachzusammenhangs neben den genannten Kriterien als international zuständigkeitsbegründend an, so dass ein Gerichtsstand, welcher sich auf die

---

78 Einigkeit besteht darin, dass es innerhalb der Zuständigkeitsordnung der EuGVO keine Rolle spielt, ob sich die Zuständigkeit des Hauptgerichts auf Art. 2 Abs. 1 EuGVO oder eine der besonderen Zuständigkeiten des zweiten Abschnittes von Kapitel II stützt. S. dazu EuGH v. 15.5.1990, Rs. C-365/88 (*Kongress Agentur Hagen*), IPRax 1989, 288. Die Hauptklage kann sich auch auf einen vereinbarten Gerichtsstand stützen, Wieczorek/Schütze/*Hausmann,* Anhang I § 40, Art. 6 Rn. 21; *Meier*, S. 129 mwN.

79 MüKoZPO/*Gottwald*, Art. 6 EuGVO Rn. 14; *Geimer/Schütze/Auer*, IRV, Art. 6 Rn. 27; *Schlosser*, Art. 6 Rn. 6; Rauscher / *Leible*, Art. 6 Rn. 18; *Burgstaller*, Internationales Zivilverfahrensrecht, S. 65; *Kropholler*, EZPR, Art. 6 Rn. 30 verlangt im Hinblick auf die Hauptsache eine Zuständigkeit „im Einklang mit der Verordnung"; ähnlich OLG Stuttgart, IPRspr. 2003, Nr. 174, S. 564, 570.

80 So ausdrücklich *Kropholler*, EZPR, Art. 6 Rn. 30; MüKoZPO/*Gottwald*, Art. 6 EuGVO Rn. 14; Rauscher / *Leible*, Art. 6 Rn. 18 formuliert, dass Art. 6 Nr. 2 EuGVO andernfalls „zum trojanischen Pferd für die von Art. 3 Abs. 2 EuGVO ausgeschlossenen exorbitanten Zuständigkeiten" würde.

81 *Winter*, S. 67; *Nogratnig*, S. 77 Fn. 375: Ein Gerichtsstand ist nicht absolut exorbitant, sondern immer nur *relativ* gegenüber bestimmten Personen.

82 *von Hoffmann*, IPRax 1982, 217, 219.

enge Verknüpfung von Hauptsache und Regressprozess stützt, aus Sicht der Verordnung grundsätzlich nicht als exorbitant eingestuft werden kann.

Die Tatsache, dass der Hauptprozess auf eine exorbitante Zuständigkeit gestützt werden kann, mag den Anwendungsbereich von Art. 6 Nr. 2 EuGVO zum Nachteil des Garantiebeklagten ausdehnen. Allerdings kann Fällen, in denen sich die Beteiligten des Hauptprozesses die lose Verbindung des exorbitanten Gerichtsstands missbräuchlich zu Nutze machen, nur um den Garantiebeklagten vor ein für diesen fremdes Gericht zu ziehen, mit dem Einwand des Art. 6 Nr. 2 Hs. 2 EuGVO ausreichend begegnet werden.[83]

Weiterhin spricht die Argumentation der herrschenden Auffassung allenfalls dafür, Art. 6 Nr. 2 EuGVO ausnahmsweise dann nicht anzuwenden, wenn sich die Zuständigkeit des Gerichts des Hauptprozesses tatsächlich auf eine Regelung im Sinne von Art. 3 Abs. 2 EuGVO stützt.[84] Ein Ausschluss des internationalen Gerichtsstands der Gewährleistungs- und Interventionsklage allein aufgrund der Tatsache, dass die Zuständigkeit des Gerichts der Hauptsache auf autonomem Verfahrensrecht beruht, lässt sich dagegen keinesfalls rechtfertigen.

b. Vermittelnde Auffassung

Es ist daher zu untersuchen, ob eine Ausnahme von Art. 6 Nr. 2 EuGVO im oben genannten Sinne gerechtfertigt und eine Berufung auf den Gerichtsstand der Gewährleistungs- bzw. Interventionsklage dann unzulässig ist, wenn der Hauptbeklagte keinen Wohnsitz im Hoheitsgebiet eines Mitgliedstaates hat und sich die Entscheidungszuständigkeit des Gerichts des Hauptprozesses auf eine Vorschrift im Sinne von Art. 3 Abs. 2 EuGVO stützt, die Zuständigkeit des Hauptprozesses also nicht „mit der Verordnung in Einklang" steht.[85]

Für eine solche Ausnahme spricht zwar die Überlegung, dass sich die Angriffsfläche des Art. 6 Nr. 2 EuGVO für Personen mit Wohnsitz in einem Mitgliedstaat insofern erweitert, als dass auch Hauptprozesse in exorbitanten Gerichtsständen als Anknüpfungspunkt für Gewährleistungs- und Interventionsklagen dienen, welche in der Regel auf einer sehr losen räumlich-sachlichen Verbindung beruhen.[86] Dem steht freilich entgegen, dass gerade für solche Fälle das Verteidigungsmittel des Missbrauchseinwandes zur Verfügung steht.

---

83 Vgl. *Mansel*, Streitverkündung und Interventionsklage, S. 245.

84 So wohl *Kropholler*, EZPR, Art. 6 Rn. 30, der verlangt, dass die Zuständigkeit der Hauptklage „mit der Verordnung in Einklang" steht; vgl. auch OLG Stuttgart, IPRspr. 2003, Nr. 174, S. 564. Der Senat formuliert, dass „vom System der EuGVO missbilligte Gerichtsstände" keinen Rückhalt für Art. 6 Nr. 2 EuGVO bieten können.

85 So *Köckert*, S. 79 f.

86 So etwa *von Hoffmann*, IPRax 1982, 217, 221 in Bezug auf die internationale Verbundszuständigkeit im Familienrecht. Sofern die Grundzuständigkeit exorbitant ist, sollte der Gedanke des Sachzusammenhangs nicht noch zu deren Erweiterung herangezogen werden können.

Gegen eine solche Ausnahme sprechen weiterhin die Zielsetzungen des internationalen Gerichtsstands des Art. 6 Nr. 2 EuGVO. Hintergrund dieser Zuständigkeit sind hauptsächlich die öffentlichen Interessen an ökonomischer Prozessführung und Verfahrenskonzentration und der Vermeidung von sich widersprechenden Entscheidungen der Gerichte verschiedener Mitgliedstaaten.[87] Zugunsten dieser Gesichtspunkte wird das Interesse des Dritten, nur an seinen (Wohn-)Sitz verklagt zu werden, verdrängt.[88] Diese Argumente gelten unabhängig von der Frage, auf welche Vorschrift sich die Zuständigkeit des Gerichts der Hauptsache konkret stützt.[89]

Auch bei Beachtung der persönlichen Interessen der Betroffenen ergibt sich die Notwendigkeit einer solchen Ausnahme nicht.[90] Einer Person mit Wohnsitz in einem Mitgliedstaat wird es grundsätzlich zugemutet, sich bei Vorliegen eines ausreichenden Sachzusammenhanges vor den Gerichten eines anderen Mitgliedstaates zu verteidigen. Diese Last würde insgesamt nicht dadurch relativiert, dass Gewährleistungs- bzw. Interventionsklagen ausgeschlossen sind, sofern der Hauptbeklagte seinen Wohnsitz in einem Drittstaat hat und sich die Hauptsachezuständigkeit auf eine Vorschrift im Sinne von Art. 3 Abs. 2 EuGVO stützt. Dies soll anhand eines Beispielsfalles verdeutlicht werden.[91]

Der Standardfall des Art. 6 Nr. 2 EuGVO lässt sich für die Problemkonstellation wie folgt skizzieren. Käufer K aus Frankreich verklagt den Verkäufer V – einen Drittstaatler mit Wohnsitz in den USA – über eine exorbitante Zuständigkeit in Frankreich auf Schadensersatz wegen mangelhafter Ware. V zieht seinerseits seinen Händler H – dieser ist in Deutschland ansässig – mit einer Regressklage gemäß Art. 6 Nr. 2 EuGVO vor das dortige Gericht. H hat hier ein erhebliches Interesse daran, nicht über den Anker einer exorbitanten Zuständigkeit vor das Gericht eines fremden Mitgliedstaates gezogen zu werden.

Derselbe Fall könnte sich allerdings auch in einer anderen prozessualen Konstellation abspielen. Verkäufer V aus den USA erhebt gegen Käufer K aus Frankreich an dessen Wohnsitz eine Klage auf Feststellung, dass er keinen Schadensersatz schulde. Für den Fall seines Unterliegens erhebt V weiterhin eine Gewährleistungsklage gegen H aus Deutschland. In dieser Prozesskonstellation ist K der Beklagte des Hauptprozesses. K hat seinen Wohnsitz in einem Mitgliedstaat, so dass der Hauptprozess nicht auf einer exorbitanten Zuständigkeit beruht. Art. 6 Nr. 2 EuGVO greift mit der üblichen Folge ein, dass die prozessökonomischen Zielsetzungen den Beklagtenschutz überwiegen, obwohl die Interessenlage insoweit unverändert ist.

---

87 Rauscher / *Leible*, Art. 6 Rn. 11.

88 *Geimer/Schütze*, EZVR, Art. 6 Rn. 34; *Kropholler*, EZPR, Art. 6 Rn. 18.

89 Vgl. *Winter*, S. 67; Wieczorek/Schütze/*Hausmann*, Anhang I § 40, Art. 6 Rn. 21.

90 Rauscher / *Leible*, Art. 6 Rn. 18 meint dagegen, Art. 6 Nr. 2 EuGVO solle im „Interesse eines effektiven Drittschutzes“ keine Anwendung finden, wenn sich die Zuständigkeit des Hauptgerichts auf autonomes Verfahrensrecht stützt.

91 Siehe das Beispiel aus der Einleitung.

Eine Tatbestandsausnahme von Art. 6 Nr. 2 EuGVO für den Fall, dass sich die Hauptklage auf eine Zuständigkeit im Sinne von Art. 3 Abs. 2 EuGVO stützt, ist somit nicht gerechtfertigt. Durch eine solche Ausnahme würde dem Beklagtenschutz nur in ganz bestimmten Prozesskonstellationen Rechnung getragen, während es bei identischem Sachverhalt, jedoch vertauschten Parteirollen im Hauptprozess beim allgemeinen Vorrang der prozessökonomischen Erwägungen bliebe. Der Gefahr, aufgrund kollusiven Zusammenwirkens der Hauptparteien missbräuchlich vor ein fremdes Gericht gezogen zu werden, sollte vielmehr konsequent mit dem Einwand des Art. 6 Nr. 2 Hs. 2 EuGVO begegnet werden.

Der Beispielsfall zeigt daneben auch, dass eine solche Tatbestandsausnahme aus dem Blickwinkel des Drittstaatlers zu Ungerechtigkeiten führen kann. Es erscheint unbillig, Beklagte ohne Wohnsitz in einem Mitgliedstaat aufgrund loser Verbindung innerhalb der EU gerichtspflichtig zu machen, ihnen aber das Recht zu verweigern, sich ihrerseits auf das europäische Interventionsrecht zu berufen und eine Gewährleistungs- bzw. Interventionsklage gegen eine Person mit Wohnsitz in einem anderen Mitgliedstaat zu erheben. Eine Rechtfertigung für eine solche Benachteiligung ist nicht ersichtlich.[92] Dies gilt insbesondere vor dem Hintergrund, dass ein Drittstaatler, der sich auf eigene Initiative vor das Gericht eines Mitgliedstaates begibt, eine Gewährleistungs- bzw. Interventionsklage erheben könnte.[93]

c. Weite Auffassung

Nach richtiger Auffassung muss der Hauptprozess demnach nicht in den persönlichen Anwendungsbereich der Verordnung fallen. Es reicht aus, dass sich die Zuständigkeit des Gerichts des Hauptprozesses aus einer nationalen Zuständigkeitsregelung im Sinne des Art. 4 EuGVO ergibt[94], auch wenn es sich dabei um eine Vorschrift im Sinne von Art. 3 Abs. 2 EuGVO handelt. Im Interesse der Vermeidung widersprüchlicher Entscheidungen von Gerichten verschiedener Mitgliedstaaten und der Verfahrenskonzentration ist es hinzunehmen, dass anerkennungsfähige Garantieurteile unter Umständen in – bezüglich des Hauptbeklagten – exorbitanten Gerichtsständen ergehen.[95]

Hausmann verweist zur Begründung dieser Auffassung explizit auf eine Entscheidung des EuGH, welche klarstellt, dass die Vorschrift des Artikels 21 EuGVÜ[96] unabhängig vom Wohnsitz der Parteien der beiden konkurrie-

---

92 So auch *Winter*, S. 66.

93 Siehe die abgewandelte Prozesskonstellation.

94 *Wieczorek/Schütze/Hausmann,* Anhang I § 40, Art. 6 EuGVÜ Rn. 21; *Winter*, S. 65 ff.; *Mansel*, Streitverkündung und Interventionsklage, S. 245; *Köckert*, S. 78 f. So auch *von Hoffmann/Hau*, RIW 1997, 89, 90 für den Vorprozess bei der grenzüberschreitenden Streitverkündung.

95 *Wieczorek/Schütze/Hausmann*, Anhang I § 40, Art. 6 Rn. 21 Fn. 53.

96 Entspricht Art. 27 EuGVO.

renden Verfahren anwendbar sei.[97] Das EuGVÜ wolle grundsätzlich die Anerkennung und die Vollstreckung gerichtlicher Entscheidungen außerhalb des Mitgliedstaates fördern, in dem sie ergangen ist. Deshalb sei es unerlässlich, die Gefahr der Unvereinbarkeit von Entscheidungen zu verringern, die gemäß Art. 27 Nr. 3 EuGVÜ[98] einen Grund für die Verweigerung der Anerkennung oder der Vollstreckbarerklärung darstellt und zwar auch dann, wenn die Parteien der betreffenden Verfahren nicht im räumlichen Geltungsbereich des Übereinkommens ansässig sind.[99]

Diese Argumentation kann zwar für die Feststellung des Anwendungsbereichs von Art. 6 Nr. 2 EuGVO nicht vorbehaltlos übernommen werden, da sich das dem Art. 27 Nr. 3 EuGVÜ entsprechende Anerkennungshindernis des Art. 34 Nr. 3 EuGVO nur auf Zweiparteienkonstellation („zwischen denselben Parteien") bezieht. Die Gefahr des Eintritts dieses Anerkennungshindernisses ist in Fällen des Art. 6 Nr. 2 EuGVO demnach unmittelbar nicht gegeben. Bei einer getrennten Verhandlung von Hauptprozess und Regressklage könnte das Verhältnis der Hauptparteien zueinander der Anerkennung des Regressurteils mangels Parteienidentität nicht nach Art. 34 Nr. 3 EuGVO entgegenstehen (und umgekehrt).

Der EuGH erklärt im zitierten Urteil allerdings sogleich, dass auch Art. 22 EuGVÜ[100] zum achten Abschnitt des Titels II des Übereinkommens gehöre, dessen Zielsetzung insgesamt die Gewährleistung einer geordneten Rechtspflege innerhalb der Gemeinschaft sei.[101] Damit deutet der EuGH auf eine ebenfalls wohnsitzunabhängige Anwendung des Art. 22 EuGVÜ hin.[102] Der Anwendungsbereich des Art. 22 EuGVÜ bzw. Art. 28 EuGVO ist aber erheblich weiter als der des Art. 21 EuGVÜ bzw. Art. 27 EuGVO und zielt nicht allein auf eine Vermeidung von Rechtskraftkonflikten im Sinne von Art. 34 Nr. 3 EuGVO ab.

Art. 28 EuGVO verlangt insbesondere keine Parteienidentität.[103] Auch entsprechen sich die Begriffe „widersprechende Entscheidungen" aus Art. 28 EuGVO und „unvereinbare Entscheidungen" aus Art. 34 Nr. 3 EuGVO nicht.[104] Art. 28 EuGVO soll parallele Verfahren im Vorfeld so koordinieren, dass die unerwünschte Situation des Vorliegens mehrerer Entscheidungen, die zueinander im inhaltlichen Widerspruch stehen, von vorneherein verhindert wird.[105] Es soll also bereits die Inkohärenz von Entscheidungen vermieden wer-

---

97 EuGH v. 27.6.1991, Rs. C-351/89 (*Overseas Union Insurance*), NJW 1992, 3221.
98 Entspricht Art. 34 Nr. 3 EuGVO.
99 Vgl. auch EuGH v. 11.1.1990, Rs. C-220/88 (*Dumez France)*, NJW 1991, 631, 632.
100 Entspricht Art. 28 EuGVO.
101 Vgl. EuGH v. 27.6.1991, Rs. C-351/89 (*Overseas Union Insurance*), NJW 1992, 3221.
102 So auch Rauscher / *Leible*, Art. 27 Rn. 3c mwN.
103 *Kropholler*, EZPR, Art. 28 Rn. 5; OLG Frankfurt NJW-RR 2001, 215.
104 EuGH v. 6.12.1994, Rs. C-406/92 (*Tatry)*, EuZW 1995, 309 Rn. 55 und 57.
105 *Jenard*, Bericht zum EuGVÜ, S. 1, 41; vgl. auch *Roth*, Konnexitätserfordernis, S. 891.

den, selbst wenn diese getrennt vollstreckt werden könnten.[106] Art. 28 EuGVO erfasst daher nicht nur Fälle, in denen der Konflikt so stark ist, dass eine spätere Anerkennung der Urteile nach Art. 34 Nr. 3 EuGVO verweigert werden müsste, sondern schon die Fälle, in denen absehbar ist, dass die Entscheidungen inhaltlich nicht zusammen passen könnten, da bereits eine innere Unstimmigkeit zwischen Gerichtsentscheidungen zu Verunsicherung der Rechtsunterworfenen und zu einer Minderung der Autorität von Richtersprüchen in der Öffentlichkeit führen kann.[107] Darüber hinaus soll Art. 28 EuGVO auch der Prozessökonomie dienen und eine Verfahrenskonzentration ermöglichen, wo dies zweckmäßig ist, um die Belastung der Gerichte zu verringern.[108] Insofern decken sich die Zielsetzungen von Art. 28 EuGVO und Art. 6 Nr. 2 EuGVO.

Nach der Rechtsprechung des EuGH ist Art. 28 EuGVO unabhängig davon anwendbar, ob die Beteiligten ihren Wohnsitz im Hoheitsgebiet eines Mitgliedstaates haben oder nicht.[109] Damit hat der EuGH zu erkennen gegeben, dass das Interesse an einer geordneten Rechtspflege innerhalb der Europäischen Union und der Stimmigkeit von Gerichtsentscheidungen verschiedener Mitgliedstaaten unabhängig davon zu verwirklichen ist, ob sich die betroffenen Verfahren auf eine Zuständigkeit der EuGVO oder auf nationales Recht stützen.

d. Zwischenergebnis

Im Interesse einer geordneten Rechtspflege innerhalb der Europäischen Union, der Vermeidung widersprüchlicher Entscheidungen und der Entlastung der Gerichte durch Verfahrenskonzentration ist Art. 6 Nr. 2 EuGVO in Bezug auf die Hauptparteien wohnsitzunabhängig anzuwenden. Die Zielsetzungen der Vorschrift überwiegen den Beklagtenschutz und gelten generell unabhängig davon, ob die Zuständigkeit des Hauptprozesses auf einer nationalen Vorschrift oder einer Vorschrift der Verordnung beruht. Einem missbräuchlichen Ausnutzen exorbitanter Gerichtsstände als Anker für Gewährleistungs- und Interventionsklagen kann mit dem Einwand des Art. 6 Nr. 2 Hs. 2 EuGVO ausreichend begegnet werden.

Art. 6 Nr. 2 EuGVO findet daher auch dann Anwendung, wenn sich die Zuständigkeit des Gerichts des Hauptprozesses auf eine nationale Regelung im Sinne von Art. 4 EuGVO stützt, dieser also nicht in den räumlich-persönlichen Anwendungsbereich der Verordnung fällt.

2. Konnexität

Weiterhin stellt sich die Frage, ob Art. 6 Nr. 2 EuGVO einen besonderen Zusammenhang zwischen der Hauptklage und der Gewährleistungs- bzw. Inter-

---

106 Vgl. EuGH v. 6.12.1994, Rs. C-406/92 (*Tatry*), EuZW 1995, 309 Rn. 55.
107 *Lüpfert*, S. 53; *Lüke*, Die Beteiligung Dritter im Zivilprozeß, S. 248.
108 *Lüpfert*, S. 53.
109 So auch Rauscher / *Leible*, Art. 27 Rn. 3c mwN.

ventionsklage voraussetzt. Da Art. 6 Nr. 2 EuGVO als Ausnahme vom allgemeinen Gerichtsstand des Beklagtenwohnsitzes restriktiv zu handhaben und der Anwendungsbereich der Vorschrift aufgrund der weiten Auslegung des Begriffes der Interventionsklage erheblich ist, liegt die Einschränkung über ein Konnexitätserfordernis nahe.[110] Allerdings fordert der Wortlaut von Art. 6 Nr. 2 EuGVO im Gegensatz zu Art. 6 Nr. 1 EuGVO keinen besonderen Sachzusammenhang zwischen den Klagen.[111]

Einige Autoren vertreten im Rahmen des Art. 6 Nr. 2 EuGVO die Auffassung, es bedürfe keiner besonderen Konnexität. Die sachliche Verknüpfung des Hauptprozesses mit dem Regress des Dritten sei Rechtfertigung genug, um eine einheitliche Entscheidung zu ermöglichen.[112] Eigene Schadensersatzklagen des Hauptbeklagten ohne Regresszusammenhang begründeten dagegen keine internationale Zuständigkeit nach Art. 6 Nr. 2 EuGVO, mögen diese ihre Grundlage auch in demselben Lebenssachverhalt haben wie die Hauptklage und mit dieser gemeinsame Vorfragen aufweisen.[113]

Der EuGH hat in der Sache *Kongress Agentur Hagen* festgestellt, die Vorschrift des Art. 6 Nr. 2 EuGVÜ – welche wortgleich mit Art. 6 Nr. 2 EuGVO übereinstimmt – verlange, dass zwischen der Hauptklage und dem Antrag auf Zulassung der Gewährleistungsklage ein Zusammenhang bestehe.[114] Über Art und Intensität des erforderlichen Zusammenhangs hatte der EuGH allerdings nicht zu befinden. Eine positive Bestimmung, in welchem Verhältnis die Gewährleistungs- bzw. Interventionsklage zum Hauptprozess stehen muss, fehlt.

Nach der Entscheidung des EuGH in der Sache *GIE Réunion Européenne*[115] wurde die Formulierung aufgegriffen, Art. 6 Nr. 2 EuGVO erfordere keinen weiteren Zusammenhang als einen solchen, der den Schluss zulasse, dass kein Gerichtsstandsmissbrauch vorliege.[116]

---

110 Vgl. *Rüfner*, IPRax 2005, S. 500, 501. Für eine Beschränkung des Gerichtsstands der Drittklage auch *Stürner*, FS Geimer, S. 1315. Aus den genannten Gründen hatte der EuGH bereits in Art. 6 Nr. 1 EuGVÜ ein ungeschriebenes Tatbestandsmerkmal des Sachzusammenhanges hineingelesen, welches mittlerweile in den Wortlaut von Art. 6 Nr. 1 EuGVO übernommen wurde; EuGH v. 27.9.1988, Rs. C-189/87 (*Kalfelis*), IPRax 1989, 288 Rn. 7 ff.

111 Zur Auslegung des Konnexitätserfordernisses in Art. 6 Nr. 1 EuGVO ist aufgrund der offenen Formulierung allerdings noch keine Einigkeit erzielt worden, vgl. z.B. *Coester-Waltjen*, Konnexität und Rechtsmissbrauch, S. 747 ff.; *Roth*, Konnexitätserfordernis, S. 885 ff.

112 Rauscher / *Leible*, Art. 6 Rn. 19; *Rauscher*, IPR, Rn. 1725; Wieczorek/Schütze/*Hausmann*; Anhang I § 40, Art. 6 Rn. 21.

113 Vgl. das Beispiel bei *Kropholler*, EZPR, Art. 6 Rn. 31 und *Schack*, Rn. 418. Das Beispiel beruht auf Cass. 21.3.1987, Rev. crit. 1987, 577. Vgl. auch *Häsemeyer*, ZZP 84 (1971), S. 179, 183.

114 EuGH v. 15.5.1990, Rs. C-365/88 (*Kongress Agentur Hagen*), NJW 1991, 2621 Rn. 11.

115 EuGH v. 26.5.2005, Rs. C-77/04 (*GIE Réunion Européenne*), IPRax 2005, 535.

116 *Kropholler*, EZPR, Art. 6 Rn. 30; *Wittwer*, ZEuP 2007, 829, 834.

a. Die EuGH-Entscheidung GIE Réunion Européenne

Die Cour de cassation legte dem EuGH in der Rechtssache *GIE Réunion Européenne* unter anderem die Frage vor, ob für die Anwendung von Art. 6 Nr. 2 EuGVÜ eine Konnexität im Sinne von Art. 22 Abs. 3 EuGVÜ der verschiedenen Klagen oder wenigstens der Nachweis eines für den Ausschluss einer Umgehung des Gerichtsstands hinreichenden Zusammenhangs zwischen diesen Klagen erforderlich sei.[117]

Der EuGH antwortete, dass Art. 6 Nr. 2 EuGVÜ „auf eine Klage auf Gewährleistung (…) anwendbar ist, sofern zwischen dem Hauptprozess und der Gewährleistungsklage ein Zusammenhang besteht, der den Schluss zulässt, dass kein Gerichtsstandsmissbrauch vorliegt.“ Dabei obliege es dem nationalen Gericht, bei dem der Hauptprozess anhängig ist, das Bestehen eines solchen Zusammenhangs zu prüfen und sich zu vergewissern, dass die Gewährleistungsklage nicht nur darauf abzielt, den Beklagten dem für ihn zuständigen Gericht zu entziehen.[118]

Der Sachverhalt der Entscheidung sei kurz wie folgt skizziert. Die Société pyrénéenne de transit d'automobiles (Soptrans), ein Unternehmen mit Sitz in Frankreich, betreibt einen Parkplatz, auf dem zum Verkauf und Transport bestimmte Neuwagen abgestellt werden. Aufgrund eines Hagelschauers wurden fabrikneue Fahrzeuge beschädigt, die im Eigentum der General Motors Espana (GME) standen. Soptrans war gegen solche Schäden bei einer Reihe französischer Versicherer (GIE Réunion Européenne u.a.) versichert. GME war gegen solche Schäden ihrerseits bei einem in Spanien ansässigen Unternehmen (Zurich Espana) versichert. Nachdem Soptrans der GME ihren Schaden aufgrund eines Vergleiches erstattet hatte, verklagte sie ihre Versicherer in Frankreich auf Schadloshaltung. Diese erhoben ihrerseits – gestützt auf Art. 6 Nr. 2 EuGVÜ – eine Klage auf anteiligen Ausgleich aufgrund Mehrfachversicherung gegen Zurich Espana. Letztere rügte die Zuständigkeit des französischen Gerichts unter anderem mit dem Argument, Art. 6 Nr. 2 EuGVÜ erfordere einen speziellen Sachzusammenhang zwischen den einzelnen Klagen, welcher im konkreten Fall nicht gegeben sei.

Der EuGH qualifizierte die vorliegende Klage als Gewährleistungsklage im Sinne von Art. 6 Nr. 2 EuGVÜ[119] und erklärte, das Bestehen eines inneren Zusammenhangs zwischen beiden Klagen sei dem Begriff der Gewährleistungsklage immanent.[120] Es bestehe ein innerer Zusammenhang zwischen einer Klage gegen einen Versicherer auf Entschädigung für die Folgen eines von ihm versi-

---

117 EuGH v. 26.5.2005, Rs. C-77/04 (*GIE Réunion Européenne*), IPRax 2005, 535 Rn. 15.

118 EuGH v. 26.5.2005, Rs. C-77/04 (*GIE Réunion Européenne*), IPRax 2005, 535.

119 Urteilsgründe Rn. 27 f.

120 Urteilsgründe Rn. 30. So bereits *Meier*, S. 119: Die materiellrechtliche Abhängigkeit des Rückgriffsanspruchs vom Ergebnis des Ausgangsrechtsstreits definiere den notwendigen Sachzusammenhang zwischen Hauptklage und Rückgriffsprozess.

cherten Ereignisses und einem Verfahren, in dem dieser Versicherer einen anderen Versicherer, der eine Deckungszusage für dasselbe Ereignis erteilt haben soll, zu einem Beitrag zu der Entschädigung heranziehen will.[121]

Dem lässt sich entnehmen, dass Art. 6 Nr. 2 EuGVO ein ungeschriebenes Tatbestandsmerkmal des Sachzusammenhangs enthält, welches jedenfalls dann unzweifelhaft erfüllt ist, wenn es sich um eine Gewährleistungsklage handelt. Ein innerer Zusammenhang ist mithin bei Klagen, die der Beklagte in einem Rechtsstreit gegen einen Dritten zum Zweck der eigenen Schadloshaltung wegen der Folgen dieses Rechtsstreits erhebt, immer gegeben.[122]

Die Formulierung der Schlussfolgerung des EuGH ist allerdings etwas missverständlich. Danach verlangt Art. 6 Nr. 2 EuGVÜ keinen anderen Zusammenhang als den, der für die Feststellung ausreicht, dass kein Gerichtsstandmissbrauch vorliegt.[123] Man könnte die Aussage des EuGH so verstehen, dass der mit der Subsumtion unter den Begriff Gewährleistungsklage festgestellte Zusammenhang ausreiche, um einen Gerichtsstandmissbrauch auszuschließen.[124] Dann hätte die Missbrauchsklausel des Art. 6 Nr. 2 Hs. 2 EuGVO allerdings keinerlei eigenständige Bedeutung. Auch Generalanwalt *Jacobs* hat in seinen Schlussanträgen festgestellt, dass das Bestehen oder Fehlen einer Absicht, eine Person ihren eigenen Gerichten zu entziehen, unabhängig von dem Zusammenhang zwischen dem Hauptprozess und der Interventionsklage sei und keine Notwendigkeit bestehe, diese beiden Kriterien miteinander zu verbinden.[125]

Die Aussagen des EuGH sind wohl so zu deuten, dass ein innerer Zusammenhang zwischen Gewährleistungs- bzw. Interventionsklage und Hauptprozess notwendig, bei Vorliegen einer Gewährleistungsklage allerdings definitionsgemäß gegeben ist. Darüber hinaus verbleibt den nationalen Gerichten nur noch die Prüfung, ob nach den Einzelfallumständen ein Gerichtsstandsmissbrauch im Sinne des zweiten Halbsatzes von Art. 6 Nr. 2 EuGVO vorliege.[126] Weitere Anforderungen an das Verhältnis der Klagen zueinander werden nicht gestellt; mithin ist insbesondere ein Zusammenhang im Sinne des Art. 22 Abs. 3 EuGVÜ bzw. Art. 28 Abs. 3 EuGVO nicht erforderlich.[127]

---

121 Urteilsgründe Rn. 31.

122 *Jenard*, Bericht zum EuGVÜ, S. 1, 27. Zur Definition des Begriffs der Gewährleistungsklage siehe im zweiten Abschnitt unter A. I.

123 Urteilsgründe Rn. 33.

124 Vgl. *Rüfner*, IPRax 2005, S. 500, 502 f.; ähnlich *Winter*, S. 72: „(…) da man daraus schließen könnte, wenn kein Missbrauch besteht, ist der erforderliche Zusammenhang vorhanden".

125 Schlussanträge des Generalanwaltes *Jacobs* vom 24.2.2005, Rn. 35; vgl. auch *Rüfner*, IPRax 2005, S. 500, 502.

126 Vgl. Schlussanträge Rn. 43. In diesem Sinne auch *Rauscher*, IPR, Rn. 1725 f.; *Heiss*, VersR 2005, 1003.

127 Vgl. Schlussanträge Rn. 34. Der EuGH geht auf das Erfordernis eines Zusammenhangs im Sinne von Art. 22 Abs. 3 EuGVÜ bzw. Art. 28 Abs. 3 EuGVO gar nicht mehr ein.

b. Reichweite der Entscheidung

Die Entscheidung in der Sache *GIE Réunion Européenne* bezieht sich explizit nur auf Gewährleistungsklagen. Der EuGH hat sich nicht zu der Frage geäußert, wie das Konnexitätserfordernis bei Interventionsklagen ausgestaltet sein muss. Der Feststellung, Art. 6 Nr. 2 EuGVÜ erfordere einen inneren Zusammenhang, welcher der Klageform der Gewährleistungsklage immanent sei, lässt sich allerdings entnehmen, dass auch bei Interventionsklagen ein gewisser Regresszusammenhang bestehen muss.

In diesem Sinne sind auch die Ausführungen des Generalanwaltes zu verstehen, der einen inneren Zusammenhang stets in dem möglichen Interesse des ursprünglichen Beklagten sieht, von einem Streitverkündeten eine Gewährleistung oder einen anderen Ausgleich für die Folgen der ursprünglichen Klage zu erhalten ohne dabei eine Differenzierung zwischen Gewährleistungs- und Interventionsklage vorzunehmen.[128]

Zwar ist es zu eng, den erforderlichen Zusammenhang nur bei Klagen des Hauptbeklagten gegen den Dritten anzuerkennen. Auch Interventionsklagen des Klägers des Hauptprozesses bzw. die freiwillige Intervention des Dritten gegen eine der Hauptparteien sollten unter Art. 6 Nr. 2 EuGVO fallen, sofern diese auf einen Ausgleich für die Folgen der ursprünglichen Klage abzielen. Stellte man nämlich allein auf Klagen des Hauptbeklagten zwecks Schadloshaltung wegen der Folgen des Hauptprozesses ab, könnte ein innerer Zusammenhang tatsächlich nur bei Gewährleistungsklagen vorliegen und die Erwähnung der Interventionsklage in Art. 6 Nr. 2 EuGVO erwiese sich als gegenstandslos.[129] Die Begrenzung auf Regressklagen im weiten Sinne ist allerdings für die Konturierung des Tatbestandes von Art. 6 Nr. 2 EuGVO dienlich.

c. Ausgestaltung des Konnexitätserfordernisses

Art. 6 Nr. 2 EuGVO erfordert demnach grundsätzlich einen inneren Zusammenhang zwischen Haupt- und Drittklage.

aa. Gewährleistungsklagen

Dem Begriff der Gewährleistungsklage ist der erforderliche innere Zusammenhang immanent. Das Konnexitätserfordernis ist immer dann erfüllt, wenn eine Drittklage als Gewährleistungsklage qualifiziert werden kann, es sich also um eine Klage handelt, die der Beklagte in einem Rechtsstreit gegen einen Dritten zum Zweck der eigenen Schadloshaltung wegen der Folgen dieses Rechtsstreits erhebt.

---

128 Schlussanträge Rn. 32. Die deutsche Übersetzung spricht unglücklicherweise von „Streitverkündung". Die englische und französische Fassung verdeutlichen dagegen, dass GA *Jacobs* sowohl den Fall der Gewährleistungs- als auch den der Interventionsklage im Sinne hatte; vgl. dazu *Rüfner*, IPRax 2005, S. 500, 502.

129 Vgl. *Rüfner*, IPRax 2005, S. 500, 502.

Wie auch im deutschen Streitverkündungsrecht können unter diese Definition Fälle der alternativen Haftung[130] und die Abwehr drohender Ansprüche Dritter[131] gefasst werden, da auch diese auf Schadloshaltung wegen der Folgen des Hauptprozesses abzielen. Leitgedanke sollte die Sicherung vor einem doppelten Prozessverlust sein.[132]

bb. Interventionsklagen

Eine Klage, die auf die Initiative des Hauptklägers oder des zuvor unbeteiligten Dritten zurückgeht und bereits aus diesem Grunde nicht als Gewährleistungsklage angesehen werden kann, fällt dann unter Art. 6 Nr. 2 EuGVO, wenn sie einen Ausgleichsanspruch hinsichtlich der Folgen des ursprünglichen Prozesses zum Gegenstand hat. Das Konnexitätserfordernis ist bei einer Intervention seitens des Dritten nicht nur bei der Verfolgung eigener Ausgleichsansprüche, sondern in umgekehrter Richtung auch dann gegeben, wenn ein entsprechendes Ausgleichsbegehren abgewehrt werden soll.

cc. Feststellung der Konnexität

Für die Feststellung der Konnexität ist ein Rückgriff auf das konkret anwendbare Sachrecht nicht erforderlich. Die Vermeidung der Anwendung rein nationaler Vorschriften im Rahmen der Zuständigkeitsprüfung dient dabei dem allgemeinen Interesse einer einheitlichen Anwendung der Verordnung.[133] Die lex causae sollte so weit wie möglich aus der Zuständigkeitsprüfung ferngehalten werden.[134]

Mit der Aussage des EuGH aus *GIE Réunion Européenne*, dem Begriff der Gewährleistungsklage sei der für Art. 6 Nr. 2 EuGVO erforderliche Zusammenhang immanent, ist zugleich angesprochen, dass dieser Zusammenhang verordnungsautonom zu beurteilen ist.[135] Dies folgt daraus, dass die Definition der Gewährleistungsklage ihrerseits autonom erfolgt.

---

130 BGH NJW 1989, 521, 522; *Häsemeyer*, ZZP 84 (1971), S. 179, 188.

131 Zöller/Vollkommer, § 72 Rn. 9. Dies sind in der Regel Fälle, in denen eine Hauptpartei den Hauptprozess über ein fremdes Recht geführt hat und diesem für den Ausgang des Rechtsstreits verantwortlich ist.

132 Zum deutschen Recht vgl. Wieczorek/Schütze/*Mansel*, § 72 Rn. 42 und *Häsemeyer*, ZZP 84 (1971), S. 179, 184, welcher die Rechtfertigung der Streitverkündungswirkung darin sieht, dass sich die jeweiligen Rechtsverhältnisse gegenseitig ausschließen, also in einem Alternativverhältnis stehen.

133 Vgl. *Kropholler*, EZPR, Einl. Rn. 69.

134 *Rauscher*, ZZPInt 1 (1996), S. 151, 166.

135 Vgl. EuGH v. 26.5.2005, Rs. C-77/04 (*GIE Réunion Européenne*), IPRax 2005, 535 Rn. 30. Über die euroautonome Auslegung des Konnexitätserfordernisses im Rahmen des Art. 6 Nr. 1 EuGVO besteht seit der Entscheidung des EuGH in der Sache *Kalfelis* weitgehend Einigkeit; EuGH v. 27.9.1988, Rs. C-189/87, IPRax 1989, 288 Rn. 10; *Roth*, Konnexitätserfordernis, S. 885, 887 f., Fn. 17.

Dementsprechend ist es für die Feststellung der Konnexität ausreichend, dass die zur Begründung des Regresszusammenhangs vorgetragenen Tatsachen ergeben, dass die Gewährleistungs- bzw. Interventionsklage auf Ausgleich von Verlusten aus dem Hauptprozess abzielt.[136] Dagegen ist es nicht von Bedeutung, ob ein Ausgleichsanspruch nach dem über das Internationale Privatrecht des Gerichtsstaats ermittelten Sachrecht tatsächlich – oder auch nur möglicherweise – besteht.[137] Diese Frage wird ausschließlich im Rahmen der Begründetheit der Gewährleistungs- bzw. Interventionsklage geklärt.[138]

Es reicht demnach für die Anwendung von Art. 6 Nr. 2 EuGVO aus, dass sich das Begehren des Drittklägers nach dessen Tatsachenvortrag unter den Begriff der Gewährleistungsklage bzw. einer Interventionsklage zu Ausgleichszwecken subsumieren lässt.[139]

dd. Zwischenergebnis

Der Anwendungsbereich von Art. 6 Nr. 2 EuGVO wird im Interesse des Beklagtenschutzes durch ein Konnexitätserfordernis eingeschränkt und konturiert. Zwischen Gewährleistungs- bzw. Interventionsklage und der Hauptklage muss ein innerer Zusammenhang bestehen, welcher verordnungsautonom zu bestimmen ist.

Ein solcher Zusammenhang liegt bei Gewährleistungsklagen definitionsgemäß vor. Interventionsklagen weisen einen ausreichenden Zusammenhang zur

---

136 Die dem Regressverlangen zugrunde liegenden Tatsachen werden in der Regel sowohl in der Zuständigkeits- als auch in der Begründetheitsprüfung relevant sein. Um erstere nicht mit einer weitgehenden Sachprüfung zu belasten und das Verfahren praktikabel ablaufen zu lassen, erscheint es sinnvoll, im Rahmen der EuGVO (ebenso wie im autonomen Zivilprozessrecht) für die Zuständigkeit nicht den Beweis der sog. doppelrelevanten Tatsachen zu verlangen; *Kropholler*, EZPR, Art. 25 Rn. 5; differenzierend dazu *Ost*, S. 153 ff.

137 Anders *Winter*, S. 72 f.

138 So *Rauscher*, ZZPInt 1 (1996), S. 151, 165 f. für den Gerichtsstand der unerlaubten Handlung. In der Zuständigkeit solle nur geprüft werden, ob nach dem klägerischen Vortrag eine unerlaubte Handlung nach autonomen Verständnis vorliege. Ob die lex causae für den Sachverhalt eine passende Anspruchsgrundlage bereithält und deren Tatbestandsvoraussetzungen gegeben sind, sei in der Begründetheit zu prüfen. Demgegenüber wollen *Schlosser* und *Ost* den Sachverhalt zunächst einer konkreten Anspruchsgrundlage der lex causae zuordnen und anschließend in einem zweiten Schritt klären, ob der Sachverhalt unter die autonomen Begrifflichkeiten der Verordnung subsumiert werden kann; *Ost*, S. 190; *Schlosser*, RIW 1988, S. 987, 988.

139 So wohl Rauscher / *Leible*, Art. 6 Rn. 19; *Rauscher*, IPR, Rn. 1725; Wieczorek/Schütze/*Hausmann*, Anhang I § 40, Art. 6 Rn. 21. Ebenso hat der EuGH in der Sache *GIE Réunion Européenne* den inneren Zusammenhang festgestellt, ohne zu prüfen, ob eine Gewährleistungsklage auf Ausgleich wegen Mehrfachversicherung nach dem anwendbaren französischen Sachrecht möglicherweise begründet ist; EuGH v. 26.5.2005, Rs. C-77/04, IPRax 2005, 535 Rn. 31.

Hauptklage auf, wenn sie einen Ausgleichsanspruch hinsichtlich der Folgen des ursprünglichen Prozesses zum Gegenstand haben.

Sofern sich das Begehren des Drittklägers nach seinem Tatsachenvortrag in diesem Sinne qualifizieren lässt, ist das Konnexitätserfordernis zu bejahen. Ein Rückgriff auf die lex causa ist dabei nicht erforderlich. Der Schutz vor einem doppelten Prozessverlust sollte dabei als Leitgedanke der Konnexitätsprüfung verstanden werden.

III. Schranken der Zuständigkeit

Die Zuständigkeit des Gerichts des Hauptprozesses für Gewährleistungs- und Interventionsklagen nach Art. 6 Nr. 2 EuGVO entfällt beim Vorliegen folgender Hindernisse.

1. Gerichtsstandsmissbrauch

Nach Art. 6 Nr. 2 EuGVO kann eine Person, die ihren Wohnsitz im Hoheitsgebiet eines Mitgliedstaates hat, mittels Gewährleistungs- oder Interventionsklage vor dem Gericht des Hauptprozesses verklagt werden, es sei denn, die Klage wurde nur erhoben, um diese Person dem für sie zuständigen Gericht zu entziehen.

Der deutsche Wortlaut lässt auf den ersten Blick nicht eindeutig erkennen, ob sich dieser Missbrauchseinwand auf die Hauptklage oder die Gewährleistungs- bzw. Interventionsklage bezieht. Aufgrund der anderssprachigen Originaltexte besteht jedoch weitgehende Einigkeit darüber, dass die Hauptklage den Bezugspunkt des Missbrauchseinwandes darstellt.[140] Schon der *Jenard*-Bericht zum EuGVÜ formulierte, das mit der Hauptklage befasste Gericht sei für die Gewährleistungsklage nicht zuständig, wenn die Hauptklage offensichtlich nur zu dem Zweck erhoben worden ist, den auf die Gewährleistung in Anspruch Genommenen außerhalb seines Wohnsitzstaates zu verklagen.[141]

Demnach besteht die Zuständigkeit nach Art. 6 Nr. 2 EuGVO nicht, wenn Kläger und Beklagter des Hauptprozesses kollektiv zu Lasten des Dritten zusammenwirken, der Kläger des Hauptprozesses den Hauptbeklagten ohne vernünftigen Grund allein in der Hoffnung verklagt, dieser werde den Drittbeklagten in den Prozess einbeziehen oder der Hauptkläger selbst den Hauptprozess

---

140 Im englischen Text heißt es z.B. „a person (...) may also be sued as a third party in an action on a warranty or guarantee or in any other third party proceedings, in the court seised of the *original proceedings*, unless *these* were instituted solely with the object of removing him from the jurisdiction of the court which would be competent in his case.“ Vgl. auch *Schlosser*, Art. 6 Rn. 6; *Kropholler*, EZPR, Art. 6 Rn. 32; *Geimer/Schütze/Auer*, IRV, Art. 6 Rn. 43. Missverständlich jedoch EuGH v. 26.5.2005, Rs. C-77/04 (*GIE Réunion Européenne*), IPRax 2005, 535 Rn. 29 und 32: Die *Gewährleistungsklage* dürfe nicht nur darauf abzielen, den Beklagten dem für ihn zuständigen Gericht zu entziehen.

141 *Jenard*, Bericht zum EuGVÜ, S. 1, 27.

anstrengt – z.B. im Wege einer negativen Feststellungsklage – nur um den Dritten auf diese Weise mit einer Gewährleistungs- oder Interventionsklage überziehen zu können.[142]

Aus der Formulierung von Art. 6 Nr. 2 EuGVO ergibt sich, dass der Missbrauchsfall eine beweisbedürftige Ausnahme darstellt. Die Aussage des EuGH in der Sache *GIE Réunion Européenne*, es obliege dem Gericht des Hauptprozesses, sich zu vergewissern, dass die Klage nicht nur darauf abzielt, den Beklagten dem für ihn zuständigen Gericht zu entziehen, lässt allerdings das Gegenteil vermuten und darauf schließen, dass stets ein positiver Nachweis über das Fehlen eines Gerichtsstandsmissbrauchs zu erbringen sei.[143] Vernünftiger scheint es aber, vom Garantie- bzw. Interventionsbeklagten das Vorbringen konkreter Anhaltspunkte zu verlangen, die auf eine arglistig erschlichene Zuständigkeit hindeuten. In diesem Fall trifft den Garantie- bzw. Interventionskläger dann eine nachhaltige Darlegungslast zur Rechtfertigung des von ihm gewählten Forums.[144]

2. Vorrangige Gerichtsstände

Art. 6 Nr. 2 EuGVO ist auch dann nicht anwendbar, wenn ein nach dem System der EuGVO vorrangiger Gerichtsstand gegeben ist.

a. Ausschließliche Zuständigkeiten, Art. 22 EuGVO

Die in Art. 22 Nr. 1 bis 5 EuGVO aufgezählten Zuständigkeiten sind ausschließlicher Natur und verdrängen somit sowohl die allgemeine Zuständigkeit der Gerichte am Beklagtenwohnsitz als auch die besonderen Zuständigkeiten der Art. 5 ff. EuGVO.[145] Eine Gewährleistungs- bzw. Interventionsklage, die einen Verfahrensgegenstand im Sinne von Art. 22 EuGVO aufweist (hauptsächlich Streitigkeiten um dingliche Rechte oder Streitigkeiten aus Miete oder Pacht), kann somit nur dann bei dem Gericht des Hauptprozesses anhängig gemacht werden, wenn letzteres auch für den Interventionsprozess nach Art. 22 EuGVO international zuständig ist. Der Sachzusammenhang im Sinne von Art. 6 Nr. 2 EuGVO entfaltet hier ansonsten keine kompetenzbegründende Wirkung. Ist das Gericht des Hauptprozesses nicht nach Art. 22 EuGVO für die

142 *Kropholler*, EZPR, Art. 6 Rn. 32; *Winter*, S. 73.

143 EuGH v. 26.5.2005, Rs. C-77/04 (*GIE Réunion Européenne*), IPRax 2005, 535; vgl. *Rüfner*, IPRax 2005, S. 500, 503.

144 So *Geimer/Schütze/Auer*, IRV, Art. 6 Rn. 44. Sofern dem Garantie- bzw. Interventionskläger diese Rechtfertigung nicht gelinge, sei bereits die Zustellung der Gewährleistungs- bzw. Interventionsklage zu verweigern.

145 *Kropholler*, EZPR, Art. 22 Rn. 2.

Gewährleistungs- bzw. Interventionsklage international zuständig, kann diese nur isoliert verfolgt werden.[146]

b. Zwingende Zuständigkeiten

Die EuGVO sieht in den Abschnitten 3, 4 und 5 des Kapitels II ein besonderes Zuständigkeitsregime für Versicherungs-, Verbraucher- und Arbeitssachen vor. Die einzelnen Abschnitte stellen jeweils eine in sich geschlossene, selbstständige und erschöpfende Regelung dar.[147] Sie dienen dem Schutz der typischerweise wirtschaftlich schwächeren und rechtlich weniger erfahrenen Versicherungsnehmer, Verbraucher und Arbeitnehmer. Es ist daher zu untersuchen, ob die außerhalb dieser abgeschlossenen Komplexe stehende Vorschrift des Art. 6 Nr. 2 EuGVO Anwendung finden kann, wenn die Gewährleistungs- bzw. Interventionsklage den genannten Rechtsbereichen zuzuordnen ist.

aa. Versicherungssachen

Die internationale Zuständigkeit für Versicherungssachen[148] ist in den Artikeln 8 bis 14 EuGVO abschließend geregelt.[149] Vorbehaltlich der Artt. 4 und 5 Nr. 5 EuGVO kann ein Versicherer mit Wohnsitz in einem Mitgliedstaat[150] nach Art. 9 EuGVO entweder in seinem Wohnsitzstaat oder bei Klagen des Versicherungsnehmers, Versicherten oder Begünstigen am Heimatort des jeweiligen Klägers verklagt werden. Handelt es sich um einen Mitversicherer, so kann dieser auch bei dem Gericht eines Mitgliedstaates verklagt werden, bei dem der federführende Versicherer verklagt wird. Bei der Haftpflichtversicherung oder der Versicherung von unbeweglichen Sachen kann der Versicherer nach Art. 10 EuGVO weiterhin vor dem Gericht des Ortes des Eintritts des schädigenden Ereignisses verklagt werden. Der Versicherer selbst kann den Versicherungsnehmer, Versicherten oder Begünstigten gemäß Art. 12 Abs. 1 EuGVO dagegen grundsätzlich nur an dessen Wohnsitz verklagen.[151]

---

146 Gemäß Art. 25 EuGVO hat sich das Gericht eines Mitgliedstaates von Amts wegen für unzuständig zu erklären, wenn es wegen einer Streitigkeit angerufen wird, für die das Gericht eines anderen Mitgliedstaates aufgrund des Art. 22 EuGVO ausschließlich zuständig ist.

147 Rauscher / *Staudinger*, Art. 8 Rn. 1; kritisch dazu *Geimer/Schütze*, EZVR, Art. 8 Rn. 1.

148 Weder Streitigkeiten im Verhältnis zwischen Rückversicherern noch der Ausgleich zwischen Versicherern bei einer Mehrfachversicherung gelten als „Versicherungssache" im Sinne des 3. Abschnitts. EuGH v. 13.7.2000, Rs. C-412/98 (*Group Josi*), NJW 2000, 3121; EuGH v. 26.5.2005, Rs. C-77/04 (*GIE Réunion Européenne*), IPRax 2005, 535.

149 Vgl. *Kropholler*, EZPR, vor Art. 8 Rn. 1; *Meier*, S.125.

150 Gemäß Art. 9 Abs. 2 EuGVO steht dem Wohnsitz des Versicherers eine Zweigniederlassung, Agentur oder sonstige Niederlassung gleich.

151 Gemäß Art. 12 Abs. 2 EuGVO kann der Versicherer allerdings Widerklage vor dem Gericht erheben, vor dem er von dem Versicherungsnehmer, Versicherten oder Begünstigten nach den Vorschriften des 3. Abschnittes verklagt wurde.

In Art. 11 Abs. 1 EuGVO ist eine Sonderregel für Interventionsklagen gegen den Versicherer vorgesehen.[152] Dieser kann bei der Haftpflichtversicherung auch vor das Gericht geladen werden, bei dem die Klage des Geschädigten gegen den Versicherten anhängig ist, sofern dies nach dem Recht des angerufenen Gerichts zulässig ist.[153] Zwischen Haupt- und Interventionsklage muss insofern ein Zusammenhang bestehen, als dass beide denselben Schadens- und Versicherungsfall betreffen.[154] Weiterhin muss das Gericht für die Klage des Geschädigten international zuständig sein[155], wobei es ausreicht, dass sich die Zuständigkeit gemäß Art. 4 EuGVO auf nationale Vorschriften stützt.[156]

Eine weitere Spezialregelung hinsichtlich der Drittbeteiligung findet sich in Art. 11 Abs. 3 EuGVO. Diese betrifft die Gerichtspflichtigkeit des Versicherungsnehmers bzw. des Versicherten in Abweichung von der grundsätzlichen Regelung des Art. 12 Abs. 1 EuGVO. Sofern das für eine unmittelbare Klage des Geschädigten gegen den Versicherer[157] maßgebliche Recht die Streitverkündung gegen den Versicherungsnehmer oder den Versicherten vorsieht, ist dasselbe Gericht nach Art. 11 Abs. 3 EuGVO auch für diese Personen zuständig. Der Wortlaut der Vorschrift nennt unglücklich nur die Möglichkeit der Streitverkündung gegenüber dem Versicherungsnehmer bzw. Versicherten. Sie soll allerdings, dies wird aus den nicht deutschsprachigen Fassungen deutlich, auch Interventionsklagen erfassen.[158] Insofern begründet Art. 11 Abs. 3 EuGVO eine Zuständigkeit für Interventionsklagen gegen den Versicherungsnehmer bzw. Versicherten, sofern das für die Direktklage maßgebliche Recht eine solche Klagemöglichkeit bereithält.[159]

---

152 Vgl. *Schlosser*, Art. 11 Rn. 1.

153 Da diese Zuständigkeit verlangt, dass die Intervention nach dem Recht des Gerichtsstaates zulässig ist, schafft Art. 11 Abs. 1 nur bedingt europäisches Einheitsrecht, vgl. *Geimer/Schütze*, Bd. I/1, § 74 S. 421. Deutschland kennt ein solche Zuständigkeit nicht, so dass Art. 11 Abs. 1 EuGVO auch ohne den Vorbehalt des Art. 65 Abs. 1 S. 1 EuGVO vor deutschen Gerichten nicht zur Anwendung hätte kommen können. Der Vorbehalt ist hier demnach rein deklaratorisch. Jedenfalls ist eine Streitverkündung nach Art. 65 Abs. 1 S. 2 EuGVO möglich.

154 *Mansel*, Streitverkündung und Interventionsklage, S. 242.

155 Rauscher / *Staudinger*, Art. 11 Rn. 4; *Kropholler*, EZPR, Art. 11 Rn. 3.

156 *Geimer/Schütze*, Bd. I/1, § 74 S. 425.

157 Vgl. Art. 11 Abs. 2 EuGVO.

158 Vgl. *Mansel*, Gerichtspflichtigkeit von Dritten, S. 186; *Mansel*, Streitverkündung und Interventionsklage, S. 201 f.

159 Es ist streitig, ob mit dem für die unmittelbare Klage maßgeblichen Recht das materielle Direktanspruchsstatut oder das Verfahrensrecht des angerufenen Gerichts gemeint ist. Für ersteres spricht zwar der Wortlaut, vgl. auch *Geimer/Schütze*, Bd. I/1, § 74, S. 410. Für letztere Auffassung spricht allerdings, dass die Entscheidung über die Zulässigkeit von Drittbeteiligungsformen prozessrechtlich zu qualifizieren ist, so dass Art. 11 Abs. 3 EuGVO eine Prozessrechtsverweisung ausspräche, die als Ausnahmefall vom Grundsatz der Anwendung des Verfahrensrechts am Gerichtsort unzweifelhaft angeordnet sein müsste; *Mansel*, Streitverkündung und Interventionsklage, S. 204. Eine

Der 3. Abschnitt von Kapitel II regelt somit auch die zivilprozessuale Drittbeteiligung für den Bereich der Versicherungssachen abschließend. Dies gilt sowohl für die Einbeziehung des Versicherers als auch des Versicherungsnehmers bzw. Versicherten oder Begünstigten. Die in Art. 11 Abs. 1 und 3 EuGVO enthaltenen Regelungen gehen der Zuständigkeit des Art. 6 Nr. 2 EuGVO demnach vor, sofern die Intervention eine Versicherungssache betrifft.

bb. Verbraucher- und Arbeitssachen

Auch die Vorschriften des 4. und 5. Abschnitts von Kapitel II für Verbrauchersachen und Streitigkeiten aus individuellen Arbeitsverträgen haben abschließenden Charakter, so dass die allgemeinen Zuständigkeitsbestimmungen – also auch Art. 6 Nr. 2 EuGVO – daneben ausgeschlossen sind.[160]

Die Zuständigkeiten für Streitigkeiten, die einen Verbrauchervertrag im Sinne von Art. 15 Abs. 1 EuGVO betreffen, sind vorbehaltlich der Artt. 4 und 5 Nr. 5 EuGVO in Art. 16 EuGVO geregelt. Der Verbraucher kann seinen Vertragspartner entweder vor den Gerichten des Mitgliedstaates verklagen, in dessen Hoheitsgebiet dieser seinen Wohnsitz hat[161] oder vor dem Gericht seines eigenen Wohnortes. Der Vertragspartner kann dagegen nur vor den Gerichten des Mitgliedstaates Klage gegen den Verbraucher erheben, in dessen Hoheitsgebiet dieser seinen Wohnsitz hat.

Bilden Ansprüche aus einem individuellen Arbeitsvertrag den Verfahrensgegenstand, so richtet sich die Zuständigkeit vorbehaltlich der Artt. 4 und 5 Nr. 5 EuGVO nach Artt. 19 und 20 EuGVO. Der Arbeitgeber kann entweder vor den Gerichten seines Wohnsitzstaates[162] oder am Ort des gewöhnlichen Arbeitsortes des Arbeitnehmers bzw. der einstellenden Niederlassung verklagt werden. Für eine Klage des Arbeitgebers gegen den Arbeitnehmer sind dagegen ausschließlich die Gerichte des Mitgliedstaates international zuständig, in dessen Hoheitsgebiet der Arbeitnehmer seinen Wohnsitz hat.

Die Anwendung von Art. 6 Nr. 2 EuGVO scheidet aufgrund des abschließenden Charakters der genannten Regelungen grundsätzlich aus, wenn das Gericht des Hauptprozesses nicht auch nach den speziellen Vorschriften der Abschnitte 4 und 5 für eine Gewährleistungs- bzw. Interventionsklage international zuständig ist. Dies ist insofern stimmig, als dass sich ein Verbraucher bzw. Ar-

---

materiell-rechtliche Anknüpfung wäre auch mit erheblichen Anwendungsschwierigkeiten verbunden; Rauscher / *Staudinger*, Art. 11 Rn. 12.

160 *Schlosser*, Art. 15 Rn. 1 und Art. 18 Rn. 1; *Geimer/Schütze*, EZVR, Art. 15 Rn. 3 und Art. 18 Rn. 8; Rauscher / *Staudinger*, Vorbem Art. 15-17 Rn. 1 und Art. 18 Rn. 1; Wieczorek/Schütze/*Hausmann,* Anhang I § 40, Art. 6 Rn. 25.

161 Gemäß Art. 15 Abs. 2 EuGVO steht dem Wohnsitz des Vertragspartners eine Zweigniederlassung, Agentur oder sonstige Niederlassung im Hoheitsgebiet eines Mitgliedstaates gleich.

162 Auch hier steht dem Wohnsitz des Arbeitgebers eine Zweigniederlassung, Agentur oder sonstige Niederlassung in einem Mitgliedstaat nach Art. 19 Abs. 2 EuGVO gleich.

beitnehmer auch bei Vorliegen eines besonderen Sachzusammenhangs nicht außerhalb seines Wohnsitzstaates gegenüber einer typischerweise überlegenen Vertragspartei gerichtlich verteidigen müssen soll. Ein genereller Ausschluss des Gerichtsstands nach Art. 6 Nr. 2 EuGVO im Anwendungsbereich des 4. und 5. Abschnittes ist im Hinblick auf die Gerichtspflichtigkeit des Vertragspartners des Verbrauchers bzw. des Arbeitgebers aber rechtspolitisch verfehlt.[163] Die Möglichkeit einer Gewährleistungs- bzw. Interventionsklage nach Art. 6 Nr. 2 EuGVO gegen seinen Vertragspartner bzw. Arbeitgeber sollte dem Verbraucher bzw. Arbeitnehmer demnach auch außerhalb der nach den Abschnitten 4 und 5 vorgesehenen Gerichtsstände zustehen. Der Schutzzweck dieser Abschnitte erfordert eine entsprechende Privilegierung der typischerweise wirtschaftlich stärkeren und rechtlich erfahreneren Person gerade nicht.

3. Gerichtsstandsvereinbarungen

Letztlich kann der an sich gegebenen Zuständigkeit nach Art. 6 Nr. 2 EuGVO noch eine ausschließliche Gerichtsstandsvereinbarung entgegenstehen, die Garantie- bzw. Interventionskläger und –beklagter zugunsten eines anderen Gerichts als das des Hauptprozesses getroffen haben.[164] In diesem Zusammenhang ist zu untersuchen, ob sich die Frage der Ausschluss- bzw. Derogationswirkung in Bezug auf Art. 6 Nr. 2 EuGVO nach Art. 23 EuGVO oder dem nationalen Verfahrensrecht des angerufenen Gerichts beurteilt.

a. Anwendungsbereich von Art. 23 EuGVO

Eine Zuständigkeitsvereinbarung fällt nach dem Wortlaut des Art. 23 Abs. 1 S. 1 EuGVO in den Anwendungsbereich der Vorschrift, wenn zwei Voraussetzungen erfüllt sind. Zum einen muss mindestens eine der Parteien ihren Wohnsitz im Hoheitsgebiet eines Mitgliedstaates haben[165], was in den Fällen des Art. 6 Nr. 2 EuGVO stets gegeben ist. Der Gewährleistungs- bzw. Interventionsbeklagte muss schließlich in einem Mitgliedstaat ansässig sein. Zum anderen muss die Zuständigkeit eines Gerichts oder der Gerichte eines Mitgliedstaates vereinbart worden sein.[166] Demnach scheint sich eine zwischen

---

163 *Geimer/Schütze*, Bd. I/1, § 74 S. 392 und 433; *Geimer/Schütze*, EZVR, Art. 6 Rn. 48 f.

164 Dass der internationale Gerichtsstand der Gewährleistungs- und Interventionsklage abbedungen werden kann, ist im Grundsatz unstreitig; *Schütze*, RIW 1985, 966; *Kropholler*, EZPR, Art. 6 Rn. 34; *Winter*, S. 76 mwN.

165 Ob diese Person im konkreten Rechtsstreit die Rolle des Beklagten oder des Klägers einnimmt, ist unerheblich.

166 Nach richtiger Ansicht genügt es grundsätzlich, dass die Voraussetzungen des Art. 23 Abs. 1 EuGVO – insbesondere das Wohnsitzkriterium – zum Zeitpunkt der Klageerhebung vorliegen, Wieczorek/Schütze/*Hausmann,* Art. 17 Rn. 11; *Kropholler*, EZPR, Art. 23 Rn. 11 mwN. Eine Gegenansicht möchte aufgrund von Vertrauensschutzerwägungen und im Interesse der Rechtssicherheit dagegen stets auf den Zeitpunkt des

den Parteien der Drittklage getroffene Gerichtsstandsvereinbarung immer dann nach Art. 23 EuGVO zu bestimmen, wenn diese die Zuständigkeit eines mitgliedstaatlichen Gerichts betrifft.

Hinsichtlich des Anwendungsbereichs von Art. 23 EuGVO bestehen allerdings erhebliche Unsicherheiten. Aufgrund des weit gefassten Wortlautes der Vorschrift, welcher sowohl reine Inlandsfälle[167] als auch Fälle mit Bezug zu nur einem einzigen Mitgliedstaat[168] erfasst, wird eine teleologische Reduktion des Anwendungsbereiches gefordert.[169] Weiterhin wird vertreten, dass die Vorschrift über ihren Wortlaut hinaus Anwendung auf die Frage der Derogation konkurrierender Zuständigkeiten nach der Verordnung finden soll, wenn zwar eine der Parteien im geographischen Anwendungsbereich der EuGVO ansässig ist, die Parteien aber die (ausschließliche) Zuständigkeit des Gerichts eines Drittstaates vereinbart haben.[170]

Es ist folglich zu untersuchen, ob sich die Frage der Derogation von Art. 6 Nr. 2 EuGVO auch in folgenden Fällen nach Art. 23 EuGVO bemisst.

Konstellation 1: Die Gewährleistungsklage wird in Mitgliedstaat A erhoben. Gewährleistungskläger und –beklagter wohnen in Mitgliedstaat B und haben ein Gericht in B prorogiert.

Konstellation 2: Die Gewährleistungsklage wird in Mitgliedstaat A erhoben. Der in einem Drittstaat wohnhafte Gewährleistungskläger und der in Mitgliedstaat B wohnhafte Gewährleistungsbeklagte haben ein Gericht in B prorogiert.

Konstellation 3: Die Gewährleistungsklage wird in Mitgliedstaat A erhoben. Der Gewährleistungsbeklagte wohnt in einem beliebigen Mitgliedstaat und hat mit dem Gewährleistungskläger die Gerichte eines Drittstaates prorogiert.

aa. Teleologische Reduktion des Anwendungsbereichs

Im Rahmen von Art. 17 EuGVÜ wurde verbreitet vertreten, dass der Wortlaut von Art. 17 EuGVÜ – welcher Art. 23 EuGVO im Wesentlichen entspricht – zu weit gefasst und deshalb einzuschränken sei.[171] Da das Übereinkommen ausschließlich den Rechtsverkehr zwischen den Vertragsstaaten regeln wolle, nicht jedoch reine Binnensachverhalte oder Zuständigkeitsabgrenzungen zwischen

---

Abschlusses der Zuständigkeitsvereinbarung abstellen, andere vertreten Kombinationen beider Ansätze. Ausführlich zum Streitstand (zu Art. 17 EuGVÜ) *Aull*, S. 63 ff.

167 Die Parteien prorogieren für ein Gericht ihres gemeinsamen Wohnsitzstaates.

168 Ein Drittstaatler und eine Person mit Wohnsitz in einem Mitgliedstaat prorogieren für ein Gericht dieses Staates.

169 Vgl. *Kohler*, IPRax 1983, S. 265, 266; *Samtleben*, NJW 1974, S. 1590, 1593 f.; *Piltz*, NJW 1979, S. 1071, *Aull*, S. 113 ff. aA. *Geimer/Schütze*, Bd. I/1, § 96 S. 889 ff.; *Geimer*, IPRax 1991, S. 31.

170 So Rauscher / *Mankowski*, Art. 23 Rn. 3b; *Schack*, IPRax 1990, S. 19, 20; *Heinze/Dutta*, IPRax 2005, S. 224, 228.

171 Vgl. BGH NJW 1993, 1070, 1071; *Samtleben*, NJW 1974, S. 1590, 1593; *Samtleben*, RabelsZ 59 (1995), 693, 692 ff.; *Kohler*, IPRax 1983, S. 265, 266.

einem Vertrags- und einem Nichtvertragsstaat, sei der Anwendungsbereich von Art. 17 EuGVÜ für bestimmte Fallkonstellationen teleologisch zu reduzieren.[172] Die Vorschrift enthalte ein ungeschriebenes Tatbestandsmerkmal und setze voraus, dass eine Gerichtsstandsabrede innerhalb der Gemeinschaft einen grenzüberschreitenden Bezug aufweise, also Berührungspunkte zu zwei unterschiedlichen Vertragsstaaten habe.[173] Im Hinblick auf diese Literaturansicht sind diejenigen Fälle problematisch, die zunächst keinerlei Auslandsbezug offenbaren, und solche, deren Internationalität sich allein daraus ergibt, dass Berührungspunkte nur zu einem Vertrags- und einem Nichtvertragsstaat bestehen.[174]

(1) Konstellation 1: Reine Inlandsfälle

Die Grundaussage, Art. 23 EuGVO sei beim Vorliegen eines reinen Inlandsfalles nicht anwendbar, findet verbreitet Zustimmung.[175] Wann eine Gerichtsstandsabrede als rein intern und wann als ausreichend international zu qualifizieren ist, wird jedoch nicht eindeutig beurteilt.[176] Vereinbarten zwei Personen mit Wohnsitz in demselben Mitgliedstaat die Zuständigkeit eines inländischen Gerichts, so sei Art. 23 EuGVO mangels hinreichenden Auslandsbezugs unanwendbar und es gelte nationales Recht.[177] Eine derartige Gerichtsstandsabrede

---

172 Zur parallelen Fragestellung im Rahmen von Art. 2 Abs. 1 EuGVO vgl. *Geimer/Schütze*, EZVR, Art. 2 Rn. 101 ff; *Geimer*, IPRax 1991, S. 31; *Aull*, S. 71 ff; *Droz*, Compétence Judiciaire, S. 23-25. Die Autoren vertreten die Auffassung, Art. 2 Abs. 1 EuGVO regele auch in reinen Inlandsfällen die internationale Zuständigkeit. Die Gerichte des gemeinsamen Wohnsitzstaates sind dann international zuständig, die Verteilung der örtlichen Zuständigkeit wird dem nationalen Verfahrensrecht überlassen.

173 *Kohler*, IPRax 1983, S. 265, 266; *Samtleben*, NJW 1974, S. 1590, 1593 f.; Stein-Jonas/*Bork*, 21. Aufl., § 38 II Rn. 21 ff; aA. *Basedow*, IPRax 1985, S. 133, 135.

174 Also Konstellationen 1 und 2. Unproblematisch sind folgende Fälle: (1) Parteien mit Wohnsitz in demselben Mitgliedstaat prorogieren die Gerichte eines anderen Mitgliedstaates. (2) Die Parteien wohnen in unterschiedlichen Mitgliedstaaten und vereinbaren die Zuständigkeit der Gerichte eines beliebigen Mitgliedstaates. (3) Eine Person mit Wohnsitz in einem Mitgliedstaat vereinbart mit einem Drittstaater die Zuständigkeit der Gerichte eines anderen Mitgliedstaates.

175 *Kropholler*, EZPR, Art. 23 Rn. 2 und Art. 6 Rn. 34: Nach Erwägungsgrund (3) i.V.m. Art. 65 EG regelt die EuGVO nur „Zivilsachen mit grenzüberschreitenden Bezügen"; Wieczorek/Schütze/*Hausmann*, Art. 17 Rn. 6 f. und Art. 6 Rn. 28; *Schack*, Rn. 527; *Burgstaller/Ritzberger*, Internationales Zivilverfahrensrecht, S. 81; aA. *Geimer/Schütze*, EZVR, Art. 23 Rn. 39; *Geimer/Schütze*, Bd. I/1, § 96 S. 889 ff.

176 Vgl. *Aull*, IPRax 1999, S. 226, 227.

177 Rauscher / *Mankowski*, Art. 23 Rn. 6; MüKoZPO/*Gottwald*, Art. 23 Rn. 4; *Samtleben*, NJW 1974, S. 1590, 1593. Bereits nach dem *Jenard*, Bericht zum EuGVÜ, S. 1, 37 f. sollte Art. 17 EuGVÜ unanwendbar sein, wenn die Parteien die Zuständigkeit ihres gemeinsamen Wohnsitzstaates vereinbart haben, da das Übereinkommen nach dem in der Präambel festgelegten Grundsatz nur die Zuständigkeit bei internationalen Beziehungen bestimmt.

weise aber dann ausreichend internationalen Charakter auf, wenn die Prorogation der Gerichte des gemeinsamen Wohnsitzstaates zur Derogation einer sonst nach der Verordnung eingeräumten Zuständigkeit in einem anderen Mitgliedstaat führte (grenzüberschreitende Derogation)[178], wenn etwa bei vertraglichen Streitigkeiten der Erfüllungsort oder bei deliktischen Streitigkeiten der Handlungsort in einem anderen als dem prorogierten Mitgliedstaat liege.[179]

Demgegenüber wird angenommen, eine Vereinbarung der Zuständigkeit eines deutschen Gerichts in einem in Deutschland zu erfüllenden Vertrag zwischen einem deutschen Zulieferer und einem deutschen Exporteur beziehe sich mangels erkennbar gegenteiligen Willens nur auf die örtliche, nicht jedoch auf die internationale Zuständigkeit, so dass Art. 23 EuGVO unanwendbar sei. Den Gerichtsstand des Art. 6 Nr. 2 EuGVO hätten die Parteien in einer solchen Situation in der Regel nicht im Blick gehabt. Die internationale Zuständigkeit nach Art. 6 Nr. 2 EuGVO sei deshalb nicht derogiert, wenn der Exporteur später in einem anderen Mitgliedstaat verklagt wird und seinen Zulieferer in den Prozess hineinziehen möchte.[180] Dies würde bedeuten, dass Art. 23 EuGVO in Konstellation 1 nicht zur Anwendung käme. Die Frage, ob der Gerichtsstandsabrede in Bezug auf Art. 6 Nr. 2 EuGVO derogierende Wirkung beizumessen ist, wäre nach dem nationalen Recht des Mitgliedstaates A zu beurteilen.

Diese Argumentation überzeugt nicht. Zunächst einmal kann die Anwendbarkeit von Art. 23 EuGVO nicht vom Willen der Parteien abhängen.[181] Für die Feststellung des Anwendungsbereichs der Vorschrift ist es daher unerheblich, ob die Parteien nur die örtliche oder auch die internationale Zuständigkeit regeln wollten. Davon abgesehen könnte dem Umstand, dass die Parteien nur die örtliche Zuständigkeit regeln wollten, vielmehr entnommen werden, dass auch nur die Gerichte dieses Staates international zuständig und alle übrigen internationalen Zuständigkeiten derogiert sein sollen.[182]

Weiterhin ist nicht ersichtlich, warum die Frage der grenzüberschreitenden Prorogation bei Art. 6 Nr. 2 EuGVO anders beurteilt werden sollte als in den weiteren Fällen der Art. 5 ff. EuGVO. Sofern man auf den Zeitpunkt der Klage-

---

178 *Kropholler*, EZPR, Art. 23 Rn. 2; zum EuGVÜ Wieczorek/Schütze/*Hausmann*, Art. 17 Rn. 7; *Kohler*, IPRax 1983, S. 265, 266; *Burgstaller/Ritzberger*, Internationales Zivilverfahrensrecht, S. 81.

179 Wieczorek/Schütze/*Hausmann*, Art. 17 Rn. 7; *Kohler*, IPRax 1983, S. 265, 266; *Burgstaller/Ritzberger*, Internationales Zivilverfahrensrecht, S. 81; *Samtleben*, NJW 1974, S. 1590, 1593 f. Ausführlich dazu *Aull*, S. 113 ff., der solche Vereinbarungen als Fälle mit *derogiertem Vertragsstaatenbezug* bezeichnet.

180 Vgl. Wieczorek/Schütze/*Hausmann*, Art. 6 Rn. 28 und *Kropholler*, EZPR, Art. 6 Rn. 34.

181 Vgl. *Winter*, S. 78.

182 So Rauscher / *Leible*, Art. 6 Rn. 22. Auch *Geimer* sieht hierin die Vereinbarung der internationalen Zuständigkeit der Gerichte des gemeinsamen Wohnsitzstaates, was zwar für die Prorogation unerheblich, für die Derogation der Art. 5 ff. EuGVO aber durchaus relevant ist; *Geimer/Schütze*, EZVR, Art. 2 Rn. 108.

erhebung abstellt, ergibt sich auch in Konstellation 1, dass mit der Prorogation der Gerichte in B der in Mitgliedstaat A gegebene Gerichtsstand der Gewährleistungs- und Interventionsklage derogiert wäre, so dass ein Auslandsbezug und damit die Anwendbarkeit von Art. 23 EuGVO zu bejahen ist.[183]

Ob ein Sachverhalt eine internationale Komponente aufweist, kann ohnehin nur in Bezug auf einen fixen Zeitpunkt untersucht werden, da sich scheinbar reine Inlandsfälle durch bestimmte Vorgänge in Fälle mit internationalrechtlich relevantem Bezug umwandeln können.[184] Im obigen Beispiel bestand jederzeit die Möglichkeit, dass sich die Abnehmerkette in verschiedenen Mitgliedstaaten fortsetzt und der deutsche Exporteur von einem seiner Vertragspartner im Ausland verklagt wird. Erst wenn sich diese latente Gefahr realisiert und der deutsche Exporteur seinen Vertragspartner mittels Gewährleistungsklage nach Art. 6 Nr. 2 EuGVO vor das Gericht eines fremden Mitgliedstaates zieht, stellt sich die Frage nach der Derogation der Zuständigkeit dieses Gerichts (Konstellation 1). In diesem Moment kann allerdings nicht mehr von einem reinen Binnensachverhalt gesprochen werden.[185] Da eine Zuständigkeitsvereinbarung erst im Zeitpunkt der Klageerhebung Wirkungen entfaltet, sollte es genügen, wenn der internationale Charakter der Vereinbarung erst zu diesem Zeitpunkt vorliegt.[186]

---

183 Vgl. folgendes Bsp. von *Kohler*, IPRax 1983, S. 265, 266: Ein Münchener Autovermieter vereinbart mit einem Berliner Kunden die Zuständigkeit der Münchener Gerichte für alle Streitigkeiten aus dem Mietvertrag. Der Berliner fährt später mit dem gemieteten Wagen nach Frankreich und verursacht dort einen Unfall. Nach der Reduktionstheorie ist Art. 23 EuGVO anwendbar, weil die Prorogation die in Frankreich gegebene Zuständigkeit nach Art. 5 Nr. 3 EuGVO ausschließt. Allerdings lag auch in diesem Fall zunächst nur ein reiner Inlandssachverhalt vor. Mit der obigen Argumentation hätte man daher auch hier zu dem Ergebnis kommen können, dass die Parteien mangels erkennbar gegenteiligen Willens nur die örtliche Zuständigkeit regeln wollten und Art. 23 EuGVO daher unanwendbar sei. Im Falle eines späteren Unfalls im Ausland sei dann Art. 5 Nr. 3 EuGVO – ebenso wie Art. 6 Nr. 2 EuGVO im Falle einer späteren Gewährleistungsklage im Ausland – nicht derogiert. Richtigerweise liegt in beiden Fällen zum maßgeblichen Beurteilungszeitpunkt der Klageerhebung ein relevanter Auslandsbezug vor.

184 *Geimer/Schütze*, EZVR, Art. 23 Rn. 39; *Geimer/Schütze*, Bd. I/1, § 96 S. 889 ff.: Aus diesem Grund sei auf das Erfordernis des Auslandsbezuges sowohl in Art. 2 Abs. 1 als auch in Art. 23 Abs. 1 EuGVO gänzlich zu verzichten. In „reinen Inlandsfällen“ seien beide Bestimmungen auf die internationale Zuständigkeit anzuwenden, nicht jedoch auf die örtliche Zuständigkeit, die sich nach nationalem Recht beurteile.

185 So auch *Samtleben*, RabelsZ 59 (1995), 693, 703 f.; *Meier*, S. 134.

186 Auch *Schlosser* stellt bezüglich des Vorliegens des Auslandsbezuges ausdrücklich auf den Zeitpunkt der Klageerhebung ab, *Schlosser*, Art. 23 Rn. 6; ebenso *Droz*, Compétence Judiciaire, S. 120 Nr. 190. Dies steht im Einklang zu der Auffassung des EuGH, der in einer Gerichtsstandsvereinbarung eine Zuständigkeitsoption sieht, die ohne rechtliche Folgen bleibt, solange kein gerichtliches Verfahren eingeleitet ist und die erst dann Wirkungen entfaltet, wenn eine Klage erhoben wird. Auf diesen Zeitpunkt sei somit für die Beurteilung der Tragweite der Gerichtsstandsvereinbarung anhand des zu

Für die Anwendbarkeit von Art. 23 EuGVO ist es daher ausreichend, dass der derogative Effekt der Prorogation eines mitgliedstaatlichen Gerichts zum Zeitpunkt der Klageerhebung innerhalb der Zuständigkeitsordnung der EuGVO Wirkungen zeigt.[187] Dabei ist es unerheblich, ob die Parteien zunächst nur die örtliche oder bereits die internationale Zuständigkeit im Blick hatten. Die Frage der Zulässigkeit einer außerhalb des prorogierten Forums erhobenen Klage nach Art. 6 Nr. 2 EuGVO bemisst sich folglich auch dann nach Art. 23 EuGVO und nicht nach nationalem Verfahrensrecht, wenn Garantie- bzw. Interventionskläger und –beklagter in demselben Mitgliedstaat wohnen und die Zuständigkeit der Gerichte ihres Heimatstaates vereinbart haben.

(2) Konstellation 2: Bloßer Drittstaatenbezug

Ob Art. 23 EuGVO Anwendung finden kann, wenn die in Frage stehende Gerichtsstandsvereinbarung Bezüge nur zu einem einzigen Mitgliedstaat und einem oder mehreren Drittstaaten aufweist, ist ebenfalls umstritten. Daher könnte die Anwendbarkeit der Vorschrift in Frage stehen, wenn der Gewährleistungs- bzw. Interventionskläger in einem Drittstaat ansässig ist und er mit dem Gewährleistungs- bzw. Interventionsbeklagten die Zuständigkeit eines Gerichts in dessen Wohnsitzstaat vereinbart hat (Konstellation 2). Nach der Reduktionstheorie ist ein grenzüberschreitendes Element innerhalb der Gemeinschaft erforderlich, da die Verordnung nur den Rechtsverkehr zwischen den Mitgliedstaaten erleichtern wolle.[188] Mittlerweile befindet sich für solche Drittstaatenkonstellationen aber die Gegenansicht auf dem Vormarsch, die auf ein ungeschriebenes Erfordernis des grenzüberschreitenden Binnenbezuges mit guten Gründen verzichtet und wieder auf den Wortlaut von Art. 23 EuGVO abstellt.[189]

Jedenfalls ist Art. 23 EuGVO aber auch bei Beteiligung eines Drittstaatlers dann einschlägig, wenn das forum prorogatum und das forum derogatum in unterschiedlichen Mitgliedstaaten liegen, also mit der Wahl der Gerichte des einen Mitgliedstaates eine nach der EuGVO gegebene Zuständigkeit der Gerichte eines anderen Mitgliedstaates ausgeschlossen wäre.[190] Auch hier ist richtigerweise auf den Zeitpunkt der Klageerhebung abzustellen.[191]

---

diesem Zeitpunkt geltenden Rechts abzustellen; EuGH v. 13.11.1979, Rs. C-25/79 (*Sanicentral*), Slg. 1979, 3423 Rn. 6.

187 Vgl. *Aull*, S. 114.

188 Vgl. BGH NJW 1993, 1070, 1071; *Samtleben*, NJW 1974, S. 1590, 1593; *Samtleben*, RabelsZ 59 (1995), 693, 692 ff.; *Kohler*, IPRax 1983, S. 265, 266.

189 Vgl. EuGH v. 1.3.2005, Rs. C-281/02 (*Owusu*), IPRax 2005, 244 Rn. 28; *Kropholler*, EZPR, Art. 23 Rn. 4 ff.; Rauscher / *Mankowski*, Art. 23 Rn. 5; *Aull*, S. 164 ff; *Rechberger/Frauenberger-Pfeiler*, ZZPInt 6 (2001), 3, 8, 18 mwN.

190 *Samtleben*, NJW 1974, S. 1590, 1593; *Kohler*, IPRax 1983, S. 265, 266; *Droz*, Compétence Judiciaire, S. 121 Nr. 191.

191 *Schlosser*, Art. 23 Rn. 6; *Droz*, Compétence Judiciaire, S. 120 Nr. 190.

Zum maßgeblichen Zeitpunkt der Klageerhebung ist aber auch in Konstellation 2 ein Bezug zu zwei Mitgliedstaaten vorhanden, da das gewählte Forum in Mitgliedstaat B liegt und gleichzeitig eine Zuständigkeit nach Art. 6 Nr. 2 EuGVO in Mitgliedstaat A gegeben ist. Auf die Frage der Ausschlusswirkung der Gerichtsstandsabrede findet Art. 23 EuGVO also auch dann Anwendung, wenn der Gewährleistungskläger Drittstaatler ist und er mit dem Gewährleistungsbeklagten ein Gericht in dessen Heimatstaat prorogiert hat.

bb. Prorogation drittstaatlicher Gerichte

Nach seinem Wortlaut kommt Art. 23 EuGVO nicht zur Anwendung, wenn die Parteien die Zuständigkeit der Gerichte eines Drittstaates gewählt haben. Dies liegt insofern nahe, als dass die Frage, ob das Gericht eines Drittstaates qua Prorogation zuständig ist, naturgemäß nicht von der EuGVO behandelt werden kann.[192] Den Prorogationsaspekt einer solchen Vereinbarung hat das prorogierte Gericht nach seinem nationalen Verfahrensrecht zu beurteilen.[193] Fraglich ist aber, ob solche Vereinbarungen eine nach der EuGVO begründete konkurrierende Zuständigkeit eines mitgliedstaatlichen Gerichts abbedingen können.

Eine verbreitete Auffassung will aufgrund des eindeutigen Wortlauts von Art. 23 EuGVO auch den Derogationsaspekt einer solchen Vereinbarung nicht nach Art. 23 EuGVO beurteilen.[194] Wird das Gericht eines Mitgliedstaates einer Klausel zum Trotz angerufen, die als zuständiges Gericht das Gericht eines Drittstaates bezeichnet, so müsse es die Wirkungen der Klausel nach dem Recht – einschließlich dem Kollisionsrecht – beurteilen, das an seinem Sitz gilt.[195]

Wenn aber mit der Prorogation der (ausschließlichen) Zuständigkeit eines drittstaatlichen Gerichts Zuständigkeiten nach der EuGVO abbedungen werden, so sollte man Art. 23 EuGVO im Interesse einer EU-weit einheitlichen Beurteilung der Derogation auch auf diese Derogationsaspekte anwenden.[196] Andernfalls könnte nationales Recht darüber entscheiden, ob und wann Parteien eine auf europäischem Einheitsrecht beruhende Zuständigkeit derogieren können.[197]

---

192 *Schlosser*, Bericht zum 1. Beitrittsübereinkommen EuGVÜ, S. 124 (Nr. 176); *Geimer*, IPRax 1991, S. 31, 33; *Geimer/Schütze*, EZVR, Art. 23 Rn. 40.

193 Rauscher / *Mankowski*, Art. 23 Rn. 3a; *Geimer/Schütze*, EZVR, Art. 23 Rn. 40.

194 EuGH v. 9.11.2000, Rs. C-387/98 (*Coreck Maritime*), NJW 2001, 501; *von Hein*, IPRax 2006, S. 16, 17; *Kropholler*, EZPR, Art. 23 Rn. 14; *Schlosser*, Art. 23 Rn. 4, 6a; MüKoZPO/*Gottwald*, Art. 23 Rn. 11; *Basedow*, IPRax 1985, S. 133, 135; offen gelassen bei *Roth*, IPRax 1987, S. 141, 142.

195 EuGH v. 9.11.2000, Rs. C-387/98 (*Coreck Maritime*), NJW 2001, 501, Rz. 19, 21, Tenor 1; BGH NJW 1986, 1438; *Schlosser*, Bericht zum 1. Beitrittsübereinkommen EuGVÜ, S. 124 (Nr. 176).

196 Rauscher / *Mankowski*, Art. 23 Rn. 3b; *Schack*, IPRax 1990, S. 19, 20; *Schack*, Rn. 531; *Piltz*, NJW 1979, S. 1071, 1073; *Heinze/Dutta*, IPRax 2005, S. 224, 228; *Geimer/Schütze*, EZVR, Art. 23 Rn. 41 ff.; *Rechberger/Frauenberger-Pfeiler*, ZZPInt 6 (2001), 3, 17.

197 *Geimer*, NJW 1986, S. 1439.

Dies stünde – wenn wie hier der Beklagte seinen Wohnsitz in einem Mitgliedstaat hat – auch im Widerspruch zu Art. 2 Abs. 1 EuGVO, dessen Anwendungsbereich nur „vorbehaltlich der Vorschriften dieser Verordnung“, nicht jedoch vorbehaltlich nationaler Regeln beschränkt werden kann.[198] Daher ist die Vorschrift des Art. 23 EuGVO auf die Derogationswirkung drittstaatlicher Gerichtsstandsvereinbarungen auszubauen. Die Zuständigkeiten nach der Verordnung sind dann nur bei Vorliegen einer den Maßstäben des Art. 23 EuGVO genügenden Gerichtsstandsvereinbarung als wirksam abbedungen anzusehen.[199]

Auch in Konstellation 3 ist die Derogation der Zuständigkeit des Gerichts der Hauptsache für Gewährleistungs- und Interventionsklagen im Sinne von Art. 6 Nr. 2 EuGVO demnach nach Art. 23 EuGVO zu beurteilen.

b. Derogationswirkung

Sofern die Beteiligten für den Streitgegenstand der Gewährleistungs- bzw. Interventionsklage wirksam die ausschließliche Zuständigkeit eines anderen Gerichts vereinbart haben, sind alle anderen Zuständigkeiten – auch die des Art. 6 Nr. 2 EuGVO – abbedungen.[200] Wann eine Vereinbarung als ausschließlich angesehen wird, ist grundsätzlich Auslegungsfrage und von der lex causae zu beantworten.[201]

Art. 23 Abs. 1 S. 2 EuGVO sieht jedoch vor, dass eine in den Anwendungsbereich der Vorschrift fallende Gerichtsstandsabrede im Zweifel ausschließliche Wirkungen hat.[202] Die Parteien können zwar ausdrücklich vereinbaren, dass der prorogierte Gerichtsstand nur ein zusätzlicher, fakultativer oder optionaler Gerichtsstand sein soll.[203] Bleibt jedoch ein non liquet über die Frage, welche Wirkungen der Gerichtsstandsabrede in Bezug auf konkurrierende Zuständigkeiten beigemessen werden sollten, so wird gemäß Art. 23 Abs. 1 S. 2 EuGVO vermutet, dass die Parteien alle anderen Zuständigkeiten ausschließen wollten.[204] Die Beweislast für das Fehlen eines Derogationswillens trägt die Partei, die sich auf die internationale Zuständigkeit des Gerichtsstaates beruft.[205] Eine Klage kann also nur dann außerhalb des prorogierten Forums erhoben werden, wenn der

---

198 Vgl. *Heinze/Dutta*, IPRax 2005, S. 224, 228.

199 Jedenfalls solange sich nicht die drittstaatlichen Gerichte für unzuständig erklärt haben, unerreichbar sind oder auf andere Weise die Rechtsschutzversagung droht; *Heinze/Dutta*, IPRax 2005, S. 224, 228.

200 Wieczorek/Schütze/*Hausmann*, Art. 6 Rn. 27; *Geimer/Schütze*, EZVR, Art. 23 Rn. 185 und 197; *Kropholler*, EZPR, Art. 6 Rn. 34; *Winter*, S. 77; *Meier*, S. 131; *Mansel*, ZZP 106 (1996), 61, 70.

201 *Schlosser*, Art. 23 Rn. 43a.

202 Die Vereinbarung muss selbstverständlich die formellen Anforderungen von Art. 23 Abs. 1 S. 3 lit. a-c, Abs. 2 EuGVO und die materiellen Voraussetzungen des nach dem IPR der lex fori anwendbaren Sachrechts erfüllen.

203 Rauscher / *Mankowski*, Art. 23 Rn. 59 mwN.

204 *Geimer/Schütze*, EZVR, Art. Rn. Art. 23 Rn. 186; *Kropholler*, EZPR, Art. 23 Rn. 92.

205 *Geimer/Schütze*, EZVR, Art. 23 Rn. 186.

Kläger nachweist, dass sich die Parteien diese Klagemöglichkeit vorbehalten wollten.

Dennoch wird gerade im Hinblick auf Art. 6 Nr. 2 EuGVO oft thematisiert, ob eine Zuständigkeitsvereinbarung im Sinne von Art. 23 EuGVO den Ausschluss von Drittklagen gesondert erwähnen muss, damit der Gerichtsstand der Gewährleistungs- bzw. Interventionsklage derogiert ist.[206] Im Zweifel sei eine Gerichtsstandsvereinbarung entgegen dem insoweit klaren Wortlaut von Art. 23 Abs. 1 S. 2 EuGVO in Bezug auf Art. 6 Nr. 2 nicht als ausschließlich anzusehen.[207]

Insbesondere die französische Rechtsprechung tendierte zu einer restriktiven Auslegung von Zuständigkeitsvereinbarungen, da nach nationalem französischen Recht (Art. 333 NCPC) der Gerichtsstand der Garantieklage nicht durch eine Zuständigkeitsvereinbarung abbedungen werden kann[208] und dieser als so angebracht und nützlich angesehen wird, dass man sich kaum vorstellen kann, vernünftige und loyale Parteien wollten ihn abbedingen.[209] Die Regelung von Art. 17 EuGVÜ bzw. Art. 23 EuGVO wurde daher geradezu ins Gegenteil verkehrt. Bei der Auslegung suchte man nach Anhaltspunkten, die dafür sprechen könnten, die Parteien hätten den Gerichtsstand nach Art. 6 Nr. 2 EuGVO unvernünftigerweise ausschließen wollen.[210] Seit einer entsprechenden Entscheidung des Kassationshofes aus dem Jahre 1982 ist allerdings auch in der französischen Rechtsprechung anerkannt, dass eine einfache Gerichtsstandsvereinbarung im Sinne von Art. 23 EuGVO zum Ausschluss aller konkurrierenden Zuständigkeiten führt, sofern der Erhalt einer konkurrierenden Zuständigkeit nicht ausdrücklich vorgesehen ist.[211] Art. 6 Nr. 2 EuGVO ist daher bei Vorliegen einer Gerichtsstandsabrede nicht nur dann ausgeschlossen, wenn die Abrede ausdrücklich als ausschließlich bezeichnet[212] oder der Ausschluss von Drittklagen gesondert erwähnt wurde, sondern in Übereinstimmung mit Art. 23 Abs. 1 S. 2 EuGVO bereits dann, wenn der Gewährleistungs- bzw. Interventionskläger Zweifel hinsichtlich der Ausschlusswirkung nicht auszuräumen vermag.[213]

---

206 *Winter*, S. 77; *von Hoffmann/Hau*, RIW 1997, 89, 92; *Schütze*, RIW 1985, 966; Wieczorek/Schütze/*Hausmann*, Art. 6 Rn. 28; *Geimer/Schütze*, EZVR, Art. 6 Rn. 46.

207 *Schlosser*, Art. 6 Rn. 1: Im Zweifel schließe eine Gerichtsstandsvereinbarung Art. 6 Nr. 2 EuGVO nicht aus, da keine Partei sich dem Risiko aussetzen wolle, Opfer unterschiedlicher Entscheidungen zu werden.

208 Vgl. *Mezger*, IPRax 1984, S. 331, 332 f.; *Schütze*, RIW 1985, 966.

209 *Mezger*, IPRax 1984, S. 331, 333; *Meier*, S. 132 mwN.

210 *Meier*, S. 131.

211 *Schütze*, RIW 1985, 966; *Mezger*, IPRax 1984, S. 331, 332.

212 In diesem Sinne genügt auch die Formulierung, dass der Gerichtsstand für alle Streitigkeiten aus einem bestimmten Rechtsverhältnis bestimmt ist. Vgl. Wieczorek/Schütze/*Hausmann*, Art. 6 Rn. 28; *Schütze*, RIW 1985, 966, 967.

213 *Mezger* bezeichnet diese Erkenntnis zutreffend als banale Rechtsanwendung von Art. 17 EuGVÜ; *Mezger*, IPRax 1984, S. 331, 332.

c. Zwischenergebnis

Ob eine Gerichtsstandsvereinbarung einer Klage auf Gewährleistung bzw. Intervention im Sinne von Art. 6 Nr. 2 EuGVO entgegensteht, bemisst sich stets nach Art. 23 EuGVO. Dabei ist es unerheblich, ob die Parteien im selben Mitgliedstaat ansässig sind und ein Gericht ihres Heimatstaates für zuständig erklärten oder sogar die Zuständigkeit eines drittstaatlichen Gerichts vereinbart wurde.

Aufgrund der Zweifelsregelung des Art. 23 Abs. 1 S. 2 EuGVO ist der Gerichtsstand der Gewährleistungs- bzw. Interventionsklage nicht nur dann ausgeschlossen, wenn die Gerichtsstandsabrede ausdrücklich als ausschließlich bezeichnet oder der Ausschluss von Drittklagen gesondert erwähnt wurde. Eine Gerichtsstandsabrede im Sinne von Art. 23 EuGVO ist immer dann ausschließlich, wenn derjenige, der sich auf die Zuständigkeit des angerufenen Gerichts beruft, das Gegenteil nicht beweisen kann.

Das Aufleben der Gefahr widersprechender Entscheidungen, welche durch Art. 6 Nr. 2 EuGVO vermieden werden soll, ist im Interesse der Rechtssicherheit und der Parteiautonomie hinzunehmen.[214]

C. Sonstige Zulässigkeitsvoraussetzungen

Art. 6 Nr. 2 EuGVO beschränkt sich auf die Bestimmung des zuständigen Gerichts für Gewährleistungs- und Interventionsklagen und trifft darüber hinaus keine Regelungen hinsichtlich sonstiger Zulässigkeitsvoraussetzungen.[215] Ergänzend muss das gemäß Art. 6 Nr. 2 EuGVO angerufene Gericht daher auf sein nationales Verfahrensrecht zurückgreifen, um die Zulässigkeit der Gewährleistungs- bzw. Interventionsklage beurteilen zu können.[216] So bestimmen sich die allgemeinen Prozessvoraussetzungen, insbesondere Fragen der Partei- und Prozessfähigkeit unstreitig nach der lex fori, ebenso wie zu beachtende Formvorschriften und Fristen.[217] Auch die Durchführung des Verfahrens bleibt von

214 Eine Verfahrenskoordination über Art. 28 EuGVO ist denkbar. Die Gefahr widersprüchlicher Entscheidungen würde dadurch aber nur eingeschränkt gebannt, da das später angerufene Gericht nach einer Aussetzung nur nach allgemeinen Regeln an die Ergebnisse des zuerst angerufenen Gerichts gebunden ist, vgl. *Lüpfert*, S. 167 f.

215 *Mansel*, Streitverkündung und Interventionsklage, S. 228.

216 Vgl. dazu *Schlosser*, Bericht zum 1. Beitrittsübereinkommen EuGVÜ, S. 111 (Nr. 135): „Allerdings ist eine Zuständigkeitsbestimmung, die sich an der Eigenschaft einer Klage als einer Interventionsklage ausrichtet, für sich allein nicht anwendbar. Sie bedarf zwangsläufig der Ergänzung durch Rechtsnormen, die bestimmen, wann welche Personen in welcher Parteirolle mit welchem Ziel in ein gerichtliches Verfahren einbezogen werden können“. Dazu ist zu bemerken, dass die EuGVO die Frage der Parteirollen durch die autonome Definition der Begriffe der Gewährleistungs- und Interventionsklage bereits eindeutig regelt, vgl. auch *Winter*, S. 83 f.

217 EuGH v. 15.5.1990, Rs. C 365/88 (*Kongress Agentur Hagen*) Rn. 20 f.; EuGH v. 26.5.2005, Rs. C 77/04 (*GIE Réunion Européene*) Rz. 35.

Art. 6 Nr. 2 EuGVO unberührt, so dass es den nationalen Gerichten z.B. unbenommen bleibt, eine Verfahrenstrennung vorzunehmen.[218]

Die Abgrenzung zwischen dem anwendbaren Gemeinschafts- bzw. Unionsrecht einerseits und dem nationalen Verfahrensrecht anderseits kann allerdings vereinzelt zu Schwierigkeiten führen, insbesondere wenn Zuständigkeiten nach der Verordnung durch nationale Zweckmäßigkeitserwägungen beschränkt werden sollen.[219] Innerhalb ihres sachlichen Geltungsbereichs geht die EuGVO nationalen Verfahrensregelungen vor, so dass die Anwendung innerstaatlicher Regelungen immer (aber auch nur dann) ausgeschlossen ist, wenn es um eine Frage der internationalen Zuständigkeit des Gerichtes geht.[220] Da die Zuständigkeit aber nur eines von mehreren Elementen der Zulässigkeitsprüfung darstellt, sind die sonstigen Zulässigkeitsvoraussetzungen – also solche die nicht die Zuständigkeit betreffen und damit von der Verordnung nicht geregelt werden – dem nationalen Recht zu entnehmen.[221]

In der Rechtssache *Kongress Agentur Hagen* führte der EuGH aus, das EuGVÜ habe nicht die Vereinheitlichung der Verfahrensregeln zum Gegenstand, sondern die Verteilung der gerichtlichen Zuständigkeiten für Zivil- und Handelssachen. Zwischen Zuständigkeit und den Zulässigkeitsvoraussetzungen sei klar zu trennen.[222] Es sei ständige Rechtssprechung, dass hinsichtlich der Verfahrensregeln auf die für das nationale Gericht geltenden Rechtsvorschriften zurückzugreifen sei.[223] Der EuGH betonte allerdings, die Anwendung nationaler Verfahrensregeln dürfe die praktische Wirksamkeit des Übereinkommens nicht beeinträchtigen.[224]

Die Zuordnung nationaler Bestimmungen zur Zuständigkeit oder zur sonstigen Zulässigkeit ist allerdings nicht immer eindeutig.[225] In der Sache *Kongress Agentur Hagen* wandte die Rechtsbank Den Haag Art. 6 Nr. 2 EuGVO im Ausgangsverfahren nicht an, da dies mit Verfahrensverzögerungen und Komplikationen für die Hauptsache verbunden sein könne.[226] Das Verfahren ging bis zum

218 Vgl. OLG Hamm IPRax 1998, 202; *Geimer*, IPRax 1998, 175, 177.

219 Vgl. dazu *Winter*, S. 79 ff.; *Coester-Waltjen*, IPRax 1992, S. 290 ff.

220 *Coester-Waltjen*, IPRax 1992, S. 290, 291; Schlussanträge GA Lenz, Rs. C-365/88 (*Kongress Agentur Hagen*), Slg. 1990 I 1853, Rn. 21 f.

221 Vgl. *Winter*, S. 82; *Nogratnig*, S. 54; *Coester-Waltjen*, IPRax 1992, S. 290, 291; Schlussanträge GA Lenz, Rs. C-365/88 (*Kongress Agentur Hagen*), Slg. 1990 I 1853, Rn. 22.

222 EuGH v. 15.5.1990, Rs. C-365/88 (*Kongress Agentur Hagen*), IPRax 1992, 310 Rn. 17.

223 EuGH v. 15.5.1990, Rs. C-365/88 (*Kongress Agentur Hagen*), IPRax 1992, 310 Rn. 19.

224 EuGH v. 15.5.1990, Rs. C-365/88 (*Kongress Agentur Hagen*), IPRax 1992, 310 Rn. 19; Rauscher / *Leible*, Art. 6 Rn. 16; *Kropholler*, EZPR, Art. 6 Rn. 33.

225 Vgl. *Coester-Waltjen*, IPRax 1992, S. 290, 292 mit dem Hinweis auf autonom auszulegende Begrifflichkeiten (z.B. Konnexität) oder die Lehre vom Forum non conveniens, welche der Zuständigkeit zuzuordnen seien.

226 Vgl. EuGH v. 15.5.1990, Rs. C-365/88 (*Kongress Agentur Hagen*), IPRax 1992, 310 Rn. 4.

Hoge Raad, welcher die Frage, ob ein nationales Gericht bei Vorliegen der Voraussetzungen von Art. 6 Nr. 2 EuGVÜ zu dessen Anwendung verpflichtet sei, dem EuGH zur Vorabentscheidung vorlegte. Dass es sich bei der fraglichen Rückgriffsklage um eine Gewährleistungsklage im Sinne von Art. 6 Nr. 2 EuGVO handelte und die allgemeinen Prozessvoraussetzungen gegeben waren, wurde nie bezweifelt. Die Ablehnung der Anwendung von Art. 6 Nr. 2 EuGVO stützte sich allein auf Zweckmäßigkeitserwägungen. Der EuGH schien darin keine Zuständigkeitsfrage zu sehen.[227] Er betonte lediglich, die ergänzende Anwendung der nationalen Bestimmungen dürfe die praktische Wirksamkeit des Übereinkommens nicht beeinträchtigen, und wies darauf hin, dass die Ablehnung der Zulassung einer Gewährleistungsklage nicht ausdrücklich oder implizit darauf gestützt werden dürfe, dass der wegen Gewährleistung in Anspruch genommene Dritte seinen Wohnsitz in einem anderen Vertragsstaat als dem des Gerichts des Hauptprozesses hat.[228] Im Anschluss an die Vorabentscheidung hat der Hoge Raad die Kassationsbeschwerde zurückgewiesen und – entgegen den Schlussanträgen des dortigen Generalanwalts – entschieden, das Berufungsgericht habe bei seiner Interessenabwägung entscheidend darauf abgestellt, dass der Gewährleistungskläger eine Ausrichtung des Hauptprozesses auf das Gewährleistungsverfahren beabsichtige und dies zu einer Verzögerung des Hauptprozesses führen könnte. Dabei habe es die mit einer Gewährleistungsklage ganz allgemein verbundene Verzögerung im Auge gehabt und es nicht als besonderen Faktor gewertet, dass der Gewährleistungspflichtige außerhalb des Gerichtsstaats ansässig war.[229]

Dem kann nicht zugestimmt werden. Selbst wenn man Zweckmäßigkeitserwägungen zur Ablehnung an sich gegebener Gerichtsstände nicht dem Zuständigkeitsbereich, sondern der allgemeinen Zulässigkeit zuordnen wollte, so wäre im vorliegenden Fall jedenfalls die praktische Wirksamkeit des Übereinkommens beeinträchtigt gewesen. Die einheitliche Anwendung des Gemeinschafts- bzw. Unionsrechts wäre empfindlich gestört, wenn ein nationales Gericht Art. 6 Nr. 2 EuGVÜ bzw. EuGVO allein wegen möglicher Verfahrensverzögerungen und –komplikationen unangewendet lässt. Diese Gefahr nimmt Art. 6 Nr. 2 EuGVO gerade in Kauf.

In einem neueren Urteil des EuGH stellte sich die Frage nach der Beschränkung der EuGVO (bzw. des EuGVÜ) durch nationale Zweckmäßigkeitserwägungen erneut, diesmal in Gestalt der englische Lehre vom *Forum non conveniens*. Diese wird allgemein im Bereich der Zuständigkeit – nicht der allgemeinen

227 Anders *Coester-Waltjen*, IPRax 1992, S. 290, 292, welche eine Parallele zur forum-non-conveniens-Problematik zieht, die unstreitig dem Bereich der Zuständigkeit zugeordnet wird.

228 EuGH v. 15.5.1990, Rs. C-365/88 (*Kongress Agentur Hagen*), IPRax 1992, 310, Tenor 2 und Rn. 20.

229 Anmerkung zur Entscheidung in der Sache Kongress Agentur Hagen, Nachschlagewerk der Rspr. zum GR, Serie D, I-6, A 1.

Zulässigkeit – verortet.[230] Diese Doktrin erlaubt es englischen und schottischen Gerichten, auf die Ausübung ihrer Zuständigkeit dann zu verzichten, wenn es nach der Überzeugung des Gerichts ein anderes, ebenfalls zuständiges Gericht gibt, das als das für den Rechtsstreit Geeignete anzusehen ist, bei dem der Rechtsstreit somit angesichts der Interessen aller Beteiligten und im Sinne der Rechtsprechung in angemessener Weise entschieden werden kann.[231] In der Sache *Owusu* hatte der EuGH zu klären, ob das Gericht eines Vertragsstaates gegen das EuGVÜ verstößt, wenn es auf die Ausübung seiner nach Art. 2 Abs. 1 EuGVÜ gegebenen Zuständigkeit mit der Begründung verzichtet, ein anderes Gericht (eines Nichtvertragsstaates) sei geeigneter, über die Rechtssache zu befinden.[232] Der EuGH stellte hier zutreffend fest, dass die Anwendung einer solchen Doktrin die Vorhersehbarkeit der Zuständigkeitsregeln[233] und damit das Prinzip der Rechtssicherheit beeinträchtigen könnte.[234] Zudem könnte die Zulassung der Einrede des Forum non conveniens die einheitliche Anwendung der im Übereinkommen enthaltenen Zuständigkeitsregeln gefährden.[235]

Im Lichte dieser Entscheidung hätte der Hoge Raad in der Sache *Kongress Agentur Hagen* wohl anders entschieden. Jedenfalls sollte mit der *Owusu*-Entscheidung geklärt sein, dass ein nationales Gericht auf die Ausübung seiner nach der Verordnung gegebenen Zuständigkeit nicht aufgrund reiner Zweckmäßigkeitserwägungen, die im nationalen Recht begründet sind, verzichten darf. Dies gebietet das Interesse der Rechtssicherheit, der Voraussehbarkeit der gerichtlichen Zuständigkeiten und der einheitlichen Anwendung des Gemeinschafts- bzw. Unionsrechts. Die Anwendung des nationalen Verfahrensrechts auf sonstige Zulässigkeitsvoraussetzungen bleibt daneben unbestritten.

D. Anerkennung von Entscheidungen nach Art. 6 Nr. 2 EuGVO

Entscheidungen, die im Gerichtsstand des Art. 6 Nr. 2 EuGVO ergangen sind, sind in anderen Mitgliedstaaten nach den Artikeln 32 ff. EuGVO anzuerkennen und zu vollstrecken.[236] Art. 65 Abs. 2 S. 1 EuGVO stellt eindeutig klar, dass diese Anerkennungspflicht auch für solche Mitgliedstaaten gilt, in denen die Zuständigkeit des Art. 6 Nr. 2 EuGVO nicht in Anspruch genommen werden kann.[237] Gleiches gilt für Entscheidungen, die auf Art. 11 EuGVO (Interventi-

---

230 Vgl. bereits *Coester-Waltjen*, IPRax 1992, S. 290, 292; *Coester-Waltjen*, Konnexität und Rechtsmissbrauch, S. 747, 755.

231 Schlussanträge GA Léger, Rs. C-281/02 (*Owusu*), Rn. 26.

232 EuGH v. 1.3.2005, Rs. C-281/02 (*Owusu*), IPRax 2005, 244 Rn. 22.

233 Vgl. dazu Erwägungsgrund (11) der EuGVO.

234 EuGH v. 1.3.2005, Rs. C-281/02 (*Owusu*), IPRax 2005, 244, Tenor 2 und Rn. 41 f.

235 EuGH v. 1.3.2005, Rs. C-281/02 (*Owusu*), IPRax 2005, 244, Tenor 2 und Rn. 43.

236 Rauscher / *Leible*, Art. 6 Rn. 20 und Art. 33 Rn. 8.

237 *Schack*, Rn. 1018; MüKoZPO/*Gottwald*, Art. 32 Rn. 8. Eine Anerkennungspflicht ergibt sich allerdings bereits aus Art. 33 Abs. 1 EuGVO.

onsklagen in Versicherungssachen) beruhen. Die Bedingungen der Anerkennung eines Garantieurteils regelt die EuGVO dagegen nicht ausdrücklich.[238]

I. Anerkennungsvoraussetzungen

Im Gerichtsstand nach Art. 6 Nr. 2 EuGVO bzw. Art. 11 EuGVO ergangene Garantieurteile sind anerkennungsrechtlich selbstständig zu behandeln, also genauso wie normale Urteile, die nur das Verhältnis zwischen zwei Parteien betreffen.[239] Dies gilt ebenso im autonomen internationalen Verfahrensrecht[240] wie im Anwendungsbereich des EuGVÜ bzw. der EuGVO.[241] Gedanklich ist daher streng zu unterscheiden zwischen dem Hauptturteil, welches allein das Verhältnis zwischen Hauptkläger und –beklagtem betrifft und dem Gewährleistungs- bzw. Interventionsurteil.[242]

Für die Anerkennung des Gewährleistungs- bzw. Interventionsurteils ist die Anerkennungsfähigkeit des Hauptturteils nicht erforderlich.[243] Der Gewährleistungs- bzw. Interventionsbeklagte ist in seiner Prozessführung als Partei mit vollen Verfahrensrechten schließlich völlig unabhängig von den Hauptparteien gewesen. Weiterhin hätte das anzuerkennende Urteil auch in einem von dem Hauptprozess getrennten, selbstständigen Prozess zustande kommen können, so dass eine anerkennungsrechtliche Abhängigkeit nicht bestehen kann. Demnach sind die Anerkennungshindernisse des Art. 34 EuGVO lediglich im Hinblick auf den Dritten, seine gegnerische Erstpartei und den in ihrem Verhältnis entschiedenen Prozessstoff zu prüfen.[244]

---

238 *Mansel*, IPRax 1995, 362, 363.

239 Vgl. Wieczorek/Schütze/*Mansel*, § 68 Rn. 44; *ders.*, Streitverkündung und Interventionsklage, S. 248.

240 Vgl. BGH NJW 1970, 387 und OLG Karlsruhe NJW 1974, 1059 (beide vor Inkrafttreten des EuGVÜ). Das Vorliegen der Anerkennungsvoraussetzungen des § 328 ZPO wurde jeweils in Bezug auf das französische Garantieurteil im Verhältnis zum Dritten selbstständig geprüft. BGH und OLG wollen im Anwendungsbereich des autonomen Rechts die internationale Zuständigkeit des Erststaates zum Erlass eines Garantieurteils allerdings nur dann anerkennen, wenn nach § 328 Abs. 1 Nr. 1 ZPO i.V.m. § 12 ff. ZPO ein Zuständigkeitsanknüpfungspunkt auch in Richtung gegen den Dritten gegeben ist, *Geimer/Schütze*, EZVR, Art. 33 Rn. 57. Vgl. dazu auch die Kontroverse zwischen *Geimer*, NJW 1986, S. 1439; *ders.*, ZZP 85 (1972), 196 und *Milleker*, ZZP 84 (1971), S. 91.

241 Vgl. HansOLG Hamburg, IPRax 1995, 391; dazu *Mansel*, IPRax 1995, 362, 363 und OLG Hamm IPRax 1998, 202; dazu *Geimer*, IPRax 1998, 175.

242 *Mansel*, Streitverkündung und Interventionsklage, S. 249. Ein gegenüber allen drei Parteien einheitlich ergangenes Urteil ist dementsprechend in zwei Prozessrechtsverhältnisse zu zerlegen.

243 *Kropholler*, EZPR, Art. 6 Rn. 21; *Mansel*, Streitverkündung und Interventionsklage, S. 251; Wieczorek/Schütze/*Mansel*, § 68 Rn. 45 f.

244 *Mansel*, Streitverkündung und Interventionsklage, S. 249 ff.; Wieczorek/Schütze/*Mansel*, § 68 Rn. 46; HansOLG Hamburg, IPRax 1995, 391; *Mansel*, IPRax 1995, 362, 363.

II. Überprüfung der Zuständigkeit

Anders als im autonomen Anerkennungsrecht entfällt im Anwendungsbereich der EuGVO grundsätzlich eine Überprüfung der internationalen Zuständigkeit des Urteilsstaates. Dieser Grundsatz vom Nachprüfungsverbot der internationalen Entscheidungszuständigkeit des Urteilsgerichts ist in Art. 35 Abs. 3 S. 1 EuGVO festgeschrieben. Die internationale Zuständigkeit des Gerichts des Hauptprozesses im Sinne von Art. 6 Nr. 2 EuGVO ist im Rahmen der Anerkennung daher grundsätzlich nicht zu prüfen.

Ausnahmsweise findet eine Überprüfung der Zuständigkeit gemäß Art. 35 Abs. 1 EuGVO aber dann statt, wenn die Vorschriften der Abschnitte 3, 4 und 6 des Kapitels II verletzt sind. Betrifft die anzuerkennende Entscheidung also eine Versicherungs- oder Verbrauchersache bzw. eine ausschließliche Zuständigkeit im Sinne von Art. 22 EuGVO, so kann diese nur anerkannt werden, wenn die entsprechenden Vorschriften der Verordnung unverletzt geblieben sind.

Im Hinblick auf die in Art. 22 Nr. 1-5 abschließend aufgezählten ausschließlichen Zuständigkeiten ist eine Überprüfung im Anerkennungsstadium gerechtfertigt. Wegen der besonderen Bedeutung der ausschließlichen Zuständigkeiten, bei denen häufig auch öffentliche Interessen berührt sind, muss der Zweitrichter nachprüfen können, ob der Erstrichter diese beachtet hat.[245] Sofern das Garantieurteil einen Verfahrensgegenstand im Sinne von Art. 22 Nr. 1-5 aufweist und das Urteilsgericht nicht nach dieser Vorschrift international zuständig war, ist die Anerkennung daher zu verweigern. Obwohl auch eine Zuständigkeitsvereinbarung gemäß Art. 23 Abs. 1 EuGVO eine ausschließliche internationale Zuständigkeit begründet, darf das Zweitgericht ihre Beachtung im Erstprozess dagegen nicht nachprüfen[246], da der 7. Abschnitt des Kapitels II in Art. 35 Abs. 1 EuGVO nicht genannt wird.

Auf den ersten Blick scheint auch die Ausnahme vom Verbot der Zuständigkeitsüberprüfung im Bereich des Versicherungs- und Verbraucherschutzrecht gerechtfertigt. Die betroffenen Bereiche galten in den Gründerstaaten entweder als zwingend oder dem ordre public zugehörig.[247] Weiterhin sollte der verstärkte Schutz der typischerweise schwächeren Parteien in Versicherungs- und Verbrauchersachen auch auf der Anerkennungsebene fortgeführt werden.[248]

Die Bestimmung schießt allerdings über das Anliegen des Schutzes der schwächeren Partei hinaus, weil sie sich – zumindest ihrem Wortlaut nach – auch auf Klagen des Versicherungsnehmers und des Verbrauchers selbst be-

---

245 *Kropholler*, EZPR, Art. 35 Rn. 11.

246 Rauscher / *Leible*, Art. 35 Rn. 13; *Kropholler*, EZPR, Art. 35 Rn. 14; OLG Koblenz NJW 1976, 488.

247 *Jenard*, Bericht zum EuGVÜ, S. 1, 59 (zu Art. 28).

248 Rauscher / *Leible*, Art. 35 Rn. 6; *Geimer/Schütze*, EZVR, Art. 35 Rn. 8; *Geimer/Schütze*, IRV, § 139, S. 1035.

zieht.[249] Aus diesen Gründen wird in der Literatur eine teleologische Reduktion von Art. 35 Abs. 1 EuGVO vorgeschlagen.[250] Entsprechend dem Zweck der Abschnitte 3 und 4 des Kapitels II sei eine Ausnahme vom Grundsatz des Art. 35 Abs. 3 S. 1 EuGVO dann nicht anzunehmen, wenn die schwächere Partei in der Zuständigkeitsfrage bevorzugt worden sei.[251]

Anliegen der Ausnahmevorschrift ist es nicht, der zur Leistung verurteilten Versicherung oder dem verurteilten Vertragspartner des Verbrauchers – entgegen der Grundregel des Art. 35 Abs. 3 EuGVO – im Zweitstaat die Möglichkeit zu eröffnen, die internationale Unzuständigkeit des Erststaates darzutun und damit den erststaatlichen Titel zu Fall zu bringen. Vielmehr sollten Versicherungsnehmer / Versicherter / Begünstigter bzw. Verbraucher gegen das wirtschaftliche Übergewicht des Versicherers bzw. des Unternehmers geschützt werden.

Dementsprechend kommt eine Überprüfung der Zuständigkeit bei Gewährleistungs- bzw. Interventionsklagen in Versicherungs- und Verbrauchersachen nicht in Betracht, wenn sich der Versicherer bzw. der Vertragspartner des Verbrauchers in der Beklagtenrolle befunden hat.[252] Allerdings ist auch die schwächere Partei nur dann schutzwürdig, wenn sie ihrerseits im Erstprozess die Beklagtenrolle einnahm. Denn wenn die zu schützende Person selbst angreift und ihren Vertragspartner in einem nach den Abschnitten 3 und 4 unzuständigen Forum verklagt, so kann sie sich im Anerkennungsstadium nicht auf diese Unzuständigkeit berufen. Ein solches Verhalten verstieße gegen das Verbot des *venire contra factum proprium*.[253]

Letztlich greift die Ausnahme des Art. 35 Abs. 1 EuGVO in Bezug auf die Verletzung von Vorschriften der Abschnitte 3 und 4 des Kapitels II der Verordnung nur, wenn sich die schwächere Partei in der Beklagtenrolle befand und in der Zuständigkeitsfrage benachteiligt wurde. Der Versicherer bzw. der Ver-

---

249 *Kropholler*, EZPR, Art. 35 Rn. 7; *Grunsky*, JZ 1973, S. 641, 646. Weiterhin ist eine solche Ausnahme für Verbraucherprozesse nicht überzeugend, da es hier in der Regel um Prozesse von wirtschaftlich geringfügiger Bedeutung geht, vgl. *Geimer/Schütze*, EZVR, Art. 35 Rn. 8.

250 Rauscher / *Leible*, Art. 35 Rn. 6; *Geimer/Schütze*, EZVR, Art. 35 Rn. 16 ff. und 47; *Schlosser*, Art. 34-36 Rn. 32; *Grunsky*, JZ 1973, S. 641, 646, *Geimer*, RIW 1980, S. 305, 306 f. Der BGH versäumte es in seinem Beschluss in NJW 1980, 1223, dem EuGH die Frage zur Vorabentscheidung vorzulegen.

251 *Kropholler*, EZPR, Art. 35 Rn. 8; *Grunsky*, JZ 1973, S. 641, 646. Nach der hier vertretenen Ansicht kommt eine Verletzung der Vorschriften des 4. Abschnittes ohnehin nur dann in Betracht, wenn der Verbraucher mit der Gewährleistungsklage außerhalb der in diesem Abschnitt vorgesehenen Gerichtsstände verklagt wird. Eine Gewährleistungsklage gegen den Vertragspartner ist dagegen im Interesse der Verfahrenskonzentration auch außerhalb der im 4. Abschnitt vorgesehenen Zuständigkeiten zulässig.

252 OLG Düsseldorf NJW-RR 2006, 1079; *Geimer/Schütze*, Art. 35 Rn. 20 ff. und 48; *Geimer/Schütze*, IRV, § 139 S. 1036; *Schlosser*, Art. 34-36 Rn. 32.

253 Vgl. *Geimer*, RIW 1980, S. 305, 307.

tragspartner des Verbrauchers kann sich dagegen – entgegen des Wortlauts von Art. 35 Abs. 1 EuGVO – nie auf die Unzuständigkeit des Urteilsgerichts berufen, da er nicht zum geschützten Personenkreis der Abschnitte 3 und 4 gehört.[254]

Dementsprechend ist die Zuständigkeit nach Art. 11 Abs. 1 EuGVO – im Gegensatz zur Zuständigkeit nach Art. 11 Abs. 3 – im Anerkennungsverfahren nicht mehr überprüfbar, da hier stets der Versicherer die Beklagtenrolle einnimmt.[255]

254 *Geimer*, RIW 1980, S. 305, 307.

255 Nicht eindeutig insofern *Mansel*, IPRax 1995, 362, 363. Er stellt fest, bei einem Garantieurteil, das im Gerichtsstand des Art. 10 EuGVÜ ergangen sei, habe die Zuständigkeitsprüfung nach Art. 28 Abs. 1 EuGVÜ zu erfolgen. Dabei differenziert er nicht zwischen einer Rückgriffsklage des Geschädigten/Versicherten gegen den Versicherer (Abs. 1) und einer Rückgriffsklage des Versicherers gegen den Versicherungsnehmer/Versicherten (Abs. 3). Nach der hier vertretenen Ansicht fällt nur letzteres unter die Ausnahmeregelung.

3. Abschnitt: Streitverkündung

A. Funktion und Wesen

Das europäische Interventionsrecht trägt dem Umstand Rechnung, dass Gewährleistungs- und Interventionsklagen nicht in allen Mitgliedstaaten der Europäischen Union bekannt sind. Es integriert die Rechtsfigur der Streitverkündung – welche in diesen Staaten an deren Stelle tritt – durch die Ausnahmeregelung des Art. 65 EuGVO in das europäische internationale Zivilprozessrecht.

I. Streitverkündungsmodell in Europa

Alle europäischen Verfahrensordnungen geben den Prozessparteien ein Instrument an die Hand, um Dritte in den Rechtsstreit zu bringen oder die Wirkungen des Rechtsstreits in gewissem Umfang auf Dritte auszudehnen.[256] In den germanisch geprägten Rechtsordnungen Europas kann ein Dritter zwar in der Regel nicht unmittelbar als Partei in einen zwischen anderen Personen anhängigen Prozess einbezogen und in diesem rechtskräftig zur Leistung verurteilt werden.[257] Zur Sicherung einer einheitlichen Beurteilung zusammengehöriger Sachverhalte kann es dort allerdings zu einer teilweisen Erstreckung der Wirkungen des fremden Verfahrens auf den Dritten kommen, so dass der Richter in dem sich an den Hauptprozess anschließenden Prozess zwischen einer der Hauptparteien und dem Dritten an bestimmte Feststellungen aus dem vorangegangenen Prozess gebunden sein kann. Eine solche Bindungswirkung tritt nur ein, wenn der Dritte – in der Regel durch Aufforderung seitens einer der Prozessparteien – die Möglichkeit erhalten hat, sich an dem fremden Verfahren zu beteiligen.

Kennzeichnend für das Streitverkündungsmodell ist die Verteilung der Beurteilung eines Gesamtsachverhalts auf zwei getrennte Prozesse, einen Vor- und einen Folge- bzw. Regressprozess. Es wird an der grundsätzlichen prozessualen Trennung von Rechtsverhältnissen festgehalten, auch wenn diese materiellrechtlich voneinander abhängig sind. Es findet kein echter Mehrparteienprozess statt. Stattdessen werden zwei selbstständige Verfahren durch die Wirkungen der Streitverkündung miteinander verknüpft.

Das Modell der Streitverkündung verwirklichen neben Deutschland mit Abwandlungen Österreich und Ungarn, aber auch Spanien, Griechenland und Schweden.[258] Auch Estland, Lettland, Polen und Slowenien folgen dem Streit-

---

256 *Stürner*, FS Geimer, S. 1307.

257 Mit der Streitverkündung werden keine eigenständigen Ansprüche verfolgt, sondern die prozessual vereinfachte Geltendmachung eigener Ansprüche vorbereitet; *Schober*, S. 41.

258 *Stürner*, FS Geimer, S. 1307 f.; *Mansel*, Gerichtspflichtigkeit von Dritten, S. 184 und 188; *ders.*, Streitverkündung und Interventionsklage, S. 197; *Taupitz*, ZZP 102 (1989), S. 288, 298 f. mwN.

verkündungsmodell.[259] Lange sahen weiterhin die deutschsprachigen Kantone der Schweiz die Streitverkündung vor, während die Verfahrensordnungen anderer Kantone echte Drittklagen kannten.[260] Mit der bundesweiten Einführung der schweizerischen ZPO werden in allen Schweizer Kantonen nebeneinander eine einfache Streitverkündung und eine echte Interventionsklage zur Verfügung stehen.[261] Auch einige romanische Rechtsordnungen kennen – neben den Gewährleistungs- und Interventionsklagen – Ausprägungen der Streitverkündung.[262] Die Wirkungen der jeweiligen nationalen Streitverkündungen werden zum Teil materiell-rechtlich qualifiziert.[263]

Funktionell entspricht die Rechtsfigur der Streitverkündung den Gewährleistungs- und Interventionsklagen, da beide Institute die einheitliche Beurteilung zusammengehöriger Sachverhalte und die Gewährleistung einer ökonomischen Prozessführung zur Zielsetzung haben.[264] Von dieser Auffassung geht auch der *Jenard*-Bericht aus.[265] Der Ausschluss der Geltendmachung des Gerichtsstands gemäß Art. 6 Nr. 2 EuGVO soll – wie sich Art. 65 EuGVO entnehmen lässt – dadurch kompensiert werden, dass im Gegenzug den Parteien statt der Gewährleistungs- bzw. Interventionsklage die Streitverkündung gegenüber dem Dritten zur Verfügung steht.[266] Der Streitverkündung kommt demnach eine Art Ersatzfunktion zu. Sie tritt in den Ländern, deren Verfahrensordnungen echte Drittklagen fremd sind, an die Stelle der Gewährleistungs- und Interventionsklagen im Sinne von Art. 6 Nr. 2 EuGVO.[267] Dementsprechend sollte bei der Auslegung der jeweiligen Drittbeteiligungsinstitute auf einen gewissen Gleichlauf der Vorschriften des Art. 6 Nr. 2 EuGVO und Art. 65 EuGVO geachtet werden.[268]

---

259 Vgl. Study JLS/C4/2005/03, S. 107 Rn. 230.

260 Rechtsvergleichend hierzu *Meier*, S. 25 ff. und 55 ff. Der Vorbehalt des Art. II Protokoll 1 LugÜ wurde dementsprechend auf diejenigen Kantone beschränkt, welche keine echten Drittklagen vorsehen.

261 Dasser/Oberhammer/*Domej,* LugÜ, Art. V Protokoll Nr. 1 Rn. 9. Daher ist die Rücknahme des schweizerischen Vorbehalts nach Art. II Protokoll 1 LugÜ i.V.m. Anhang IX zu erwarten.

262 Z.B. die déclaration au jugement commun in Frankreich und Belgien; vgl. *Taupitz*, ZZP 102 (1989), S. 288, 298; *Spellenberg*, ZZP 106 (1993), 283, 307; *Milleker*, ZZP 84 (1971), S. 91, 95 ff.

263 Z.B. in Österreich, Spanien und der Schweiz, vgl. *Mansel*, Streitverkündung und Interventionsklage, S. 193 und 209 f und *Taupitz*, ZZP 102 (1989), S. 288, 299.

264 *Geimer*, NJW 1970, S. 387; Rauscher / *Leible*, Art. 6 Rn. 11; *Kropholler*, EZPR, Art. 6 Rn. 18; *Schober*, S. 203.

265 *Jenard*, Bericht zum EuGVÜ, S. 1, 27. Darauf weist auch *Geimer*, ZZP 85 (1972), 196, 199 hin.

266 *Mansel*, Gerichtspflichtigkeit von Dritten, S. 194.

267 Vgl. *Geimer*, ZZP 85 (1972), 196, 199 und *Taupitz*, ZZP 102 (1989), S. 288, 303, nach denen die Streitverkündung durch Art. 65 Abs. 1 S. 2 EuGVO auf eine Stufe mit den Gewährleistungs- und Interventionsklagen gestellt wird.

268 So ausdrücklich *Kraft*, S. 111.

Der Unterschied beider Rechtsinstitute liegt im Wesentlichen nur darin, dass die Streitverkündung nicht zu einer Verurteilung des gegebenenfalls regresspflichtigen Dritten im Hauptprozess führt. Anders als der Garantiebeklagte wird der Streitverkündungsempfänger in dem fremden Verfahren nicht zur Prozesspartei.[269] Da die Streitverkündung aber eine bindende Feststellung gewisser Ergebnisse des Hauptprozesses für den nachfolgenden Rechtsstreit zwischen dem im Hauptprozess unterlegenen Streitverkünder und dem Dritten nach sich zieht, ist letzterer auch im Falle der Streitverkündung mittelbar gezwungen, sich an dem fremden Rechtsstreit zu beteiligen.[270] Um ein vollstreckungsfähiges Urteil gegen den Dritten zu erreichen, muss der Regresssuchende zwar in jedem Fall einen zweiten Prozess anstrengen. Jedoch führt die Streitverkündungswirkung gewissermaßen dazu, dass der Folgeprozess in Teilen bereits im Vorprozess entschieden wurde.[271] Sofern diese – bereits im fremden Prozess festgestellten – Fragen streitentscheidend sind, ist die Wahrung der Zuständigkeitsinteressen des Streitverkündungsempfängers im Folgeprozess nur ein scheinbarer Vorteil. Häufig kann das Urteil im Regressverfahren aufgrund der Streitverkündungswirkung ohne erneute sachliche Prüfung ergehen.[272]

II. Streitverkündung nach der ZPO

Die deutsche Streitverkündung ist in den §§ 72 ff. ZPO geregelt. Begrifflich ist die Streitverkündung die durch förmliche Zustellung zu bewirkende Benachrichtigung eines Dritten von einem anhängigen Rechtsstreit.[273] Hinter der Streitverkündung und der Benachrichtigung des Dritten steht aber in erster Linie das Bestreben, den Dritten mit der Interventionswirkung gemäß §§ 74 Abs. 3, 68 ZPO zwangsweise an die Ergebnisse des laufenden Prozesses zu binden.[274]

Hauptzweck der Streitverkündung ist die Vermeidung divergierender Entscheidungen. Dabei stehen die Interessen des Streitverkünders im Vordergrund. Dieser soll vor dem Risiko bewahrt werden, dass er wegen der materiellrechtlichen Verknüpfung der im Vor- und Folgeprozess geltend gemachten bzw. geltend zu machenden Ansprüche mehrere Prozesse führen muss, dabei aber Gefahr läuft, alle zu verlieren, obwohl er zumindest einen gewinnen müsste.[275] Außerdem soll die Streitverkündung dem Streitverkündungsempfänger Gelegenheit zur Unterstützung des Verkünders im Prozess geben und den Verkünder gegen

---

269 *Milleker*, ZZP 84 (1971), S. 91, 93.
270 *Geimer*, NJW 1970, S. 387; *Kraft*, S. 35.
271 *Kraft*, S. 35 und 59.
272 Nach *Geimer*, ZZP 85 (1972), 196, 202 f. ist dies in den meisten Fällen zutreffend.
273 *Knöringer*, JuS 2007, S. 335; Zöller/*Vollkommer*, § 72 Rn. 1.
274 *Kraft*, S. 24.
275 BGH NJW 1992, 1698, 1699; BGH NJW 1989, 521, 522; BGH NJW 1987, 1894, 1895; *Eibner*, S. 26 f; vgl. auch *Häsemeyer*, ZZP 84 (1971), S. 179, 184, der zutreffend die Sicherung materiellrechtlicher Alternativverhältnisse als Grundlage der Interventionswirkung herausarbeitet.

den Einwand schützen, er habe den Prozess schlecht geführt oder eine unrichtige Entscheidung herbeigeführt.[276]

Die Interventionswirkung tritt gemäß §§ 74 Abs. 3, 68 ZPO unabhängig davon ein, ob der Streitverkündungsempfänger dem Rechtsstreit als Streithelfer beitritt oder nicht. Bei einer unbeantwortet gebliebenen Streitverkündung wird der Prozess ohne den Streitverkünder fortgesetzt. In diesem Fall hängt der Eintritt der Interventionswirkung im Folgeprozess von der Zulässigkeit der erfolgten Streitverkündung ab.[277] Die Zulässigkeit der Streitverkündung wird nicht im Vor-, sondern im Folgeprozess geprüft, weil erst dort ihre materiell-rechtlichen und prozessualen Wirkungen entscheidungserheblich werden.[278]

Tritt der Streitverkündungsempfänger dem Rechtsstreit bei, so bestimmt sich sein Verhältnis zu den Prozessparteien gemäß § 74 Abs. 1 ZPO nach den Grundsätzen über die Nebenintervention. Nach der insoweit herrschenden Meinung tritt die Interventionswirkung im Folgeprozess dann allein aufgrund des erfolgten Beitritts als Nebenintervenient ein und hängt nicht von der Zulässigkeit der dem Beitritt vorausgegangenen Streitverkündung ab.[279]

Die Interventionswirkung kann grundsätzlich erst dann eintreten, wenn der Vorprozess, in dem die Streitverkündung erfolgte, durch formell rechtskräftiges Urteil abgeschlossen ist.[280]

1. Zulässigkeitsvoraussetzungen

Die Streitverkündung erfolgt in einem anhängigen Rechtsstreit, in welchem der Streitverkünder Partei ist.[281] Der Streitverkündungsempfänger muss im Zeitpunkt der Zustellung der Streitverkündungsschrift partei- und prozessfähig sein, da er ansonsten nicht wirksam als Nebenintervenient beitreten und sich rechtliches Gehör verschaffen könnte.[282]

Wichtigste Zulässigkeitsvoraussetzung der Streitverkündung ist das Vorliegen eines Streitverkündungsgrundes. Gemäß § 72 Abs. 1 ZPO ist ein solcher gegeben, wenn der Streitverkünder für den Fall des ihm ungünstigen Ausganges des Rechtsstreits einen Anspruch auf Gewährleistung oder Schadloshaltung gegen den Streitverkündungsempfänger erheben zu können glaubt oder einen An-

---

276 BGH NJW 1992, 1698, 1699.

277 BGH NJW 1987, 1894; BGH NJW 1982, 281, 282; Stein/Jonas/*Bork*, § 74 Rn. 4. Die Interventionswirkung trifft den Streitverkündungsempfänger dann ab dem Zeitpunkt des möglichen Beitritts, also einige Tage nach der Zustellung (angemessene Überlegungsfrist); Thomas/Putzo/*Hüßtege*, § 74 Rn. 4.

278 Dazu ausführlich im vierten Abschnitt unter B. I. 1.

279 BGH NJW-RR 2008, 519 520. Dazu später ausführlich im vierten Abschnitt unter B. I. 1. a. bb.

280 Zöller/Vollkommer, § 68 Rn. 3.

281 Thomas/Putzo/*Hüßtege*, § 72 Rn. 5.

282 Wieczorek/Schütze/*Mansel*, § 72 Rn. 78 u. 21. Ausführlich zur Frage der Partei- und Prozessfähigkeit des Streitverkündungsempfängers *Kraft*, S. 37 ff.

spruch des Streitverkündungsempfängers besorgt.[283] Ob ein solcher Drittanspruch besteht bzw. droht, ist aus der subjektiven Sicht des Streitverkünders bei Vornahme der Streitverkündung zu beurteilen.[284] Entscheidend ist, ob die Partei zu diesem Zeitpunkt die berechtigte Annahme eines solchen Drittanspruches hegt[285] bzw. aus nahe liegenden Gründen von einem solchen ausgeht.[286] Grundsätzlich ist das Erfordernis des Streitverkündungsgrundes entsprechend der Zwecksetzung der Streitverkündung weit auszulegen.[287]

Weiterhin müssen die Formerfordernisse des § 73 ZPO gewahrt sein. Der beim Prozessgericht einzureichende Streitverkündungsschriftsatz muss neben der Erklärung, dass der Streit verkündet werde, die Angabe des Grundes der Streitverkündung und eine Mitteilung über die Lage des Rechtsstreits enthalten.[288] Der Streitverkündungsschriftsatz ist gemäß § 166 Abs. 2 ZPO von Amts wegen förmlich zuzustellen.

Eine örtliche Zuständigkeit des Gerichts des Vorprozesses in Bezug auf den Streitverkündungsempfänger ist nicht erforderlich.[289] Die Streitverkündung ist auch dann zulässig, wenn das Gericht des Vorprozesses für eine entsprechende Klage gegen den Streitverkündungsempfänger örtlich unzuständig wäre.

---

283 Gewährleistungsansprüche sind alle gesetzlichen oder vertraglichen Ansprüche wegen Sach- oder Rechtsmängeln (etwa gemäß §§ 437, 634, 536 BGB). Ansprüche auf Schadloshaltung sind solche Ansprüche des Streitverkünders, die seinen Prozessverlust im Vorprozess wieder ausgleichen (Schadloshaltung im untechnischen Sinn), vgl. *Knöringer*, JuS 2007, S. 335, 337 mwN. Den Anspruch eines Dritten zu besorgen hat eine Partei, wenn sie ihm für den Ausgang des Prozesses haftbar ist, der Vorprozess also über ein fremdes Recht geführt wurde, vgl. BGH NJW 1992, 1689.

284 BGH NJW 1987, 1894, 1895.

285 Musielak/*Weth*, § 74 Rn. 2; Zöller/*Vollkommer*, § 72 Rn. 4 jeweils mwN. Weitergehend MüKoZPO/*Schultes*, § 72 Rn. 7, der lediglich die nicht ganz fern liegende Annahme eines Drittanspruches verlangt.

286 BGH NJW 1978, 643; BGH NJW 1976, 39, 40.

287 BGH NJW 1992, 1698, 1699; Thomas/Putzo/*Hüßtege*, § 72 Rn. 6; Zöller/*Vollkommer*, § 72 Rn. 5. Wesentlich ist, dass der Drittanspruch, dessentwegen die Streitverkündung erfolgt, mit dem im Erstprozess vom Streitverkünder geltend gemachten Anspruch in einem Verhältnis der wechselseitigen Ausschließung steht (Alternativverhältnis); BGH NJW 1989, 521, 522; *Häsemeyer*, ZZP 84 (1971), S. 179, 182 ff.

288 Stein/Jonas/*Bork*, § 73 Rn. 3; MüKoZPO/*Schultes*, § 73 Rn. 2; Musielak/*Weth*, § 73 Rn. 3.

289 *Kraft*, S. 53 ff. verweist auf folgende Äußerung des historischen Gesetzgebers bei *Hahn*, Materialien zur CPO, S. 162: „Daß die prorogatio fori auch für Nebenintervenienten und Litisdenunziaten bindend ist, kann einem Zweifel nicht unterliegen. Diese Personen sind Nebenpersonen im Prozesse; ein Recht auf Verhandlung der Sache vor einem bestimmten Gerichte steht ihnen nicht zu.“ *Mansel*, ZZP 106 (1996), 61, 62 formuliert, die Zulässigkeit einer Streitverkündung sei davon unabhängig, ob das Gericht des Vorprozesses für eine entsprechende Klage des Streitverkünders gegen den Streitverkündungsempfänger international, örtlich und sachlich zuständig wäre.

2. Wirkungen

a. Interventionswirkung

Hauptzweck der Streitverkündung ist die Auslösung der Interventionswirkung im Sinne des § 68 Hs. 1 ZPO. Dabei handelt es sich um eine prozessuale Bindungswirkung, die der materiellen Rechtskraft ähnlich ist.[290] Die Interventionswirkung führt dazu, dass der Streitverkündungsempfänger im Verhältnis zum Streitverkünder mit der Behauptung, der Rechtsstreit sei unrichtig entschieden worden, nicht gehört wird.[291] Die Interventionswirkung erfasst neben der im Tenor der Entscheidung ausgesprochenen Rechtsfolge auch die Feststellung und rechtliche Beurteilung der Tatsachen einschließlich der präjudiziellen Rechtsverhältnisse, so dass der Streitverkündungsempfänger im Folgeprozess mit allen entgegenstehenden Einwendungen tatsächlicher und rechtlicher Art ausgeschlossen ist, die im Vorprozess hätten vorgebracht werden können.[292] Die Interventionswirkung geht damit weiter als die materielle Rechtskraft, die gemäß § 322 ZPO nur den erhobenen Anspruch und nicht einzelne Entscheidungselemente betrifft.[293] Sie bleibt hinter der Rechtskraftwirkung aber insofern zurück, als dass über den Streitverkündungsgrund – also den Regressanspruch – nicht unmittelbar im Ganzen entschieden wird.[294]

Die Interventionswirkung gilt nur für solche tatsächlichen und rechtlichen Gründe, auf denen das Urteil im Vorprozess beruht, nicht jedoch für „überschießende Feststellungen".[295] Eine Bindungswirkung hinsichtlich von Rechtsfragen kommt nur dann in Betracht, wenn in Vor- und Folgeprozess aufgrund derselben Tatsachen dieselbe (Teil-)Rechtsfrage zu beantworten ist (Identität der Rechts-

---

290 *Häsemeyer*, ZZP 84 (1971), S. 179, 191 mwN.

291 BGH NJW 1987, 1894, 1895; Thomas/Putzo/*Hüßtege*, § 68 Rn. 1.

292 Zöller/*Vollkommer*, § 74 Rn. 7; MüKoZPO/*Schultes*, § 68 Rn. 15; strenger *Häsemeyer*, ZZP 84 (1971), S. 179, 192 ff., der ausdrücklich nur entscheidungserhebliche Feststellungen zu alternierenden Voraussetzungen als Bezugspunkte der Interventionswirkung anerkennt.

293 Tatsachen, die das Gericht in seinem Urteil festgestellt und seiner Entscheidung zugründe gelegt hat, erwachsen ebenso wenig in Rechtskraft wie präjudizielle Rechtsverhältnisse, über die das Gericht bei seiner Entscheidung über einen Anspruch inzident entschieden hat; *Rosenberg/Schwab/Gottwald*, Zivilprozessrecht, S. 1063 ff., § 152 Rn. 8 ff.

294 Die Interventionswirkung ist auch insofern enger, als dass die Einrede der schlechten Prozessführung gemäß § 68 Hs. 2 ZPO gegenüber der Rechtskraftwirkung grundsätzlich nicht erhoben werden kann. Vgl. Wieczorek/Schütze/*Mansel*, § 68 Rn. 9.

295 BGHZ 16, 217, 229; Thomas/Putzo/*Hüßtege*, § 68 Rn. 5; Zöller/*Vollkommer*, § 68 Rn. 10; Stein/Jonas/*Bork*, § 68 Rn. 7; *Knöringer*, JuS 2007, S. 335, 340.

frage).[296] Die Interventionswirkung tritt nur zu Gunsten, nicht zu Lasten des Streitverkünders ein.[297]

Das Gericht des Folgeprozesses hat die Interventionswirkung von Amts wegen zu beachten.[298] Dem Streitverkündungsempfänger steht allerdings die Einrede mangelhafter Prozessführung gemäß § 68 Hs. 2 ZPO zu, wenn er z.B. wegen der fortgeschrittenen Lage des Vorprozesses oder wegen Erklärungen des Streitverkünders gehindert war, bestimmte Verteidigungsmittel geltend zu machen.

Vorbehaltlich der Einrede der schlechten Prozessführung darf das Gericht des Folgeprozesses demnach keinen Beweis über Tatsachen erheben, über die das Gericht des Vorprozesses bereits abschließend befunden hat. Auch die rechtliche Beurteilung (teil-)identischer Rechtsfragen steht für den Richter des Folgeprozesses bindend fest.

b. Verjährungshemmung

Neben der prozessualen Interventionswirkung besitzt die Streitverkündung auch materielle Wirkungen. Gemäß § 204 Abs. 1 Nr. 6 BGB wird durch die Zustellung der Streitverkündungsschrift die Verjährung und gemäß § 939 i. V. m. § 204 Abs. 1 Nr. 6 BGB die Ersitzung gehemmt, da der Streitverkünder damit ernsthaft zu erkennen gibt, seinen Rückgriffsanspruch gegen den Streitverkündungsempfänger durchsetzen zu wollen.[299] Die Vorschrift des § 167 ZPO findet Anwendung.[300] Die Hemmung endet gemäß § 204 Abs. 2 S. 1 BGB sechs Monate nach der rechtskräftigen Entscheidung oder anderweitigen Beendigung des Verfahrens. Die materielle Wirkung der Verjährungshemmung wird nur durch eine nach den §§ 72, 73 ZPO zulässige Streitverkündung ausgelöst.[301]

---

296 *Wieczorek/Schütze/Mansel*, § 68 Rn. 135; *Martens*, ZZP 85 (1972), S. 77, 86.

297 BGH NJW 1997, 2385, 2386; BGH NJW 1894, 1895; *Rosenberg/Schwab/Gottwald*, Zivilprozessrecht, S. 311; Zöller/*Vollkommer*, § 74 Rn. 7; § 50 Rn. 59; Musielak/*Weth*, § 74 Rn. 4; MüKoZPO/*Schultes*, § 68 Rn. 8; aA *Häsemeyer*, ZZP 84 (1971), S. 179, 198 f.; Wieczorek/Schütze/*Mansel*, § 68 Rn. 141 ff.

298 BGHZ 96, 50, 54; BGHZ 16, 217, 228.

299 Problematisch ist die Verjährungshemmung daher für den Fall der Abwehr drohender Drittansprüche. Dazu Staudinger/*Peters/Jacoby*, BGB, § 74 Rn. 76.

300 MüKoZPO/*Schultes*, § 74 Rn. 11; Zöller/*Vollkommer*, § 74 Rn. 8; OLG Hamm NJW 1994, 203.

301 BGH NJW 2009, 1488, 1489; BGH NJW 2008, 519, 520; BGH NJW 2004, 3772; Thomas/Putzo/*Hüßtege*, § 74 Rn. 2; Stein/Jonas/*Bork*, § 72 Rn. 8; Musielak/*Weth*, § 74 Rn. 5; Staudinger/*Peters/Jacoby*, BGB, § 204 Rn. 76 f.; MüKo/*Grothe*, BGB, § 204 Rn. 40; *Grothe*, WuB IV A. § 204 BGB 1.05; Zum alten Verjährungsrecht BGH NJW 2002, 1414, 1416; BGH NJW 1976, 39, 40; BGH NJW 1978, 643; aA MüKo-ZPO/*Schultes*, § 74 Rn. 12; *Rosenberg/Schwab/Gottwald*, Zivilprozessrecht, S. 320, § 51 IV. Rn. 24; Bamberger/Roth/*Henrich*, § 204 Rn. 29.

B. Gerichtspflichtigkeit des Dritten nach Art. 65 Abs. 1 S. 2 EuGVO

Ist der Empfänger einer Streitverkündung nicht im Gerichtsstaat des Vorprozesses ansässig, sondern hat seinen Wohnsitz in einem anderen europäischen Staat, so bestimmt sich die Zulässigkeit dieser grenzüberschreitenden Streitverkündung nach dem europäischen Interventionsrecht, insbesondere nach Art. 65 Abs. 1 S. 2 EuGVO.[302]

I. Einführung

Art. 65 Abs. 1 S. 1 EuGVO stellt zunächst klar, dass die in Art. 6 Nr. 2 und Art. 11 EuGVO vorgesehenen Zuständigkeiten für Gewährleistungs- oder Interventionsklagen in bestimmten Mitgliedstaaten, namentlich Deutschland, Österreich und Ungarn nicht geltend gemacht werden können. Damit soll dem Umstand Rechnung getragen werden, dass die Verfahrensordnungen dieser Staaten keine echten Drittklagen vorsehen.[303]

Stattdessen kann in diesen Ländern jede Person mit Wohnsitz in einem anderen Mitgliedstaat nach den Regeln über die Streitverkündung vor Gericht geladen werden. Art. 65 Abs. 1 S. 2 EuGVO verweist explizit auf die jeweiligen Bestimmungen der nationalen Zivilprozessordnungen der genannten Länder, für Deutschland also auf die §§ 68 und 72-74 ZPO.

1. Nicht erwähnte Mitgliedstaaten

Die Regelung des Art. 65 Abs. 1 EuGVO lässt einige Mitgliedstaaten unerwähnt, die ähnliche Formen der Streitverkündung kennen wie Deutschland, Österreich und Ungarn.

Besonders auffällig war dies zunächst im Fall Spaniens, da die Parallelvorschrift des alten Lugano Übereinkommens[304] Spanien ausdrücklich neben Deutschland, Österreich und der Schweiz aufzählte. Zwar nannte die Vorgängervorschrift des Art. 65 EuGVO, namentlich Art. V Protokoll 1 EuGVÜ Spanien nicht ausdrücklich. Dem Bericht zum 3. Beitrittsübereinkommen, durch welches Spanien Vertragsstaat des EuGVÜ wurde, lässt sich aber eindeutig entnehmen, dass eine Erwähnung von Art. 1482 des spanischen Zivilgesetzbuches lediglich aufgrund zu erwartender Entwicklungen im spanischen Streitverkündungsrecht unterblieben ist, dies jedoch keine unterschiedliche Auslegung des

302 Aufgrund des lex fori-Prinzips gelten für die verfahrensrechtlichen Voraussetzungen und Formalia der Streitverkündung die Bestimmungen des jeweiligen nationalen Rechts; *Mansel*, Streitverkündung und Interventionsklage, S. 186.

303 Vgl. *Jenard*, Bericht zum EuGVÜ, S. 1, 27. Der Art. 65 EuGVO entsprechende Artikel V des Protokolls zum EuGVÜ sollte der besonderen deutschen Rechtslage Rechnung tragen, welche im Gegensatz zu den anderen Vertragsstaaten statt echter Drittklagen die Streitverkündung vorsah.

304 Art. V Abs. 1 Protokoll 1 LugÜ I.

Lugano Übereinkommens und dem EuGVÜ implizieren sollte.[305] Dementsprechend wurde davon ausgegangen, auch die gesamte Vorschrift des Art. 65 EuGVO sei auf Spanien analog anwendbar.[306]

Allerdings ist das Lugano Übereinkommen mittlerweile revidiert worden. Die neue Parallelvorschrift zu Art. 65 EuGVO, namentlich Art. II Protokoll 1 LugÜ mit Anhang IX wurde neben Deutschland, Österreich und der Schweiz auf fünf weitere Staaten ausgedehnt.[307] Spanien wird dagegen nicht mehr aufgeführt. Eine analoge Anwendung von Art. 65 EuGVO auf Spanien scheint daher insoweit nicht mehr vertretbar, als dass der Vorbehalt der Nichtanwendbarkeit von Art. 6 Nr. 2 EuGVO gemäß Art. 65 Abs. 1 S. 1 EuGVO betroffen ist.[308]

Die Gerichtspflichtigkeit von Dritten mittels Streitverkündung kann aber auch dann nach Art. 65 Abs. 1 S. 2 EuGVO bestimmt werden, wenn die Verfahrensordnung eines Mitgliedstaates eine Streitverkündung vorsieht, die einer deutschen, österreichischen und ungarischen Streitverkündung in ihren Voraussetzungen und Wirkungen vergleichbar ist. Gleiches gilt dann in Bezug auf die Anerkennung dieser Drittwirkung nach Art. 65 Abs. 2 S. 2 EuGVO.

Dementsprechend sind Streitverkündungen nach griechischem oder schwedischem Recht nach Art. 65 EuGVO zulässig und anzuerkennen, obwohl die Vorschrift sie nicht ausdrücklich erwähnt.[309] Gleiches gilt für Spanien, Estland, Lettland, Litauen, Polen, Slowenien und die Rechtsordnungen, die neben echten Drittklagen auch die Möglichkeit zur Streitverkündung vorsehen.[310] Im Übrigen ist Art. 65 Abs. 1 S. 2 EuGVO auch auf die Formen der freiwilligen Drittbeteiligung ohne Vollstreckbarkeit anwendbar, wie z.B. die Nebenintervention nach §§ 66 ff. ZPO.[311]

Der Vorbehalt des Art. 65 Abs. 1 S. 1 EuGVO bezüglich der Nichtanwendbarkeit von Art. 6 Nr. 2 EuGVO gilt allerdings nur für die Staaten, die dort ausdrücklich genannt werden. Alle anderen Staaten müssten aufgrund ihrer Pflicht

---

305 *Almeida Cruz/Desantes Real/Jenard*, Bericht zum 3. Beitrittsübereinkommen EuGVÜ, S. 44 Rz. 22. Vgl. auch *Mansel*, Streitverkündung und Interventionsklage, S. 194 f.

306 Eine analoge Anwendung von Art. 65 EuGVO auf Spanien wurde soweit ersichtlich nie bestritten. Es wurde jedoch kritisiert, dass der Text von Art. 65 EuGVO trotz der bekannten Problematik nicht angepasst wurde; *Geimer/Schütze*, EZVR, 2. Aufl., Art. 6 Rn. 36.

307 Vgl. die Erklärung nach Art. II Abs. 2 Protokoll 1 LugÜ in ABl. EU Nr. L 147 vom 10.6.2009, S. 1,4.

308 So auch *Geimer/Schütze*, EZVR, Art. 65 Rn. 5.

309 *Mansel*, Gerichtspflichtigkeit von Dritten, S. 195 ff.; *ders.*, Gerichtspflichtigkeit von Dritten, S. 188 zum LugÜ; *Kropholler*, EZPR, Art. 6 Nr. 25 (bezogen auf die Anerkennungspflicht des Art. 65 Abs. 2 EuGVO).

310 Vgl. Dasser/Oberhammer/*Domej*, LugÜ, Art. V Protokoll Nr. 1 Rn. 7 und 9.

311 Dass ein Dritter sich als Nebenintervenient an einem Verfahren beteiligen kann, wird wegen der Freiwilligkeit des Beitritts als selbstverständlich nicht erwähnt; Wieczorek/Schütze/*Mansel*, § 68 Rn. 14.

zur Justizgewähr neben der Streitverkündung auch einen Gerichtsstand nach Art. 6 Nr. 2 EuGVO zur Verfügung stellen.[312]

2. Sinn und Zweck

Art. 65 Abs. 1 S. 2 EuGVO soll die Lücke schließen, welche der Vorbehalt des Art. 65 Abs. 1 S. 1 EuGVO hinsichtlich von Verfahren in den Mitgliedstaaten Deutschland, Österreich und Ungarn hinterlässt.

Die Verordnung misst dem Gedanken des Sachzusammenhangs insgesamt erhebliche Bedeutung zu und hat den Gerichtsstand der Gewährleistungs- und Interventionsklage zum Standard des europäischen Interventionsrechts erhoben. Da die Anwendung von Art. 6 Nr. 2 EuGVO aufgrund des Vorbehalts in den genannten Mitgliedstaaten ausscheidet, musste im Interesse der Gewährleistung der widerspruchsfreien Beurteilung zusammengehöriger Sachverhalte in unterschiedlichen Mitgliedstaaten und im Interesse der einheitlichen Anwendung des Gemeinschafts- bzw. Unionsrechts ein Ausgleich für den fehlenden Interventionsgerichtsstand geschaffen werden.[313] Die Figur der Streitverkündung stellt ebenso wie die Gewährleistungs- und Interventionsklagen sicher, dass bestimmte materiell-rechtlich voneinander abhängige Rechtsverhältnisse widerspruchsfrei beurteilt werden; beide Rechtsinstitute sind damit funktionell äquivalent.[314] Ebenso wie Art. 6 Nr. 2 EuGVO verfolgt die Vorschrift des Art. 65 EuGVO daher den Zweck, die Verfahrenskonzentration und einheitliche Entscheidungen im europäischen Rechtsraum zu fördern.

3. Begriff der Gerichtspflichtigkeit

Art. 65 Abs. 1 S. 2 EuGVO statuiert als Rechtsfolge die besondere Form der Gerichtspflichtigkeit Dritter kraft Streitverkündung und stellt sicher, dass diese von den anderen Mitgliedstaaten respektiert wird.[315]

Dabei bedeutet Gerichtspflichtigkeit, der Entscheidungsgewalt des Gerichts unterworfen zu sein.[316] Ist ein Gericht befugt, direkt über die Rechtspositionen einer Person zu entscheiden, kann von unmittelbarer Gerichtspflichtigkeit des Betroffenen gesprochen werden. Eine solche Gerichtspflichtigkeit wird durch

---

312 In Bezug auf Estland, Lettland, Litauen, Polen und Slowenien ist – aufgrund der Parallelregelung in Art. II Protokoll 1 LugÜ – eher eine Ausdehnung des Vorbehalts zu erwarten.

313 *Jenard*, Bericht zum EuGVÜ, S. 1, 27; vgl. auch *Schack*, Rn. 417 ff.; Rauscher / *Leible*, Art. 6 Rn. 12 und Rauscher / *Staudinger*, Art. 65 Rn. 1.

314 *Jenard*, Bericht zum EuGVÜ, S. 1, 27; *Geimer*, NJW 1970, S. 387: „Beide Rechtsinstitute verfolgen nahezu den gleichen Prozesszweck."; *Geimer*, ZZP 85 (1972), 196, 198; *Schack*, Rn. 419.

315 *Mansel*, Streitverkündung und Interventionsklage, S. 188; *ders.*, Gerichtspflichtigkeit von Dritten, S. 184.

316 Zum Begriff *Mansel*, Streitverkündung und Interventionsklage, S. 189; *ders.*, Gerichtspflichtigkeit von Dritten, S. 178 f.

die Vorschriften der (örtlichen und internationalen) Zuständigkeit statuiert. Streitverkündungsnormen ordnen dagegen eine mittelbare Gerichtspflichtigkeit an, durch die der Streitverkündungsempfänger der Gewalt des Prozessgerichts insofern unterworfen wird, als dass die für einen etwaigen Folgeprozess relevanten Tatsachen und Rechtsfragen auch diesem gegenüber bindend festgestellt sind, die Wirkungen des Ausgangsurteils also auf ihn erstreckt werden.

Zuständigkeitsvorschriften wie Streitverkündungsnormen entscheiden demnach darüber, ob Personen (direkt oder mittelbar) der Entscheidungsgewalt eines Gerichts unterworfen werden können und verlangen beide eine gewisse sachlich-tatsächliche Verbindung des Betroffenen und seiner Rechtsverhältnisse mit dem Gerichtsstaat.[317]

Während Art. 6 Nr. 2 EuGVO im Grundsatz die unmittelbare Gerichtspflichtigkeit von Dritten anordnet, statuiert Art. 65 Abs. 1 S. 2 EuGVO parallel dazu die mittelbare Gerichtspflichtigkeit von potentiellen Streitverkündungsempfängern für den Fall, dass das Ausgangsverfahren in Deutschland, Österreich oder Ungarn stattfindet.

II. Voraussetzungen

Die Gerichtspflichtigkeit des Dritten kraft Streitverkündung setzt voraus, dass die Vorschrift des Art. 65 Abs. 1 S. 2 EuGVO anwendbar ist und die jeweiligen nationalen Streitverkündungsvoraussetzungen gegeben sind.

1. Anwendungsvoraussetzungen des Art. 65 Abs. 1 S. 2 EuGVO

a. Ausgangsprozess

Art. 65 Abs. 1 S. 2 EuGVO kommt nur dann zur Anwendung, wenn der Prozess, in dem die Streitverkündung erklärt wird, in den sachlichen Anwendungsbereich der Verordnung fällt. Diese Anwendungsbedingung ergibt sich nicht unmittelbar aus Art. 65 Abs. 1 EuGVO, sondern aus der allgemeinen Regel des Art. 1 EuGVO. Nur in Bezug auf solche Verfahren findet die Verordnung überhaupt Anwendung.[318]

Ob der Ausgangsprozess auch in den persönlichen Anwendungsbereich der Verordnung fallen, der dortige Beklagte – häufig der potentielle Streitverkünder – seinen Wohnsitz also in einem Mitgliedstaat haben muss, wird im Gegensatz zum parallel gelagerten Fall der Gewährleistungs- und Interventionsklagen nicht thematisiert. Dort wird vielfach vertreten, der Hauptbeklagte müsse im geographischen Geltungsbereich der EuGVO ansässig sein, um eine Ausdehnung der Sachzusammenhangszuständigkeit zu vermeiden. Kern dieser Argumentation ist

---

317 *Mansel*, Gerichtspflichtigkeit von Dritten, S. 178; *von Hoffmann/Hau*, RIW 1997, 89, 91.

318 *Mansel*, Streitverkündung und Interventionsklage, S. 189; *ders.*, Gerichtspflichtigkeit von Dritten, S. 187; *Winter*, S. 91.

die Befürchtung, dass gegebenenfalls Urteile gegen EU-Bürger anerkannt und vollstreckt werden müssten, welche in exorbitanten Gerichtsständen im Sinne von Art. 3 EuGVO ergangen sind.[319]

Diese Bedenken werden im Fall der Streitverkündung trotz der gemäß Art. 65 Abs. 2 S. 2 EuGVO grenzüberschreitend anzuerkennenden Bindungswirkungen wohl deshalb nicht erhoben, da letztlich kein vollstreckungsfähiges Urteil gegen den Streitverkündungsempfänger ergeht. Jedenfalls stehen auch hier prozessökonomische Erwägungen und der Gedanke der Vermeidung widersprüchlicher Entscheidungen in unterschiedlichen Mitgliedstaaten im Vordergrund, so dass die Vorschrift des Art. 65 Abs. 1 S. 2 EuGVO auch dann anwendbar ist, wenn der Ausgangsrechtsstreit nicht in den persönlichen Anwendungsbereich der Verordnung fällt.

b. Regressprozess

Es stellt sich weiterhin die Frage, ob Art. 65 Abs. 1 S. 2 EuGVO auch dann Anwendung findet, wenn zu erwarten ist, dass der Folgeprozess nicht in den Anwendungsbereich der Verordnung fallen wird.[320]

Die in Art. 65 Abs. 2 S. 2 EuGVO statuierte Pflicht zur Anerkennung der Streitverkündungswirkungen kommt im Regressprozess selbstverständlich nur dann zum Tragen, wenn die Verordnung auch für dieses Verfahren gilt. Daher könnte man versucht sein, Art. 65 Abs. 1 S. 2 EuGVO für unanwendbar zu erklären, wenn der potentielle Folgeprozess wahrscheinlich nicht der EuGVO unterliegt und daher die wesentlichen Wirkungen der Streitverkündung ohnehin nicht nach der Verordnung anzuerkennen sein werden.[321]

Da man der Streitverkündung aber auch in Bezug auf das Ausgangsverfahren eine eigenständige Funktion beimessen kann, ist eine solche Einschränkung des Art. 65 Abs. 1 S. 2 EuGVO nicht nötig.[322] Die Streitverkündung dient im Vorprozess der Benachrichtigung des Streitverkündungsempfängers vom Prozess und dessen Lage und der Vorbereitung eines etwaigen Beitritts als Nebenintervenient. Weiterhin ist nicht immer gewiss, ob es überhaupt zu einem Folge-

---

319 MüKoZPO/*Gottwald*, Art. 6 EuGVO Rn. 14; *Geimer/Schütze/Auer*, IRV, Art. 6 Rn. 27; *Schlosser*, Art. 6 Rn. 6; Rauscher / *Leible*, Art. 6 Rn. 18; *Burgstaller*, Internationales Zivilverfahrensrecht, S. 65; *Kropholler*, EZPR, Art. 6 Rn. 30. Siehe dazu im zweiten Abschnitt unter B. II. 1.

320 Es ist z.B. denkbar, dass der Erstprozess einen arbeitsrechtlichen Sachverhalt betrifft, der Folgeprozess sich hingegen mit Fragen der sozialen Sicherheit befasst; vgl. *Mansel*, Streitverkündung und Interventionsklage, S. 190.

321 Vgl. *Mansel*, Streitverkündung und Interventionsklage, S. 190.

322 *Mansel*, Streitverkündung und Interventionsklage, S. 190; *ders.*, Gerichtspflichtigkeit von Dritten, S. 187; *Köckert*, S. 92. *Winter*, S. 94 verlangt für die Anwendung von Art. 65 Abs. 1 S. 2 EuGVO jedenfalls die Möglichkeit, dass das Folgeverfahren der EuGVO unterfällt.

prozess kommen wird bzw. in welcher Form dieser geführt wird, so dass die erforderliche Prognose mit Unsicherheiten belastet sein könnte.

Art. 65 Abs. 1 S. 2 EuGVO greift also auch dann ein, wenn zu erwarten ist, dass der potentielle Folgeprozess nicht in den Anwendungsbereich der Verordnung fallen wird. Eine Negativprognose entzieht die Streitverkündung demnach nicht völlig dem Regime der EuGVO. Trifft sie allerdings zu, bleibt die Streitverkündung in prozessualer Hinsicht wirkungslos.[323]

c. Wohnsitz in anderem Mitgliedstaat

Bevor Art. 65 Abs. 1 S. 2 EuGVO auf die jeweiligen nationalen Streitverkündungsnormen verweist, stellt er das Erfordernis auf, der Streitverkündungsempfänger müsse seinen Wohnsitz in einem anderen Mitgliedstaat als dem Gerichtsstaat haben. Bereits nach ihrem Wortlaut findet die Vorschrift damit keine Anwendung, wenn der Empfänger der Streitverkündung seinen Wohnsitz in einem Drittstaat hat.

Dieses Ergebnis stimmt mit dem in Art. 4 Abs. 1 EuGVO verkörperten Rechtsgedanken überein. Nach dieser Vorschrift bemisst sich die gerichtliche Zuständigkeit für Beklagte ohne Wohnsitz im geographischen Geltungsbereich der Verordnung vorbehaltlich der Artt. 22 und 23 EuGVO nach dem nationalen Verfahrensrecht. Die EuGVO erhebt also im Grundsatz keinen Geltungsanspruch in Bezug auf die Gerichtspflichtigkeit von Personen mit Wohnsitz in Drittstaaten.[324] Ebenso wenig bestimmt die Verordnung daher die (mittelbare) Gerichtspflichtigkeit von Streitverkündungsempfängern, die außerhalb der EU ansässig sind. Es gilt allein das jeweilige nationale Streitverkündungsrecht.[325]

Sofern der Streitverkündungsempfänger seinen Wohnsitz im Gerichtsstaat des Ausgangsprozesses hat, bemisst sich die Zulässigkeit der Streitverkündung ebenfalls allein nach der lex fori. Auf die Frage, ob die Wirkungen einer solchen Streitverkündung von den anderen Mitgliedstaaten gemäß Art. 65 Abs. 2 S. 2 EuGVO anzuerkennen sind, wenn der Folgeprozess im Ausland stattfindet, wird später eingegangen.

2. Zulässigkeitsvoraussetzungen nach lex fori

Art. 65 Abs. 1 S. 2 EuGVO verweist ausdrücklich auf die jeweiligen nationalen Bestimmungen zum Streitverkündungsrecht und stellt dabei klar, dass einer Person mit Wohnsitz in einem anderen Mitgliedstaat in Deutschland, Österreich und Ungarn unter den gleichen Voraussetzungen der Streit verkündet werden kann, wie einem Inländer. Die verfahrensrechtlichen Voraussetzungen und For-

323 Die materiellen Wirkungen der Streitverkündung werden durch die Nichtanwendbarkeit von Art. 65 Abs. 2 S. 2 EuGVO nicht in Frage gestellt.

324 Vgl. *Geimer/Schütze*, EZVR, Art. 4 Rn. 4; *Piltz*, NJW 1979, S. 1071, 1072.

325 *Mansel*, Streitverkündung und Interventionsklage, S. 191; *Mansel*, Gerichtspflichtigkeit von Dritten, S. 187 f.

malien der Streitverkündung richten sich dementsprechend auch in Prozessen, die in den Anwendungsbereich der EuGVO fallen nach den nationalen Bestimmungen, in Deutschland also nach den §§ 68, 72-74 ZPO. Dies entspricht dem zwar vielfach geschwächten, aber hier doch geltenden lex fori-Prinzip.[326]

Allerdings ist zu beachten, dass die nationalen Streitverkündungsnormen den Interventionsgerichtsstand des Art. 6 Nr. 2 EuGVO in ihrem Anwendungsbereich ersetzen und daher ihrerseits europarechtlich geprägt werden.[327] Aus diesem Grund ist insbesondere zu berücksichtigen, dass die praktische Wirksamkeit der Verordnung durch die Anwendung der lex fori nicht beeinträchtigt werden darf.[328] Eine Streitverkündung kann also nicht etwa deshalb als unzulässig angesehen werden, weil der Streitverkündungsempfänger seinen allgemeinen Gerichtsstand nicht im Gerichtsstaat, sondern in einem anderen Mitgliedstaat hat.

Letztlich ist die in einem deutschen Verfahren erfolgte Streitverkündung ins EU-Ausland in einem deutschen Prozess zulässig, wenn ein Streitverkündungsgrund im Sinne von § 72 Abs. 1 ZPO vorliegt und die formellen Voraussetzungen des § 73 ZPO erfüllt sind.[329] Nach §§ 73 S. 2, 166 Abs. 2 EuGVO ist der Streitverkündungsschriftsatz von Amts wegen zuzustellen, wobei die die allgemeinen Regeln der Auslandszustellung gerichtlicher Schriftstücke gelten.[330] Die grenzüberschreitende Zustellung richtet sich im Rechtsverkehr zwischen den EU-Mitgliedstaaten nach der Europäischen Zustellungsverordnung, der EuZVO.[331] Fällt die Streitverkündung in den Anwendungsbereich des LugÜ so wird nach dem Haager Zustellungsübereinkommen (HZÜ) zugestellt.[332]

Ein Streitverkündungsgrund im Sinne von § 72 Abs. 1 ZPO ist dann gegeben, wenn der Streitverkünder für den Fall des ihm ungünstigen Ausganges des Rechtsstreits einen Anspruch auf Gewährleistung oder Schadloshaltung gegen den Streitverkündungsempfänger erheben zu können glaubt oder einen An-

---

326 *Mansel*, Streitverkündung und Interventionsklage, S. 186; *Schlosser*, Art. 6 Rn. 7; *Radtke*, S. 66 ff.; *Kraft*, S. 163; *Milleker*, ZZP 80 (1967), 288, 289 und 307.

327 *Winter*, S. 87.

328 Für die Interventionsklage EuGH v. 15.5.1990, Rs. C-365/88 (*Kongress Agentur Hagen*), IPRax 1992, 310, 311; allgemein EuGH v. 15.11.1983, Rs. C-288/82 (*Duijnstee*), Slg. 1983, 3663 Rn. 4.

329 Zu den Voraussetzungen einer Streitverkündung nach deutschem Recht s. im dritten Abschnitt unter A. II. 1.

330 Wieczorek/Schütze/*Mansel*, § 73 Rn. 14; *Kraft*, S. 163.

331 Verordnung (EG) Nr. 1393/2007 des Europäischen Parlaments und des Rates vom 13. November 2007 über die Zustellung gerichtlicher und außergerichtlicher Schriftstücke in Zivil- oder Handelssachen in den Mitgliedstaaten und zur Aufhebung der Verordnung (EG) Nr. 1348/200 des Rates, ABl. EU Nr. L 324 v. 10.12.2007, S. 79 ff. Vgl. dazu *Sujecki*, NJW 2008, 1628 ff.

332 Übereinkommen über die Zustellung gerichtlicher und außergerichtlicher Schriftstücke im Ausland in Zivil- und Handelssachen vom 15. November 1965, BGBl. 1977 II S. 1453.

spruch des Streitverkündungsempfängers besorgt. Dabei genügt es, wenn er die berechtigte Annahme eines solchen Drittanspruches hegt[333] bzw. aus nahe liegenden Gründen von einem solchen ausgeht.[334]

Anders als das autonom zu bestimmende Konnexitätserfordernis im Rahmen von Art. 6 Nr. 2 EuGVO kann die Frage, ob eine Person berechtigterweise von einem Drittanspruch ausgehen durfte, nicht losgelöst von einem materiellen Recht beantwortet werden. Offen ist jedoch, nach welchem Sachrecht eine derartige Prognose gestellt werden muss. Es liegt zwar nahe, die Prognose nach dem Recht anzustellen, welches das Kollisionsrecht des Gerichtsstaates des Ausgangsprozesses zur Anwendung beruft.[335] Allerdings sollte es auch ausreichen, wenn ein Streitverkündungsgrund nach dem Recht vorliegt, welches das Kollisionsrecht desjenigen Mitgliedstaates beruft, in dem aller Wahrscheinlichkeit nach der Folgeprozess stattfinden wird.[336] Das Gericht des Folgeprozesses ist schließlich die Stelle, die über den der Streitverkündung zugrunde liegenden Anspruch entscheidet. Zwar gehen mit einer solchen erweiterten Beurteilungsgrundlage Unsicherheiten einher, welche die Beitrittsentscheidung des Streitverkündungsempfängers belasten können. Allerdings bietet die EuGVO einen numerus clausus an möglichen Gerichtsständen an, welche auch für den Streitverkündungsempfänger und potentiellen Folgebeklagten voraussehbar sind.

Das Erfordernis des Streitverkündungsgrundes ist also dann erfüllt, wenn der Streitverkünder die berechtigte Annahme hegt, dass er im Falle des ungünstigen Ausgangs des Prozesses alternativ nach dem durch das Kollisionsrecht des Gerichtsstaates des Ausgangs- oder des potentiellen Folgeprozesses einen Anspruch auf Schadloshaltung hat oder einen entsprechenden Anspruch eines Dritten befürchtet. Inhaltlich deckt sich dies weitgehend mit dem Konnexitätserfordernis des Art. 6 Nr. 2 EuGVO.[337]

3. Erfordernis der internationalen Zuständigkeit

Die Frage, ob das deutsche Verfahrensrecht – auf welches Art. 65 Abs. 1 S. 2 EuGVO ausdrücklich verweist – für die Zulässigkeit einer grenzüberschreitenden Streitverkündung das Vorliegen der internationalen Zu-

---

333 Musielak/*Weth*, § 74 Rn. 2; Zöller/*Vollkommer*, § 72 Rn. 4 jeweils mwN. Weitergehend MüKoZPO/*Schultes*, § 72 Rn. 7, der lediglich die nicht ganz fern liegende Annahme eines Drittanspruches verlangt.

334 BGH NJW 1978, 643; BGH NJW 1976, 39, 40.

335 So *Mansel*, Streitverkündung und Interventionsklage, S. 187; Wieczorek/Schütze/*Mansel*, § 72 Rn. 48.

336 *Mansel*, Streitverkündung und Interventionsklage, S. 187 lehnt dies aufgrund der vielfachen Unwägbarkeiten einer solchen Prognose ab, um dem Streitverkündungsempfänger seine Beitrittsentscheidung nicht zu erschweren.

337 *Mansel*, ZZP 106 (1996), 61, 74.

ständigkeit des Gerichts des Vorprozesses in Bezug auf den Streitverkündungsempfänger verlangt, wird in der Literatur nicht einheitlich beurteilt.[338]

Letztlich ist die Streitverkündung über die Grenze im Anwendungsbereich der EuGVO aber aufgrund der Regelung in Art. 65 Abs. 1 S. 2 EuGVO in jedem Fall zulässig.[339] Dabei wird die Vorschrift zwar in erstaunlich unterschiedlicher Weise ausgelegt. Die einen gehen davon aus, dass Art. 65 Abs. 1 S. 2 EuGVO eine Zuständigkeitsregelung darstellt, welche dem Gericht des Vorprozesses in Bezug auf den Streitverkündungsempfänger gerade die internationale Zuständigkeit verleiht.[340] Andere entnehmen Art. 65 Abs. 1 S. 2 EuGVO die Bestätigung dafür, dass eine Zuständigkeit auch in Bezug auf grenzüberschreitende Streitverkündungen entbehrlich ist.[341]

Nach Art. 65 Abs. 1 S. 2 EuGVO ist die Streitverkündung an Personen mit Wohnsitz in einem anderen Mitgliedstaat jedenfalls zulässig, auch wenn das Gericht des Vorprozesses für eine entsprechende Klage gegen diese Person nach den allgemeinen Regeln nicht international zuständig wäre. Es wäre auch nicht einzusehen, wenn die Gewährleistungs- bzw. Interventionsklage als die schärfere Form der Drittbeteiligung[342] aufgrund der Regelung des Art. 6 Nr. 2 EuGVO allein aufgrund des gegebenen Sachzusammenhangs zulässig wäre, die Streitverkündung jedoch zusätzlich zum Erfordernis des Streitverkündungsgrundes noch das Vorliegen einer allgemeinen Zuständigkeit in Bezug auf den Dritten verlangte.

Im Anwendungsbereich der EuGVO ist die Streitfrage nach dem Erfordernis einer internationalen Zuständigkeit in Bezug auf den Streitverkündungsempfänger daher auf der Ebene der Zulässigkeit nicht relevant. Praktische Bedeutsamkeit erlangt sie aber für die Frage, ob eine Gerichtsstandsvereinbarung im Sinne von Art. 23 EuGVO den Dritten auch vor einer Einbeziehung in einen fremden Prozess mittels grenzüberschreitender Streitverkündung schützt. Dementsprechend wird die Problematik erst im Rahmen der Schranken der Gerichtspflichtigkeit kraft Streitverkündung erörtert.

---

338 Ausführlich dazu *Kraft*, S. 47-119. Es ist demgegenüber unbestritten, dass die Streitverkündung unzulässig ist, wenn der Streitverkündungsempfänger nicht der deutschen Gerichtsbarkeit unterliegt. Ebenfalls *Kraft*, S. 46 f. mwN.

339 OLG Köln IPRax 2003, 531 Rz. 14 f.; *Schlosser*, Art. 6 Rn. 7 formuliert, das Postulat, ein fairer Prozess verlange, dass das Gericht internationale Zuständigkeit auch in Bezug auf den Streitverkündungsempfänger habe, laufe im Geltungsbereich der EuGVO leer.

340 *Taupitz*, ZZP 102 (1989), S. 288, 314, Fn. 132; *Kraft*, S. 113; *von Hoffmann/Hau*, RIW 1997, 89, 91; *Nogratnig*, S. 74 ff.; *Banniza von Bazan*, S. 177 f.

341 Vgl. *Kropholler*, EZPR, Art. 23 Rn. 102; *Mansel*, Streitverkündung und Interventionsklage, S. 188 f.

342 Die Drittbeteiligungsform der Gewährleistungs- bzw. Interventionsklage ist insofern schärfer, als dass sie unmittelbar zu einem vollstreckbaren Titel gegen den Dritten führen kann.

III. Hindernisse

Im Folgenden soll untersucht werden, welche Schranken der Gerichtspflichtigkeit kraft Streitverkündung entgegenstehen können.

1. Missbrauch

Der Streitverkündung kommt in Deutschland, Österreich und Ungarn eine Ersatzfunktion zu.[343] Sie soll die Lücke schließen, die sich durch das Fehlen von echten Drittklagen in den genannten Mitgliedstaaten ergibt. Dementsprechend liegt es nahe, im Interesse der Einheitlichkeit der Rechte und Pflichten der vom Gemeinschafts- bzw. Unionsrecht betroffenen Personen[344] einen gewissen Gleichlauf beider Vorschriften anzustreben.[345]

Nach Art. 6 Nr. 2 EuGVO kann eine Person mit Wohnsitz in einem Mitgliedstaat mittels Gewährleistungs- oder Interventionsklage vor das Gericht eines anderen Mitgliedstaates zitiert werden, es sei denn, die Klage wurde nur erhoben, um diese Person dem für sie zuständigen Gericht zu entziehen. Dieser Missbrauchseinwand bezieht sich auf die Hauptklage.[346] Die Zuständigkeit nach Art. 6 Nr. 2 EuGVO besteht also dann nicht, wenn Kläger und Beklagter des Hauptprozesses kollektiv zu Lasten des Dritten zusammenwirken, der Kläger des Hauptprozesses den Hauptbeklagten ohne vernünftigen Grund allein in der Hoffnung verklagt, dieser werde den Drittbeklagten in den Prozess einbeziehen oder der Hauptkläger selbst den Hauptprozess anstrengt – z.B. im Wege einer negativen Feststellungsklage – nur um den Dritten auf diese Weise mit einer Gewährleistungs- oder Interventionsklage überziehen zu können.[347]

Dieser Missbrauchseinwand ist auf die Streitverkündung gemäß Art. 65 Abs. 1 S. 2 EuGVO zu übertragen.[348] Die Gerichtspflichtigkeit des Dritten entfällt demnach, wenn die Klage im Vorprozess nur zu dem Zwecke erhoben wurde, um den Streitverkündungsempfänger seinem zuständigen Gericht zu entziehen. Zwar ergeht das Urteil gegen den Streitverkündungsempfänger letztlich vor einem für diesen zuständigen Gericht, jedoch können zum Teil wesentliche Elemente des Regressanspruches schon abschließend und für das Gericht des Folgeprozesses bindend durch das Gericht des Vorprozesses entschieden werden. Wer den Vorprozess allein dafür nutzen möchte, den Dritten an Fest-

343 *Jenard*, Bericht zum EuGVÜ, S. 1, 27 für Deutschland.

344 Vgl. EuGH v. 15.11.1983, Rs. 288/82 (*Duijnstee*), RIW 1984, 483 Rn. 13; EuGH v. 11.8.1995, Rs. C-432/93 (*SISRO*), IPRax 1996, 336 Rn. 39.

345 So ausdrücklich *Kraft*, S. 111.

346 *Jenard*, Bericht zum EuGVÜ, S. 1, 27; *Schlosser*, Art. 6 Rn. 6; *Kropholler*, EZPR, Art. 6 Rn. 32; *Geimer/Schütze/Auer*, IRV, Art. 6 Rn. 43; missverständlich jedoch EuGH v. 26.5.2005, Rs. C-77/04 (*GIE Réunion Européenne*), IPRax 2005, 535 Rn. 29 und 32: Die *Gewährleistungsklage* dürfe nicht nur darauf abzielen, den Beklagten dem für ihn zuständigen Gericht zu entziehen.

347 *Kropholler*, EZPR, Art. 6 Rn. 32; *Winter*, S. 73.

348 *Kraft*, S. 113; aA *Mansel*, ZZP 106 (1996), 61, 74.

stellungen eines für diesen an sich unzuständigen Gerichts zu binden, scheitert ebenso wie im Falle einer Gewährleistungs- bzw. Interventionsklage am Missbrauchsvorbehalt des Art. 6 Nr. 2 Hs. 2 EuGVO.

2. Vorrangige Gerichtsstände

a. Ausschließliche Zuständigkeiten

Art. 22 EuGVO sieht für bestimmte Streitigkeiten ausschließliche Zuständigkeiten vor, welche sowohl die allgemeine Zuständigkeit der Gerichte am Beklagtenwohnsitz als auch die besonderen Zuständigkeiten der Art. 5 ff. EuGVO verdrängen.[349] Eine Gewährleistungs- bzw. Interventionsklage, die einen Verfahrensgegenstand im Sinne von Art. 22 EuGVO aufweist, kann daher nur dann bei dem Gericht des Hauptprozesses anhängig gemacht werden, wenn letzteres auch nach Art. 22 EuGVO international zuständig ist.

Gleiches sollte auch für die Streitverkündung gelten. Wenn der den Streitverkündungsgrund bildende Regressanspruch unter den Katalog des Art. 22 EuGVO fällt, scheidet eine Streitverkündung aus, sofern das Gericht des Vorprozesses nicht auch nach Art. 22 EuGVO international zuständig ist.[350]

b. Zwingende Zuständigkeiten

In den Abschnitten 3, 4 und 5 des Kapitels II enthält die EuGVO besondere Zuständigkeitsregeln für Versicherungs-, Verbraucher- und Arbeitssachen. Sie dienen dem Schutz der typischerweise wirtschaftlich schwächeren und rechtlich weniger erfahrenen Versicherungsnehmer, Verbraucher und Arbeitnehmer und stellen jeweils eine in sich geschlossene, selbstständige und erschöpfende Regelung dar.[351]

aa. Versicherungssachen

Der 3. Abschnitt für Zuständigkeiten für Versicherungssachen hält – anders als Abschnitte 4 und 5 – eine besondere Regelung für die Drittbeteiligung bereit.

Art. 11 Abs. 1 EuGVO enthält einen speziellen Gerichtsstand für Interventionsklagen gegen den Versicherer in Haftpflichtprozessen.[352] Bei der Haftpflichtversicherung kann der Versicherer auch vor das Gericht zitiert werden, bei dem die Klage des Geschädigten gegen den Versicherten anhängig ist, sofern dies nach dem Recht des angerufenen Gerichts zulässig ist. Gemäß Art. 65 Abs. 1 S. 1 EuGVO kann diese Zuständigkeit ebenso wie die allgemeine Gewährleistungs- bzw. Interventionsklage im Sinne von Art. 6 Nr. 2 EuGVO in

349 *Kropholler*, EZPR, Art. 22 Rn. 2.
350 Study JLS/C4/2005/03, S. 120 Rn. 252; *Nogratnig*, S. 80.
351 Rauscher / *Staudinger*, Art. 8 Rn. 1; kritisch dazu *Geimer/Schütze*, EZVR, Art. 8 Rn. 1.
352 S. dazu im zweiten Abschnitt unter B. III. 2. b. aa.

Deutschland, Österreich und Ungarn nicht geltend gemacht werden.[353] Stattdessen kommt auch in diesen Fällen die Streitverkündung nach Art. 65 Abs. 1 S. 2 EuGVO in Verbindung mit den jeweiligen nationalen Streitverkündungsnormen zur Anwendung.

Eine weitere Regelung zur Drittbeteiligung im Haftpflichtversicherungsrecht findet sich in Art. 11 Abs. 3 EuGVO. Im Falle einer Direktklage des Geschädigten gegen den Versicherer im Sinne von Art. 11 Abs. 2 EuGVO steht dem Versicherer[354] die Möglichkeit der Streitverkündung gegenüber dem Versicherungsnehmer oder dem Versicherten zu, wenn das für die unmittelbare Klage maßgebliche Recht eine solche Streitverkündung vorsieht.[355] Dabei ist umstritten, welches das für die unmittelbare Klage maßgebliche Recht ist. Zur Auswahl stehen das Verfahrensrecht des angerufenen Gerichts und das auf den materiellrechtlichen Direktanspruch anwendbare Recht. Die Formulierung von Art. 11 Abs. 3 EuGVO deutet an, dass das materielle Direktanspruchsstatut gemeint ist.[356] Vorzugswürdig ist jedoch eine prozessrechtliche Qualifikation. Die Entscheidung über die Zulässigkeit von Drittbeteiligungsformen sollte nach dem lex fori Prinzip dem Verfahrensrecht am Gerichtsort überlassen bleiben.[357]

Der 3. Abschnitt von Kapitel II regelt die zivilprozessuale Drittbeteiligung für den Bereich der Versicherungssachen durch Art. 11 Abs. 1 in Verbindung mit Art. 65 Abs. 1 EuGVO und Art. 11 Abs. 3 EuGVO damit abschließend und zwar sowohl gegenüber dem Versicherer als auch gegenüber dem geschützten Personenkreis. Darüber hinaus sind Interventionsklagen wie Streitverkündungen im Bereich des Versicherungsrechts ausgeschlossen.[358]

bb. Verbraucher- und Arbeitssachen

Die Abschnitte 4 und 5 für Verbraucher- und Arbeitssachen enthalten im Gegensatz zum 3. Abschnitt keinerlei Regelungen hinsichtlich der zivilprozessualen Drittbeteiligung.

---

353 Der Vorbehalt des Art. 65 Abs. 1 S. 1 EuGVO ist in Bezug auf Art. 11 Abs. 1 EuGVO rein deklaratorisch, da der dortige Gerichtsstand der Interventionsklage seinerseits unter einem Vorbehalt steht. Er gilt nur, sofern eine derartige Klage nach dem Recht des angerufenen Gerichts zulässig ist, was in Deutschland, Österreich und Ungarn gerade nicht der Fall ist.

354 Dies ist der Hauptfall. Es spricht allerdings nichts dagegen, auch dem Geschädigten das Recht zur Streitverkündung gegenüber dem Versicherungsnehmer bzw. dem Versicherten zuzugestehen; *Mansel*, Streitverkündung und Interventionsklage, S. 203.

355 Ebenso verleiht Art. 11 Abs. 3 EuGVO die Möglichkeit zur Erhebung einer Interventionsklage, s. dazu im zweiten Abschnitt unter B. III. 2. b. aa.

356 So auch *Geimer/Schütze*, Bd. I/1, § 74 S. 410 f.; Wieczorek/Schütze/*Hausmann*, Anhang I § 40, Art. 10 Rn. 6.

357 *Mansel*, Streitverkündung und Interventionsklage, S. 204; Rauscher / *Staudinger*, Art. 11 Rn. 12.

358 *Nogratnig*, S. 79.

Art. 16 Abs. 2 und Art. 20 Abs. 1 EuGVO machen deutlich, dass Klagen gegen den Verbraucher und Arbeitnehmer ausschließlich am Wohnsitz der schützenswerten Person zulässig sind. Verbraucher wie Arbeitnehmer sollen grundsätzlich nicht zur Prozessführung außerhalb ihres Wohnsitzstaates gezwungen werden, weil damit besondere Schwierigkeiten verbunden sein könnten. Es ist nicht ersichtlich, warum diese nach dem System der EuGVO besonders schützenswerten Personen dann außerhalb ihres Wohnsitzstaates im Wege der Streitverkündung gerichtspflichtig gemacht werden können sollten. Aufgrund der Streitverkündungswirkung könnten Teile des Regressanspruches, der ausschließlich am Wohnsitz der geschützten Person einzuklagen ist, von einem für diesen fremden Gericht entschieden werden. Dies widerspricht der Wertung des 4. und 5. Abschnitts. Weder der Verbraucher noch der Arbeitnehmer soll dazu gezwungen werden, sein rechtliches Gehör im Ausland wahrnehmen zu müssen.

Eine Streitverkündung vor einem anderen als dem Heimatgericht des Verbrauchers bzw. Arbeitnehmers ist daher unzulässig.[359] Aufgrund der mangelnden Schutzwürdigkeit des Vertragspartners des Verbrauchers bzw. des Arbeitgebers kann diesem allerdings auch vor einem Gericht der Streit verkündet werden, das nach den Vorschriften der Abschnitte 4 und 5 nicht zuständig wäre.[360]

3. Gerichtsstandsvereinbarungen

Letztlich stellt sich die Frage, ob sich eine Person mit Wohnsitz in einem Mitgliedstaat durch den Abschluss einer Gerichtsstandsvereinbarung davor schützen kann, mittels Streitverkündung vor das Gericht eines anderen Mitgliedstaates geladen und über die Interventionswirkung an die Feststellung dieses Gerichts gebunden zu werden. Es wurde bereits festgestellt, dass eine Gerichtsstandsvereinbarung im Sinne von Art. 23 EuGVO den Ausschluss der Zuständigkeit für Gewährleistungs- und Interventionsklagen gemäß Art. 6 Nr. 2 EuGVO zur Folge hat, sofern die Parteien sich diese Drittbeteiligungsmöglichkeit nicht eindeutig vorbehalten haben.[361] Ob das Gleiche auch für die Gerichtspflichtigkeit kraft Streitverkündung gemäß Art. 65 Abs. 1 S. 2 EuGVO gilt, soll im Folgenden untersucht werden.

---

359 Vgl. Study JLS/C4/2005/03, S. 120 Rn. 252; *Nogratnig*, S. 79. Im nationalen Verfahrensrecht wird dies ähnlich gehandhabt. Der BGH spricht einer Streitverkündung die Interventionswirkung ab, wenn durch sie eine Bindung des Streitverkündungsempfängers in einem späteren Verfahren herbeigeführt würde, für welches ein anderer Rechtsweg, konkret die Arbeitsgerichtsbarkeit gegeben ist. Die Parteien würden ansonsten durch die Bindungswirkung den speziellen Ausgestaltungen der ausschließlich zuständigen Arbeitsgerichte entzogen; BGH NJW 1993, 2539, 2540.

360 Für die Gewährleistungs- und Interventionsklagen *Geimer/Schütze*, Bd. I/1, § 74 S. 392 und 433; *Geimer/Schütze*, EZVR, Art. 6 Rn. 48 f.

361 S. dazu im zweiten Abschnitt unter B. III. 3.

a. Dispositionsbefugnis der Parteien

Vorweggeschickt sei, dass gegen die generelle Möglichkeit des vertraglichen Ausschlusses der Streitverkündung keine durchschlagenden Bedenken vorgebracht werden können. Es wird zwar vereinzelt vertreten, die Streitverkündungswirkung diene vor allem einem öffentlichen Rechtspflegeinteresse des Inhalts, das Vertrauen in die Gerichte nicht durch widersprüchliche Urteile zu belasten, so dass die Streitverkündung nicht zur Disposition der Parteien stehe.[362] Allerdings kann bereits die Klageerhebung vertraglich eingeschränkt werden, so dass dies erst recht für die Streitverkündung gelten muss.[363]

Es ist zwar zuzugeben, dass der Streitverkündungsausschluss im Ergebnis belastender ist als eine gewöhnliche Gerichtsstandsvereinbarung. Letztere bürdet dem Betroffenen nur die Verteidigung vor einem fremden Forum auf, wobei ein Streitverkündungsausschluss die betroffene Partei mit dem Risiko belastet, mehrere Prozesse zu führen und dabei Opfer sich widersprechender Entscheidungen zu werden.[364] Dieses Risiko besteht bei der Derogation des Gewährleistungs- und Interventionsgerichtsstands nach Art. 6 Nr. 2 EuGVO allerdings gleichermaßen, wird dort aber dem Interesse an Rechtsklarheit durch Gerichtsstandsabreden und dem Gedanken der Parteiautonomie hintangestellt.[365] Außerdem steht die Möglichkeit zur Streitverkündung grundsätzlich im Belieben des Streitverkünders. Weder die EuGVO noch die ZPO sehen eine Pflicht zur Streitverkündung vor.[366] Ein vertraglich festgelegter Verzicht auf die Vornahme der Streitverkündung führt zu keiner anderen Belastung als jeder faktische Verzicht durch Nichtvornahme der Streitverkündung.[367] Da der Streitverkündungsausschluss für den potentiellen Streitverkündungsempfänger weiterhin der einzige Weg ist, seine potentiell unbeschränkte Gerichtspflichtigkeit zu beschränken[368], ist von der grundsätzlichen Dispositionsbefugnis der Parteien über die Möglichkeit zur Streitverkündung auszugehen.

b. Art. 23 EuGVO und Streitverkündungsausschluss

Auch wenn weitgehende Einigkeit darüber besteht, dass die Möglichkeit zur Streitverkündung ausgeschlossen werden kann, so ist doch umstritten, ob ein solcher Ausschluss durch Gerichtsstandsvereinbarung im Sinne des

---

362 Vgl. *Milleker*, ZZP 84 (1971), S. 91, 99 mwN.

363 *Mansel*, ZZP 106 (1996), 61, 64; *von Hoffmann/Hau*, RIW 1997, 89, 90.; *Geimer*, ZZP 85 (1972), 196, 206; *ders.*, NJW 1970, S. 387.

364 *Milleker*, ZZP 84 (1971), S. 91, 101.

365 Zur Derogation von Art. 6 Nr. 2 EuGVO s. im zweiten Abschnitt unter B. III. 3.

366 Ausnahmsweise statuiert § 841 ZPO eine Streitverkündungspflicht für den Spezialfall der Forderungspfändung. Auf grenzüberschreitende Streitverkündungen ist § 841 ZPO allerdings nicht anwendbar, da dort eine Zustellung ins Ausland erforderlich wird.

367 *Mansel*, ZZP 106 (1996), 61, 65; *Geimer*, ZZP 85 (1972), 196, 205.

368 *Mansel*, ZZP 106 (1996), 61, 65; *von Hoffmann/Hau*, RIW 1997, 89, 90.

Art. 23 EuGVO oder nur durch einen nach der lex fori zu beurteilenden Prozessvertrag erfolgen kann.

In diesem Zusammenhang ist die bereits angedeutete Streitfrage nach dem Erfordernis einer internationalen Zuständigkeit in Bezug auf den Streitverkündungsempfänger wieder aufzugreifen. Da sich Art. 23 EuGVO nach seinem Wortlaut und seiner systematischen Stellung in Kapitel II der Verordnung unmittelbar auf Vereinbarungen hinsichtlich der internationalen Zuständigkeit eines mitgliedstaatlichen Gerichts bezieht[369], wäre seine Anwendbarkeit auf die Frage des Streitverkündungsausschlusses jedenfalls dann einwandfrei sichergestellt, wenn die grenzüberschreitende Streitverkündung das Vorliegen einer internationalen Zuständigkeit voraussetzte. Eine nach Art. 23 EuGVO ausschließliche Gerichtsstandsvereinbarung würde dann zur Derogation der internationalen Streitverkündungszuständigkeit und damit zur Unzulässigkeit der Streitverkündung führen.

Selbst wenn man aber der Auffassung folgt, dass die Zulässigkeit der Streitverkündung nicht an das Erfordernis einer internationalen Zuständigkeit geknüpft ist, Art. 65 Abs. 1 S. 2 EuGVO vielmehr die Entbehrlichkeit eines solchen Erfordernisses bestätigt,[370] so spricht doch die Systematik der Verordnung und der Grundsatz der Einheitlichkeit der Rechte und Pflichten der vom Gemeinschafts- bzw. Unionsrecht betroffenen Personen dafür, Art. 23 EuGVO auch auf den Streitverkündungsausschluss anzuwenden.

aa. Internationale Streitverkündungszuständigkeit

Es wurde bereits angedeutet, dass die Frage, ob die Zulässigkeit der Streitverkündung vom Vorliegen einer internationalen Streitverkündungszuständigkeit abhängt, ziemlich umstritten ist. Aus diesem Grund soll zunächst ein kurzer Überblick über den gegenwärtigen Meinungsstand gegeben werden.

(1) Meinungsstand

Grundsätzlich stehen sich zwei Grobpositionen gegenüber, die sich jeweils noch in einen extremeren und einen gemäßigten Ansatz einteilen lassen. Die erste Grobposition geht dahin, dass eine internationale Streitverkündungszuständigkeit entbehrlich ist. Die zweite hält eine solche für erforderlich.

(a) Grobposition 1

Aus der Tatsache, dass eine reine Inlandsstreitverkündung eine örtliche Zuständigkeit des Gerichts des Vorprozesses in Bezug auf den Streitverkündungsempfänger nicht voraussetzt, wird häufig geschlussfolgert, dass auch das Vorliegen

369 Vgl. *Mansel*, Gerichtspflichtigkeit von Dritten, S. 197.

370 So etwa *Kropholler*, EZPR, Art. 6 Rn. 22 und Art. 23 Rn. 102; *Mansel*, Streitverkündung und Interventionsklage, S. 188 f.; *ders.*, ZZP 106 (1996), 61, 73 f.

einer internationalen Zuständigkeit gegenüber dem Dritten entbehrlich sei.[371] Dieser extreme Ansatz geht davon aus, dass die Zuständigkeitsinteressen des Dritten bei der grenzüberschreitenden Streitverkündung überhaupt keine Rolle spielen. Die gemäßigte Form dieser Grobposition formuliert im Wesentlichen, dass die Zulässigkeit der Streitverkündung neben dem Erfordernis des Vorliegens eines Streitverkündungsgrundes nicht verlange, dass das Gericht des Vorprozesses zusätzlich die internationale Entscheidungszuständigkeit im Sinne der §§ 12 ff. ZPO bzw. Artt. 2 ff. EuGVO für eine entsprechende Klage gegen den Streitverkündungsempfänger besitze.[372] Der durch den Streitverkündungsgrund gekennzeichnete Sachzusammenhang sei jedoch das Funktionsäquivalent zur Zuständigkeit und gewährleiste eine ausreichende sachlich-tatsächliche Beziehung des Streitverkündungsempfängers zum Prozessgericht, so dass dieser im Vergleich zu einer beklagten Partei nicht schlechter gestellt sei.[373]

(b) Grobposition 2

Die in der Literatur kaum vertretene extreme Ausprägung dieser Grobposition geht dahin, für die Zulässigkeit der grenzüberschreitenden Streitverkündung zu verlangen, dass das Gericht des Vorprozesses für eine entsprechende Klage des Streitverkünders gegen den Streitverkündungsempfänger nach den allgemeinen Vorschriften international zuständig wäre.[374] Der gemäßigte Ansatz geht zwar aufgrund der Vergleichbarkeit der Interessenlage von Streitverkündungsempfänger und Beklagtem von einem (internationalen) Zuständigkeitserfordernis aus, erkennt aber aufgrund der spezifischen Rechtslage, welche die Gefahr des

---

371 Ausdrücklich für das EuGVÜ bzw. die EuGVO: *Kropholler*, EZPR, Art. 23 Rn. 102; Stein/Jonas/*Bork*, § 72 Rn. 10d Fn. 27; *Roth*, IPRax 2003, S. 515, 516; *Winter*, S. 77. Im Rahmen der Anerkennungszuständigkeit nach § 328 Nr. 1 ZPO: Stein/Jonas/*Roth*, § 328 Rn. 20.; *Milleker*, ZZP 80 (1967), 288, 306; *ders*., ZZP 84 (1971), S. 91, 92; MüKoZPO/*Gottwald*, § 328 Rn. 162; *Linke*, S. 166, Rn. 367. *Decker*, S. 79.

372 Unmittelbar zum EuGVÜ/zur EuGVO: *Mansel*, Streitverkündung und Interventionsklage, S. 188; *ders*., ZZP 106 (1996), 61, 73; Wieczorek/Schütze/*Hausmann*, Anhang I § 40, Art. 6 Rn. 19; *Schack*, Rn. 419. Zum LugÜ: *Mansel*, Gerichtspflichtigkeit von Dritten, S. 184. Zum autonomen internationalen Verfahrensrecht: *Götze*, S. 146 f.; *Koch*, ZVglRWiss 85 (1986), S. 11, 57; *Schack*, Rn. 1017 (alle im Rahmen der Anerkennungszuständigkeit); Wieczorek/Schütze/*Mansel*, § 68 Rn. 35; *Geimer*, IZPR, S. 451, Rn. 1198.

373 *Mansel*, ZZP 106 (1996), 61, 63 (§ 72 ZPO sei Spezialvorschrift zu §§ 12 ff. ZPO); *Götze*, S. 147 möchte daher auch nicht von einem Verzicht auf ein Zuständigkeitserfordernis bei der Streitverkündung sprechen, sondern von einer Annexzuständigkeit. Ebenso *Koch*, ZVglRWiss 85 (1986), S. 11, 53 und 57, der von einer angelehnten Streitverkündungszuständigkeit spricht.

374 *von Hoffmann*, IPRax 1982, 217, 221; *Meier*, S. 178 ff. (181). So bereits *Wilhelmi*, NiemeyersZ 48 (1933/34), S. 105, 134 f. Dessen Beitrag ist allerdings im Kontext zur längst überholten Entscheidung des Reichsgerichts in RGZ 55, 236 – in der die Anerkennungsfähigkeit einer ausländischen Streitverkündung verneint wurde – zu sehen und besitzt hier wohl eher eingeschränkte Aussagekraft.

doppelten Prozessverlustes für den Streitverkünder in sich birgt, eine internationale Zuständigkeit kraft Sachzusammenhangs an.[375] Diese Ausprägung nähert sich scheinbar dem gemäßigten Ansatz der Gegenansicht an. Sie unterscheiden sich allerdings insofern, als dass die einen den Sachzusammenhang allein als Legitimation der Streitverkündungswirkung anerkennen, die anderen von einer Streitverkündungs*zuständigkeit* kraft Sachzusammenhangs reden.[376] Praktische Konsequenz dieser unterschiedlichen Einstufung ist die Anwendbarkeit von Art. 23 EuGVO.

(2) Eigene Bewertung

Im Anwendungsbereich der EuGVO kann der Ansicht, neben den Streitverkündungsvoraussetzungen müsse eine internationale Zuständigkeit im Sinne der allgemeinen Regeln der Artt. 2 ff. EuGVO in Bezug auf den Streitverkündungsempfänger vorliegen, nicht gefolgt werden. Dies ergibt sich ohne weiters aus einem Vergleich mit Art. 6 Nr. 2 EuGVO. Die Vorschrift hält eine echte Zuständigkeit für Gewährleistungs- und Interventionsklagen bereit, die sich allein auf den spezifischen Zusammenhang von Haupt- und Drittklage stützt. Darüber hinaus wird eine allgemeine Zuständigkeit in Bezug auf den Drittbeklagten gerade nicht vorausgesetzt.[377] Im Vergleich zur Streitverkündung handelt es sich bei den Gewährleistungs- und Interventionsklagen aber um die schärfere Form der Drittbeteiligung, da hier – anders als bei der Streitverkündung – im Rahmen des Ausgangsprozesses ein vollstreckbares Urteil gegen den Dritten ergehen kann. Es wäre daher widersinnig, die weniger einschneidende Form der Drittbeteiligung an die zusätzliche Voraussetzung zu knüpfen, dass das Gericht des Vorprozesses auch nach den allgemeinen Regeln international zuständig ist.

Auch die Ansicht, die aus der Entbehrlichkeit der örtlichen Zuständigkeit gleichermaßen die Entbehrlichkeit der internationalen Zuständigkeit folgert und dabei die Schutzinteressen des potentiellen Streitverkündungsempfängers völlig außer Acht lassen will, ist abzulehnen. Sie verkennt, dass es sich bei der internationale Zuständigkeit um eine von der örtlichen Zuständigkeit zu unterscheidende selbstständige Prozessvoraussetzung handelt.[378] Auch den Materialien zur

---

375 Diese wird zumeist unmittelbar aus Art. 65 Abs. 1 S. 2 EuGVO i.V.m. § 72 ZPO abgeleitet. So *Taupitz*, ZZP 102 (1989), S. 288, 314 Fn. 132; *von Hoffmann/Hau*, RIW 1997, 89, 91; *Martiny*, HB IZVR III/1, 319 f. Rn. 702; *Nogratnig*, S. 74; *Banniza von Bazan*, S. 177 f. *Schober*, S. 214 formuliert schlicht, die Streitverkündungsnormen schafften ein forum connexitatis. *Kraft*, S. 104 ff. hält eine internationale Notzuständigkeit für gegeben, deren Voraussetzungen den §§ 72 ff. ZPO zu entnehmen sind.

376 *Mansel*, Gerichtspflichtigkeit von Dritten, S. 198 bezeichnet dies als „terminologischen Trick", der nicht über die systematische und die Wortlautgrenze von Art. 17 LugÜ hinwegzuhelfen vermag.

377 *Geimer*, IZPR, S. 452, Rn. 1200; *Kropholler*, EZPR, Art. 6 Rn. 18.

378 *Geimer*, IZPR, S. 391, Rn. 1008; *Linke*, S. 45, Rn. 104; *Meier*, S. 178; noch etwas zögerlich BGH NJW 1965, 1665; deutlicher BGH v. 10.12.1976, V ZR 145/74, dort unter

ZPO lässt sich entnehmen, dass der deutsche Gesetzgeber die Frage nach der Entbehrlichkeit der internationalen Zuständigkeit – anders als die der örtlichen – noch überhaupt nicht bedacht hatte.[379] Das Auseinanderfallen von örtlicher und internationaler Zuständigkeit ist auch keine rein theoretische Möglichkeit. So ist z.B. für die Berücksichtigung des Aufrechnungseinwands im Prozess die örtliche Zuständigkeit in Bezug auf die Gegenforderung nicht erforderlich,[380] wohl aber wird das Vorliegen der internationalen Zuständigkeit des Prozessgerichts verlangt.[381]

Der BGH hat die besonderen Zuständigkeitsinteressen ausländischer Verfahrensbeteiligter mehrfach ausdrücklich betont und sie stets deutlich von dem sog. Bequemlichkeitsinteresse[382] eines Inländers abgegrenzt, sein Recht nur vor einem örtlich zuständigen Gericht zu nehmen. Er formuliert diesbezüglich, ein ausländischer Beklagter habe an der Entscheidung durch sein Heimatgericht das natürliche Interesse jedes Staatsangehörigen, dass sein Staat, dessen Organisation und Funktionsweise er kennt, dessen Sprache er spricht und dem er auf mannigfache Weise verbunden ist, sich auch seiner Rechtssache annehme. Das Gewicht dieses Interesses sei mit dem Interesse eines Beklagten, der seine Rechtssache statt von dem einen von einem anderen gleich geordneten Gericht seines Heimatstaates entschieden wissen will, nicht zu vergleichen.[383] Hinzu kommen noch der erschwerte Zugang zu einem Anwalt des Vertrauens, die mit einer Prozessführung im Ausland verbundenen Kosten und die allgemein größere Entfernung zum Gericht.[384]

B II 1 (zitiert nach Juris.de). Zwar wird die internationale Zuständigkeit in der Regel durch die Bestimmungen der örtlichen Zuständigkeit indiziert (sog. Grundsatz der Doppelfunktionalität). Jedoch besteht diese Verknüpfung von internationaler und örtlicher Zuständigkeit nur hinsichtlich ihrer Voraussetzungen, nicht jedoch bezüglich der Frage, ob die eine oder andere überhaupt Prozessvoraussetzung eines zivilprozessualen Verfahrens ist; *Kraft*, S. 53.

379 „Daß die prorogatio fori auch für Nebenintervenienten und Litisdenunziaten bindend ist, kann einem Zweifel nicht unterliegen. Diese Personen sind Nebenpersonen im Prozesse; ein Recht auf Verhandlung vor einem bestimmten Gericht stehen ihnen nicht zu." *Hahn*, Materialien zur CPO, S. 162. Aus dieser Formulierung („vor einem bestimmten Gericht") folgert *Kraft*, S. 52 f. zutreffend, dass der Gesetzgeber die Frage nach der Entbehrlichkeit der internationalen Zuständigkeit („vor den Gerichten eines bestimmten Staates") noch nicht bedacht hatte.

380 Zöller/*Greger*, § 145 Rn. 19; Stein/Jonas/*Leipold*, § 145 Rn. 33; *Roth*, RIW 1999, 819.

381 BGH NJW 1993, 2753; BGH NJW 1973, 421, 422. Diese Rechtsprechung wird teilweise aufgrund der Entscheidung des EuGH v. 13.7.1995, Rs. C-341/93 (*Danvaern*), Slg. 1995, I-2071 angezweifelt, s. dazu *Wagner*, IPRax 1999, 65 ff.; *Gebauer*, IPRax 1998, 79, 84 ff.

382 So ausdrücklich BGH NJW 1973, 421, 422.

383 BGH NJW 1965, 1665, 1666; 422; BGH NJW 1981, 2642, 2643.

384 *Kraft*, S. 83 mwN.

Gleiches muss auch für den Empfänger einer grenzüberschreitenden Streitverkündung gelten.[385] Dieser befindet sich zwar nicht unmittelbar in der Beklagtenrolle, seine Situation ist mit der eines ausländischen Beklagten aber durchaus vergleichbar.[386] Auch er wird durch die Streitverkündung gezwungen, sein Recht unter erschwerten Bedingungen vor einem fremden Gericht zu nehmen. Der umfassenden Bindungswirkung der Streitverkündung kann sich der Dritte schließlich auch nicht durch sein Fernbleiben entziehen.[387] Durch die Streitverkündung wird ihrem Empfänger – zwar quantitativ auf einzelne Entscheidungselemente begrenzt – qualitativ jedoch ebenso wie durch die Klage dem Beklagten das rechtliche Gehör einmalig und abschließend gewährt. Um es wahrzunehmen, muss er sich am Vorprozess beteiligen.[388] Zumindest für diejenigen rechtlichen und tatsächlichen Feststellungen, die für seine Rechtslage vorgreiflich und die aufgrund der Streitverkündungswirkung in einem etwaigen Folgeprozess nicht mehr angreifbar sind, trifft ihn die gleiche Last wie einen ausländischen Beklagten.[389]

Der BGH hat die obige Argumentation inhaltlich auch zur Begründung seiner Auffassung herangezogen, dass der Aufrechnungseinwand im Prozess nur bei internationaler Zuständigkeit des Prozessgerichts hinsichtlich der zur Aufrechnung gestellten Forderung zulässig ist.[390] Auch bei der Aufrechnung handelt es sich nicht um eine Klage. Der BGH hob aber darauf ab, dass das Prozessgericht gemäß § 322 Abs. 2 EuGVO mit Rechtskraftwirkung über die zur Aufrechnung gestellte Forderung entscheiden kann. Bei der Streitverkündung wird zwar auch nicht rechtskräftig über den Regressanspruch entschieden. Die Interventionswirkung geht aber – wenn sie auch quantitativ auf die überlappenden Elemente von Haupt- und Regressanspruch begrenzt ist – qualitativ noch über die Wirkung der materiellen Rechtskraft hinaus, in dem sie auch die Feststellung und rechtliche Beurteilung der der Entscheidung zugrunde liegenden Tatsachen umfasst. Dazu kommt, dass die Prozessaufrechnung im Rahmen eines bereits anhängigen Verfahrens stattfindet, welches der Kläger – also der Aufrechnungsgegner – selbst eingeleitet hat. Die Streitverkündung dagegen macht den Dritten

---

385 So auch *von Hoffmann/Hau*, RIW 1997, 89, die die Last des ausländischen Streitverkündungsempfängers vor einem inländischen Gericht auftreten zu müssen, als qualitatives aliud zur Last desjenigen bezeichnen, der innerhalb Deutschlands in einem anderen Gerichtsort aufzutreten hat.

386 *Meier*, S. 179; *Geimer* NJW 1970, S. 387; *ders.*, ZZP 85 (1972), 196, 202 f.

387 Art. 65 Abs. 1 S. 2 EuGVO i.V.m. §§ 74 Abs. 3, 68 ZPO.

388 *Nogratnig*, S. 73; *Spellenberg*, ZZP 106 (1993), 283, 337; *ders.*, ZVglRWiss 79 (1980), S. 89, 124 f.; *Geimer* NJW 1970, S. 387; *ders.*, ZZP 85 (1972), 196, 200; *Schack*, Rn. 419.

389 *Geimer/Schütze*, Bd. I/1, § 74 S. 391: Die Gerichtspflichtigkeit desjenigen, dem in der BRD der Streit verkündet wird, ist nicht geringer als die desjenigen, der in einem anderen Staat im Gerichtsstand des Art. 6 Nr. 2 EuGVÜ/EuGVO verklagt wird.

390 BGH NJW 1973, 421.

auf Initiative einer der Hauptparteien erst gerichtspflichtig, so dass ihr Empfänger im Vergleich zum Aufrechnungsgegner schutzwürdiger ist.

Die besondere Interessenlage des ausländischen Streitverkündungsempfängers mahnt demnach davor, die Entbehrlichkeit der örtlichen Zuständigkeit leichtfertig auf die internationale Zuständigkeit zu übertragen. Zwar ist zuzugeben, dass im Rahmen des Vorprozesses ein vollstreckbares Urteil gegen den Streitverkündungsempfänger nicht ergehen kann und das Gericht des Folgeprozesses, welches letztlich abschließend über die Rechtslage des Streitverkündungsempfängers entscheidet, unstreitig sowohl international als auch örtlich zuständig sein muss.[391] Dennoch entscheidet dieses zuständige Gericht eben nicht allein über den Regressanspruch. Sofern das Gericht des Vorprozesses über identische Tatsachen und Rechtsfragen zu befinden hatte, ist das Gericht des Folgeprozesses gerade unumstößlich an diese Feststellungen gebunden.[392] Insofern können Teile des Regressanspruches – die in vielen Fällen streitentscheidend sind[393] – doch von einem anderen als dem zuständigen Gericht des Folgeprozess entschieden werden. In Bezug auf diese Elemente werden die Zuständigkeitsinteressen des Dritten zurückgestellt, was im nationalen Prozessrecht freilich hingenommen wird. Für die grenzüberschreitende Streitverkündung kann dies – wie oben angedeutet – nicht gelten. Es genügt nicht, den ausländischen Streitverkündungsempfänger darauf zu verweisen, seine Zuständigkeitsinteressen würden durch den Folgeprozess ausreichend gewahrt. Da er sein rechtliches Gehör in Bezug auf einige seine Rechtslage betreffenden Elemente einmalig und abschließend vor dem Gericht des Vorprozesses nehmen muss, ist zu fordern, dass dieses eine internationale Streitverkündungszuständigkeit besitzt.

Zu dem gleichen Ergebnis kommt auch die umfassende Analyse von *Kraft*, welche sich die Aufgabe der internationalen Zuständigkeit zum Ausgangspunkt macht.[394] Diese bestehe grundsätzlich darin, einen gerechten Ausgleich zwischen den widerstreitenden Interessen der Parteien zu gewährleisten. Im Rahmen der Streitverkündung stünden sich letztlich – ebenso wie im regulären Klageverfahren – der spezielle Justizgewähranspruch des Verkünders, der darin bestehe, nicht Opfer sich widersprechender Entscheidungen zu werden, und der Anspruch des Dritten auf ein faires Verfahren gegenüber. Ebenso wie im Klage-

391 *Schack*, Rn. 1018 scheint davon auszugehen, dass durch die Durchführung eines selbstständigen Erkenntnisverfahrens ausreichender Zuständigkeitsschutz gewährt wird. Ähnlich *Koch*, ZVglRWiss 85 (1986), S. 11, 57. Ausdrücklich OLG Karlsruhe NJW 1974, 1059, 1060.

392 Ausnahme: § 68 Hs. 2 ZPO.

393 *Geimer* formuliert in diesem Zusammenhang, dass auf Grund der Bindungswirkung der Streitverkündung in den meisten Fällen eine Verurteilung des Dritten ohne erneute sachliche Prüfung des Regressanspruchs möglich ist: *Geimer*, NJW 1970, S. 387; *ders.*, ZZP 85 (1972), 196, 202.

394 *Kraft*, S. 47 -119.

verfahren seien diese Positionen auch im Rahmen der Streitverkündung mittels der internationalen Zuständigkeit auszutarieren.

Es bleibt daher festzuhalten, dass die Zulässigkeit der grenzüberschreitenden Streitverkündung an die Voraussetzung geknüpft ist, dass das Gericht des Vorprozesses in Bezug auf den Streitverkündungsempfänger international zuständig ist. Fraglich ist damit nur noch, wie ein solches Zuständigkeitserfordernis ausgestaltet sein muss.

Wie bereits angedeutet, kommt eine internationale Zuständigkeit im Sinne der allgemeinen Vorschriften im Anwendungsbereich der EuGVO nicht in Betracht. Dies wäre widersinnig, da sich auch die Zuständigkeit nach Art. 6 Nr. 2 EuGVO allein auf den spezifischen Zusammenhang von Haupt- und Regressanspruch stützt und das Vorliegen einer allgemeinen Zuständigkeit in Bezug auf den Dritten gerade nicht verlangt.[395] Es liegt also nahe, im Rahmen des Anwendungsbereichs der Verordnung von einer internationalen Streitverkündungszuständigkeit kraft Sachzusammenhangs auszugehen, welche durch Art. 65 Abs. 1 S. 2 EuGVO verliehen wird.[396] Im Ergebnis ist demnach der oben als gemäßigten Auffassung zur Grobposition „Erforderlichkeit einer internationalen Zuständigkeit“ bezeichneten Ansicht zuzustimmen.

Dem könnte nur noch entgegengehalten werden, dass die deutsche Rechtsprechung den Sachzusammenhang bislang nur zur Verteilung der örtlichen, nicht jedoch der internationalen Zuständigkeit zugelassen hat.[397] Der BGH verlangt insbesondere für die Bestimmung des zuständigen Gerichts bei Klagen gegen Streitgenossen nach § 36 Nr. 3 ZPO, dass alle Streitgenossen einen – allgemeinen oder besonderen – Gerichtsstand im Inland haben.[398] Auch seine Ansicht, die örtliche Zuständigkeit für eine Widerklage gegen einen bisher unbeteiligten Dritten könne sich aus § 33 ZPO ergeben[399], erstreckt der BGH nicht auf die internationale Zuständigkeit. Er geht vielmehr davon aus, das Prozessgericht müsse für eine parteierweiternde Widerklage auch im Falle des Vorliegens von Konnexität im Sinne von § 33 ZPO nach den allgemeinen Vorschriften international zuständig sein.[400]

395 *Geimer*, IZPR, S. 452, Rn. 1200; *Kropholler*, EZPR, Art. 6 Rn. 18.

396 *Taupitz*, ZZP 102 (1989), S. 288, 314 Fn. 132; *von Hoffmann/Hau*, RIW 1997, 89, 91; *Nogratnig*, S. 74; *Banniza von Bazan*, S. 177 f.; *Kraft*, S. 113.

397 S. dazu *von Hoffmann*, IPRax 1982, 217, 220 f.

398 BGH NJW 1971, 196; BGH NJW 1980, 2646.

399 BGH NJW 1966, 1028.

400 BGH NJW 1977, 1637, 1638; BGH NJW 1981, 2642, 2643. Mit seiner Entscheidung in BGH NJW 1991, 2838, nachfolgend NJW 1992, 982; 93, 2120 gab der BGH seine Auffassung zur ausdehnenden Auslegung von § 33 ZPO zunächst wieder auf. Aus § 33 ZPO könne auch bei Konnexität der Klagen eine örtliche Zuständigkeit nur in Bezug auf den widerbeklagten Kläger, nicht jedoch den unbeteiligten Dritten begründet werden. Es sei eine Zuständigkeitsbestimmung nach § 36 Nr. 3 ZPO erforderlich. Dies wurde später von BGH NJW 2000, 1871 wieder in Frage gestellt, da die gesetzlichen Voraussetzungen des § 36 Nr. 3 ZPO häufig nicht vorliegen. Vgl. insoweit auch

Der BGH betont zwar grundsätzlich, dem Interesse der Rechtssprechung, eine Vervielfältigung und Zersplitterung von Prozessen sowie die Gefahr unterschiedlicher Entscheidungen zu vermeiden und zusammengehörige Ansprüche einheitlich zu verhandeln und zu entscheiden, gebühre Vorrang vor dem Interesse des einzelnen, nur vor einem bestimmten, für ihn örtlich zuständigen Gericht mit einer Klage überzogen zu werden.[401] Diese Erwägungen bezieht er aber nur auf reine Inlandsfälle, da nur im nationalen Verhältnis von der Gleichwertigkeit der jeweiligen Gerichte auszugehen sei. Eine solche sei im internationalen Rechtsverkehr dagegen nicht gewährleistet.[402]

Das einheitliche europäische Zuständigkeitsrecht erkennt allerdings die Gleichwertigkeit der Justizgewähr durch die einzelnen mitgliedstaatlichen Gerichte an[403], so dass der Sachzusammenhang im Anwendungsbereich der EuGVO auch vor dem Hintergrund der Argumentation des BGH als kompetenz-begründend zu werten ist. Dies wird auch durch die Regelung in Art. 65 Abs. 2 S. 1 EuGVO gestützt, welche aus deutscher Sicht[404] die Anerkennungszuständigkeit der anderen mitgliedstaatlichen Gerichte für Gewährleistungs- und Interventionsklagen festschreibt.[405]

Eine grenzüberschreitende Streitverkündung erfordert somit das Vorliegen einer internationalen Zuständigkeit des Gerichts des Vorprozesses in Bezug auf den Streitverkündungsempfänger. Diese wird durch Art. 65 Abs. 1 S. 2 EuGVO in Verbindung mit den nationalen Streitverkündungsnormen verliehen und stützt sich maßgeblich auf den Zusammenhang zwischen dem anhängigen Prozess und dem mit der Streitverkündung vorbereiteten Anspruch auf Schadloshaltung.[406]

BGH NJW 2011, 460. Diese Unsicherheit stellt die obige Argumentation jedoch nicht in Frage, denn sowohl im Falle der Anwendung von § 33 ZPO als auch bei der Gerichtsstandsbestimmung nach § 36 Nr. 3 ZPO verlangt die Rechtsprechung für Auslandsfälle konsequent eine internationale Zuständigkeit nach den herkömmlichen Regeln.

401 BGH NJW 1981, 2642, 2643.

402 Vgl. BGH NJW 1981, 2642, 2643.

403 BGH NJW 2002, 2795, 2796; MüKoZPO/*Gottwald*, Art. 27 Rn. 17; *Grothe*, IPRax 2004, 205.

404 Auch aus ungarischer und österreichischer Sicht.

405 Trotz des Ausschlusses der direkten Zuständigkeit des Art. 6 Nr. 2 EuGVO vor deutschen, österreichischen und ungarischen Gerichten haben diese Staaten Urteile anzuerkennen, die in den anderen Mitgliedstaaten im Gerichtsstand der Gewährleistungs- bzw. Interventionsklage ergangen sind. Vgl. *Geimer*, WM 1979, S. 350, 351; *Kropholler*, EZPR, Art. 6 Rn. 20.

406 Im Verhältnis zu Drittstaaten könnte mit *Kraft* das Vorliegen einer internationalen Notzuständigkeit unter den Voraussetzungen der §§ 72 ff. ZPO angenommen werden; *Kraft*, S. 104 ff.

bb. Systematik der Verordnung und Einheitlichkeitsgrundsatz

Die herrschende Meinung nahm bislang den Standpunkt ein, Art. 23 EuGVO sei schlicht aus dem Grund nicht auf den Streitverkündungsausschluss anzuwenden, weil die Zulässigkeit der Streitverkündung nicht vom Vorliegen der internationalen Zuständigkeit abhänge, so dass eine Derogationswirkung überhaupt nicht in Frage stehe.[407] Darauf ist aufgrund der obigen Argumentation nicht mehr einzugehen. Die Anwendbarkeit von Art. 23 EuGVO auf den Streitverkündungsausschluss ergibt sich allerdings bereits aus der Systematik der Verordnung und dem Grundsatz der Einheitlichkeit der Rechte und Pflichten der vom Gemeinschafts- bzw. Unionsrecht betroffenen Personen.[408]

Dagegen wird vorgebracht, die Vorschrift beziehe sich aufgrund ihres klaren Wortlauts und ihrer Stellung in Kapitel II der Verordnung nur auf die in Artt. 2 ff. EuGVO aufgelisteten Entscheidungszuständigkeiten.[409] Da Art. 65 EuGVO sich außerhalb dieses Titels befinde und eine Streitverkündung keine Klage sei, bei der mit Rechtskraftwirkung über einen geltend gemachten prozessualen Anspruch entschieden werde, könne Art. 23 EuGVO auch nichts über die Möglichkeit der vertraglichen Beschränkung der Streitverkündung aussagen.[410] Insoweit gelte vielmehr die lex fori.[411] Dies ergebe sich auch aus einem Vergleich zur Rechtsprechung des EuGH zur Prozessaufrechnung, deren Zulässigkeitsvoraussetzungen sich ebenfalls nicht nach der Verordnung, sondern nach dem nationalen Recht bestimmten.[412]

Wer die Nichtanwendbarkeit von Art. 23 EuGVO aus der Tatsache ableitet, dass sich Art. 65 EuGVO nicht in Kapitel II der Verordnung befindet und die Streitverkündung ihrer Konstruktion nach keine Klage darstellt, verkennt jedoch die Funktion von Art. 65 EuGVO. Wer so argumentiert, will die Streitverkündung im Ergebnis gänzlich aus dem System der EuGVO herausnehmen.[413] Eine solche Herauslösung des Streitverkündungsrechts aus dem europäischen Interventionsrecht war aber vom Verordnungsgeber nicht beabsichtigt.[414] Der in

---

407 Vgl. Rauscher / *Mankowski*, Art. 23 Rn. 74; *Kropholler*, EZPR, Art. 23 Rn. 102; *Winter*, S. 77; *Geimer/Schütze*, EZVR, Art. 23 Rn. 196; Wieczorek/Schütze/*Hausmann*, Anhang I § 40, Art. 17 Rn. 91; *Köckert*, S. 251 f.

408 *von Hoffmann/Hau*, RIW 1997, 89, 90 f.; *Nogratnig*, S. 82; *Kraft*, S. 111 ff.; *Stürner*, FS Geimer, S. 1314. Ohne Begründung auch *Linke*, Rn. 173 ; *Schack*, Rn. 417 (S. 149 Fn. 1); MüKoZPO/*Gottwald*, Art. 6 Rn. 12.

409 *Schlosser*, Art. 23 Rn. 35; *Meier*, S. 135; *Mansel*, ZZP 106 (1996), 61, 75; *ders.*, Gerichtspflichtigkeit von Dritten, S. 197 f.; *Mezger*, IPRax 1984, S. 331, 334.

410 *Mansel*, ZZP 106 (1996), 61, 75; *ders.*, Gerichtspflichtigkeit von Dritten, S. 197 f. Er bezeichnet dies als die systematische Grenze und die Wortlautgrenze von Art. 17 EuGVÜ.

411 *Mansel*, ZZP 106 (1996), 61, 75; Rauscher / *Mankowski*, Art. 23 Rn. 74.

412 *Mansel*, ZZP 106 (1996), 61, 75; *ders.*, Gerichtspflichtigkeit von Dritten, S. 198.

413 So auch *Kraft*, S. 109; *Nogratnig*, S. 83.

414 Vgl. *von Hoffmann/Hau*, RIW 1997, 89, 91; *Kraft*, S. 112.

Art. 65 Abs. 1 S. 1 EuGVO enthaltene Vorbehalt sollte lediglich verhindern, dass das nationale Drittbeteiligungsrecht einiger Mitgliedstaaten im Sinne der Einführung der Garantieklage angepasst werden musste.[415] Stattdessen sollte die Streitverkündung in Deutschland, Österreich und Ungarn gleichrangig an die Stelle der Gewährleistungs- und Interventionsklagen treten. Diese sollte also vielmehr in das System der Verordnung integriert, nicht aus ihr herausgeschnitten werden. Die Nichtanwendbarkeit von Art. 23 EuGVO kann daher nicht aus den konstruktiven Unterschieden von Drittklagen und Streitverkündung hergeleitet werden, da beide Drittbeteiligungsinstitute im europäischen Interventionsrecht gleichwertig nebeneinander stehen.[416]

Da die Streitverkündung den Dritten stark belastet und es für diesen im Ergebnis kaum eine Rolle spielt, ob er aufgrund von Art. 6 Nr. 2 EuGVO oder Art. 65 Abs. 1 S. 2 EuGVO im Ausland gerichtspflichtig wird[417], streitet auch der vom EuGH in ständiger Rechtsprechung anerkannte Grundsatz von der Einheitlichkeit der Rechte und Pflichten der vom Gemeinschafts- bzw. Unionsrecht betroffenen Personen für die Anwendbarkeit von Art. 23 EuGVO.[418] Die Streitverkündung sollte daher unter den gleichen Voraussetzungen derogiert werden können, wie der Gerichtsstand der Gewährleistungs- und Interventionsklage nach Art. 6 Nr. 2 EuGVO. Die Befugnis, sich per Derogation gegen die unfreiwillige Drittbeteiligung zu schützen, sollte nicht davon abhängen, in welchem Mitgliedstaat der Ausgangsprozess anhängig wird.

Dies wird zusätzlich durch folgende Überlegung unterstützt. Art. 13 EuGVO bestimmt, unter welchen speziellen Voraussetzungen von den Vorschriften des 3. Abschnitts von Kapitel II der Verordnung im Wege der Vereinbarung abgewichen werden kann. Nach dem klaren Wortlaut der Vorschrift bezieht sich diese auf sämtliche Regeln des 3. Abschnitts, mithin nicht nur auf die dort geregelten Entscheidungszuständigkeiten, sondern auch auf die Möglichkeit der Streitverkündung nach Art. 11 Abs. 3 EuGVO. Im Abschnitt über Versicherungssa-

---

415 *Schlosser*, Art. 6 Rn. 7; *von Hoffmann/Hau*, RIW 1997, 89, 91; *Kraft*, S. 112 macht dafür die Stellungnahme der Bundesregierung im Rechtsstreit *Kongress Agentur Hagen*, Rs. C-365/88 vor dem EuGH fruchtbar, zitiert nach der Zusammenfassung der beim Gerichtshof eingereichten Erklärungen in Slg. 1990, I-1845, 1849 f. Dort heißt es: „Die Bundesregierung fühlt sich in dieser Auffassung durch Artikel V des Protokolls zu dem Übereinkommen bestätigt. Dieser Artikel beziehe sich auf das Fehlen der eigentlichen Gewährleistungsklage in der deutschen Zivilprozessordnung. Die unfreiwillige Beteiligung eines Dritten an einem Rechtsstreit sei jedoch in den §§ 68, 72, 73 und 74 der Zivilprozessordnung in Form der Streitverkündung vorgesehen. Artikel V des Protokolls erwähne dieses Verfahren (…). Ohne diese Bestimmung wäre die Bundesrepublik Deutschland verpflichtet gewesen, Vorschriften über eine Klage auf Gewährleistung einzuführen, um den notwendigen Rechtsschutz sicherzustellen."

416 Anders Rauscher / *Mankowski*, Art. 23 Rn. 74, der meint, dass sich die prozessuale Waffengleichheit hier an den unterschiedlichen Konstruktionen bricht.

417 *Geimer*, ZZP 85 (1972), 196, 202; *Nogratnig*, S. 82.

418 Ausdrücklich *von Hoffmann/Hau*, RIW 1997, 89, 91.

chen sind die Derogation der Interventionsklage und der Streitverkündungsausschluss also einheitlich geregelt und an die gleichen Voraussetzungen geknüpft, ohne dass die konstruktiven Unterschiede beider Drittbeteiligungsinstitute eine Rolle spielen. Es ist nicht ersichtlich, warum dies im Rahmen des allgemeinen Anwendungsbereiches der Verordnung aufgrund einer systematischen und grammatikalischen Grenze des Art. 23 EuGVO nicht gelten könne.

Auch die Rechtsprechung des EuGH zur Prozessaufrechnung ist kein Argument dafür, dass für den Streitverkündungsausschluss nationales Recht zu gelten hat. In seiner Entscheidung im Fall *Meeth* entschied der EuGH zunächst, dass eine Gerichtsstandsvereinbarung im Sinne von Art. 17 EuGVÜ nicht zwingend dahingehend auszulegen ist, dass jede Aufrechnung mit einem ihr unterliegenden Anspruch vor einem anderen als dem vereinbarten Gericht ausgeschlossen ist.[419] Weiterhin entschied der EuGH später in der Sache *Danvaern*, dass die Voraussetzungen, unter denen eine Aufrechnung im Prozess geltend gemacht werden kann, sich nicht nach dem Übereinkommen, sondern nach den Vorschriften des nationalen Rechts bestimmen.[420] *Mansel* betont, diese Rechtsprechung habe gezeigt, dass bei der verordnungsautonomen Lückenschließung Zurückhaltung geboten sei. Der Einheitlichkeitsgrundsatz werde überdehnt, wollte man ihm die Befugnis entnehmen, alle Lücken der Verordnung im Wege der Auslegung zu schließen und so den Bereich des kodifizierten europäischen internationalen Zivilprozessrechts immer weiter auszudehnen.[421]

Dagegen ist zunächst vorzubringen, dass die Aufrechnung durch die EuGVO keinerlei Regelung erfahren hat, so dass ein Rückgriff auf nationales Recht zur Lückenschließung auf der Hand lag. Die Streitverkündung ist jedoch ausdrücklich in das System der EuGVO aufgenommen worden, so dass eine Lücke, die einen Rückgriff auf die jeweilige lex fori erforderte, hier überhaupt nicht vorliegt. Die Argumentation des EuGH kann weiter auch aus folgendem Grund nicht auf die Streitverkündung übertragen werden.[422] Der EuGH stützte seine Auffassung, für die Prozessaufrechnung gelte die lex fori, maßgeblich darauf, dass es sich bei ihr um ein Verteidigungsmittel handele, das Übereinkommen die Beurteilung der Zulässigkeit von Verteidigungsmitteln jedoch dem nationalen Recht überlasse.[423] Bei der Streitverkündung handelt es sich allerdings nicht um ein Mittel zur Verteidigung. Sie ist vielmehr als ein Angriffsmittel einzuordnen, mit welchem der Streitverkünder seine Regressklage vorbereitet.

---

419 EuGH v. 19.11.1978, Rs. 23/78 (*Meeth*), Slg. 1978, 2133; aA BGH NJW NJW 1973, 421; BGH NJW 1979, 2477. Zur Aufrechnung im Europäischen Zivilprozess s. auch *Wagner*, IPRax 1999, 65; *Roth*, RIW 1999, 819.

420 EuGH v. 13.7.1995, Rs. C-341/93 (*Danvaern*), IPRax 1997, 114, 115 Rn. 13, 18.

421 *Mansel*, ZZP 106 (1996), 61, 75; *ders.*, Gerichtspflichtigkeit von Dritten, S. 198.

422 So auch *Nogratnig*, S. 82 f.

423 EuGH v. 13.7.1995, Rs. C-341/93 (*Danvaern*), IPRax 1997, 114, 115 Rn. 13.

Letztlich kann gegen die Anwendung des nationalen Verfahrensrecht auf den Streitverkündungsausschluss noch vorgebracht werden, dass der Einheitlichkeitsgrundsatz nicht nur für eine Gleichbehandlung der unterschiedlichen Drittbeteiligungsinstitute streitet. Er verlangt zusätzlich, dass der Ausschluss der Gerichtspflichtigkeit kraft Streitverkündung in Deutschland, Österreich und Ungarn nach einheitlichen Grundsätzen beurteilt wird. Ebenso wie es für die Derogation des Art. 6 Nr. 2 EuGVO nicht darauf ankommt, vor welchem mitgliedstaatlichen Gericht die Drittklage erhoben wird, darf es für den Ausschluss der Streitverkündung nach Art. 65 Abs. 1 S. 2 EuGVO keinen Unterschied machen, in welchem Mitgliedstaat die Streitverkündung stattfindet. Auch in diesem Sinne bietet sich Art. 23 EuGVO an. Ein Rückgriff auf nationales Verfahrensrecht wäre dagegen mit erheblicher Rechtsunsicherheit verbunden, denn allein innerhalb des deutschen Verfahrensrechts ist umstritten, ob einer Gerichtsstandsvereinbarung auch ein Streitverkündungsausschluss entnommen werden kann. Zwar besteht dort weitgehend Einigkeit über die grundsätzliche Zulässigkeit der Beschränkung der Streitverkündungsmöglichkeit durch Prozessvertrag.[424] Während die einen aber eine ausschließliche Gerichtsstandsvereinbarung im Zweifel dahingehend auslegen wollen, dass sie zugleich einen prozessvertraglichen Streitverkündungsausschluss enthält[425], fordern andere hierfür einen ausdrücklichen sprachlichen Hinweis.[426] Eine solche Unsicherheit liefe aber dem Gedanken zuwider, der letztlich hinter dem Abschluss einer Zuständigkeitsvereinbarung steht. Die Parteien wollen mit dem Abschluss einer Gerichtsstandsvereinbarung nämlich in erster Linie Rechtssicherheit schaffen. Wer eine Vereinbarung im Sinne von Art. 23 EuGVO schließt, sollte sich vor einer Prozessführung in einem anderen als dem vereinbarten Mitgliedstaat in Sicherheit wähnen können und nicht – je nach nationaler Rechtslage – doch noch über die Streitverkündung vor ein eigentlich derogiertes Gericht zitiert werden können.

Der Streitverkündungsausschluss ist im Anwendungsbereich der EuGVO daher – ebenso wie die Derogation des Interventionsgerichtsstands des Art. 6 Nr. 2 EuGVO – nach Art. 23 EuGVO zu behandeln.

c. Anforderungen an den Streitverkündungsausschluss

Die Frage, ob eine Gerichtsstandsvereinbarung einer Streitverkündung im Sinne von Art. 65 Abs. 1 S. 2 EuGVO entgegensteht, bemisst sich nach denselben Grundsätzen wie die Derogation von Art. 6 Nr. 2 EuGVO. Zu den umstritten Anwendungsvoraussetzungen des Art. 23 Abs. 1 S. 1 EuGVO kann daher auf

---

424 Zöller/*Vollkommer*, § 72 Rn. 1a; Stein/Jonas/*Bork*, § 68 Rn. 26; *Geimer*, NJW 1970, S. 387; *ders.*, ZZP 85 (1972), 196, 205 f.; *ders.*, IZPR, S. 984, Rn. 2822; *Mansel*, ZZP 106 (1996), 61, 64 f.; *Götze*, S. 148. zweifelnd *Milleker*, ZZP 84 (1971), S. 91, 99 ff.; *Köckert*, S. 255.

425 *Mansel*, ZZP 106 (1996), 61, 68 f.; Zöller/*Vollkommer*, § 72 Rn. 1a.

426 *Götze*, S. 148 f.; *Köckert*, S. 257 ff. Ähnlich *Kraft*, S. 119.

die obigen Ausführungen verwiesen werden.[427] Es bleibt festzuhalten, dass eine Vereinbarung zwischen Streitverkünder und Streitverkündungsempfänger bezüglich ihrer Ausschlusswirkung auch dann nach Art. 23 EuGVO zu beurteilen ist, wenn beide im selben Mitgliedstaat wohnen und die Zuständigkeit ihres Heimatgerichts vereinbart haben (Inlandsfall) oder der Streitverkünder in einem Drittstaat wohnt und die Zuständigkeit der Gerichte des Heimatstaates des Streitverkündungsempfängers bestimmt wurde (Drittstaatenfall). Gleiches gilt für den Fall, dass Streitverkünder und Streitverkündungsempfänger für die Zuständigkeit eines drittstaatlichen Gerichts optiert haben.

Da eine Gerichtsstandsabrede nach Art. 23 Abs. 1 S. 2 EuGVO im Zweifel ausschließliche Wirkungen zeitigt, ist die Möglichkeit der Streitverkündung außerhalb des prorogierten Forums grundsätzlich auch dann ausgeschlossen, wenn die Abrede sprachlich nicht ausdrücklich auf die Möglichkeit der zivilprozessualen Drittbeteiligung eingeht. Das Wiederaufleben der Gefahr widersprüchlicher Entscheidungen muss – ebenso wie bei der Derogation des Art. 6 Nr. 2 EuGVO – hingenommen werden. Wer dieses Risiko ausschließen will, muss sich die Möglichkeit der Drittklage oder Streitverkündung explizit vorbehalten.

C. Anerkennung der Streitverkündungswirkung; Art. 65 Abs. 2 S. 2 EuGVO

Gemäß Art. 65 Abs. 2 S. 2 EuGVO werden die Wirkungen, welche die in Deutschland, Österreich und Ungarn ergangenen Entscheidungen nach Absatz 1 gegenüber Dritten haben, auch in den anderen Mitgliedstaaten anerkannt.[428] Damit wird sichergestellt, dass die übrigen Mitgliedstaaten die jeweiligen Streitverkündungswirkungen in einem etwaigen Folgeprozess beachten müssen.[429]

427 S. im zweiten Abschnitt unter B. III. 3. a.

428 Art. 65 Abs. 2 S. 2 EuGVO gilt analog auch für die Anerkennung von Drittbindungswirkungen, die in anderen Mitgliedstaaten ergehen, sofern diese der Interventionswirkung des § 68 ZPO vergleichbar sind, vgl. *Kropholler*, EZPR, Art. 6 Rn. 23; Wieczorek/Schütze/*Mansel*, § 68 Rn. 40; *Mansel*, Streitverkündung und Interventionsklage, S. 212 f. Gleiches gilt für die Nebenintervention bzw. vergleichbare Fälle der freiwilligen Drittbeteiligung; vgl. *Mansel*, Streitverkündung und Interventionsklage, S. 215 f.; *Köckert*, S. 89. Es ist für die Anerkennung selbstverständlich auch unerheblich, ob die Streitverkündungswirkung aufgrund von § 74 Abs. 3 ZPO oder aufgrund des Beitritts nach erfolgter Streitverkündung eintritt.

429 *Meier*, S. 179 ff. und 194 f. entnimmt eine solche Anerkennungspflicht allerdings den allgemeinen Anerkennungsvorschriften, nicht der Regelung des Art. V Protokoll zum EuGVÜ (entspricht Art. 65 Abs. 2 EuGVO). Die Wirkungen von Streitverkündungen, die in anderen Mitgliedstaaten ausgesprochen wurden, seien in gleicher Weise anerkennungsfähig wie ausländische Urteile. Es gelten allein die Artt. 25 ff. EuGVÜ (entsprechen Artt. 33 ff. EuGVO).

I. Reichweite der Anerkennungspflicht

Die Reichweite der Anerkennungspflicht gemäß Art. 65 Abs. 2 S. 2 EuGVO ist genauer zu untersuchen, denn dem Wortlaut nach bezieht sich diese allein auf Entscheidungen, die nach Absatz 1 ergangen sind. Art. 65 Abs. 1 S. 2 EuGVO ist allerdings nur dann anwendbar, wenn der Streitverkündungsempfänger seinen Sitz in einem anderen Mitgliedstaat als dem Gerichtsstaat des Ausgangsprozesses hat. Wird aber z.B. einer in Deutschland wohnhaften Person im Rahmen eines deutschen Verfahrens der Streit verkündet, so ist Art. 65 Abs. 1 S. 2 EuGVO nicht einschlägig. Gleiches gilt, wenn der Streitverkündungsempfänger in einem Drittstaat ansässig ist. In beiden Fällen beurteilt sich die Zulässigkeit der Streitverkündung dann nach nationalem Verfahrensrecht. Wenn nun aber der Folgeprozess vor dem Gericht eines anderen Mitgliedstaats stattfindet, stellt sich die Frage, ob dieses Gericht zur Anerkennung der Interventionswirkung nach Art. 65 Abs. 2 S. 2 EuGVO verpflichtet ist, oder ob es die Frage der Anerkennung nach seinem nationalen Verfahrensrecht zu beurteilen hat.

Ersteres ist anzunehmen. Ziel der EuGVO ist es, in ihrem Anwendungsgebiet größtmögliche Freizügigkeit von Urteilen zu gewährleisten.[430] Die Anerkennung und Vollstreckung von Urteilen ist im Anwendungsbereich der Verordnung daher nicht davon abhängig, dass sich die Zuständigkeit des Urteilsgerichts aus der Verordnung selbst ergibt. Es genügt vielmehr, dass das Gericht seine Zuständigkeit auf nationales Verfahrensrecht gestützt hat.[431] Dies gilt gleichermaßen für die Anerkennung von Urteilen mit Drittbeteiligung.[432] Die Vorschriften der Artt. 33 ff. EuGVO gelten auch für die Anerkennung von Garantieurteilen, die nicht auf Art. 6 Nr. 2 EuGVO, sondern auf nationalem Verfahrensrecht beruhen.[433] Entsprechend sind auch Streitverkündungswirkungen, die sich allein auf nationales Recht stützen, nach Art. 65 Abs. 2 S. 2 EuGVO anzuerkennen.[434]

II. Anerkennungsvoraussetzungen

Die Voraussetzungen, unter denen die Wirkungen einer Streitverkündung in anderen Mitgliedstaaten anzuerkennen sind, nennt Art. 65 Abs. 2 S. 2 EuGVO nicht ausdrücklich.[435]

---

430 Vgl. Erwägungsgrund (6) der Verordnung.

431 *Kropholler*, EZPR, Art. 32 Rn. 4.

432 *Meier*, S. 189 ff.

433 Ausdrücklich *Meier*, S. 190.

434 So auch *Mansel*, Gerichtspflichtigkeit von Dritten, S. 195.

435 Vgl. *Winter*, S. 99; *Kropholler*, EZPR, Art. 6 Rn. 24; *Mansel*, Gerichtspflichtigkeit von Dritten, S. 195.

1. Anerkennungsfähigkeit des Ausgangsurteils

Jedenfalls ist die grundsätzliche Anerkennungsfähigkeit des zwischen den Erstparteien im Hauptprozess ergangenen Urteils gemäß Artt. 33 ff. EuGVO zu verlangen[436], da die Streitverkündungswirkung auf dem Ersturteil aufbaut.[437] Wenn dieses nicht anerkennungsfähig ist, fehlt gleichsam die Grundlage für die Anerkennung der Streitverkündungswirkung.[438] Weiterhin setzt sich die Abhängigkeit des Streithelfers von der Prozessführung der streitverkündenden Hauptpartei in einer Anerkennungsabhängigkeit fort.[439]

2. Eigenständige Anerkennungsprüfung der Streitverkündung

Darüber hinaus sollte das in Art. 33 Abs. 2 EuGVO vorgesehene Rechtsschutzverfahren analog auf die Einbeziehung des Dritten und die Anerkennung der Streitverkündungswirkung angewendet werden.[440] Eine Streitverkündung bewirkt im Verhältnis zwischen Streitverkünder und Streitverkündungsempfänger Bindungswirkungen, die der Rechtskraft ähnlich sind. Wäre der Streitverkündungsempfänger verklagt worden, so wäre ein entsprechendes Urteil bei der Anerkennung an den Bedingungen der Artt. 33 ff. EuGVO zu messen gewesen. Dieser Mindestschutz sollte auch im Falle einer Streitverkündung erhalten bleiben.[441] Im Ergebnis darf die Interventionswirkung daher nicht gegen den ordre public im Anerkennungsstaat verstoßen. Weiter muss dem Dritten die Streitverkündungsschrift ordnungsgemäß und so rechtzeitig zugestellt worden sein, dass er den Verlauf des Erstverfahrens durch seinen Beitritt noch ausreichend hätte beeinflussen können. Aufgrund der rechtskraftähnlichen Bindungswirkung sollten auch die Anerkennungshindernisse des Art. 34 Nr. 3 und 4 Anwendung finden. Die Interventionswirkung darf nicht unvereinbar sein mit der Rechtskraft- oder Interventionswirkung einer anderen Entscheidung, die im Anerkennungsstaat erlassen wurde und zwischen denselben Personen ihre Wirkung entfaltet, die auch der anzuerkennenden Interventionswirkung unterliegen.[442] Gleiches gilt, falls die andere Entscheidung in einem anderen Mitgliedstaat oder einem Drittstaat früher als das Ersturteil erging.

---

436 *Kropholler*, EZPR, Art. 6 Rn. 24; Wieczorek/Schütze/*Mansel*, § 68 Rn. 40.

437 Vgl. *Taupitz*, ZZP 102 (1989), S. 288, 307.

438 *Mansel*, Streitverkündung und Interventionsklage, S. 217; *Nogratnig*, S. 108.

439 *Mansel*, Streitverkündung und Interventionsklage, S. 217.

440 *Kropholler*, EZPR, Art. 6 Rn. 24; *Mansel*, Streitverkündung und Interventionsklage, S. 218; *ders.*, Gerichtspflichtigkeit von Dritten, S. 196; *Nogratnig*, S. 108 ff.; *Geimer/Schütze*, EZVR, Art. 33 Rn. 54 lässt genügen, dass die Streitverkündungswirkung nicht ordre public-widrig ist.

441 *Mansel*, Streitverkündung und Interventionsklage, S. 218; Wieczorek/Schütze/*Mansel*, § 68 Rn. 40.

442 *Mansel*, Streitverkündung und Interventionsklage, S. 220. Zustimmend *Köckert*, S. 192 f.; *Otto*, S. 302 f.; *Nieroba*, S. 83 ff.; *Nogratnig*, S. 109.

3. Überprüfung der Zuständigkeit

Gemäß Art. 35 Abs. 3 EuGVO wird die Zuständigkeit des Urteilsgerichts im Anerkennungsstadium grundsätzlich nicht mehr überprüft. Dies beruht auf dem Gedanken des gegenseitigen Vertrauens, das die Mitgliedstaaten ihren Rechtssystemen und Rechtspflegeorganen entgegenbringen.[443] Die Gefahr, dass sich das Urteilsgericht fälschlicherweise für zuständig erklärt hat, wird im Rechtsverkehr zwischen den Mitgliedstaaten also hingenommen, so dass die Unzuständigkeit des Urteilsgerichts – auch aufgrund einer entgegenstehenden Gerichtsstandsvereinbarung – der Anerkennung grundsätzlich nicht entgegengehalten werden kann. Allein die Verletzung der Zuständigkeitsregelungen der Abschnitte 3, 4 und 6 des Kapitels II der Verordnung kann aufgrund der Ausnahmeregelung des Art. 35 Abs. 1 EUGVO auch im Rahmen der Anerkennung noch gerügt werden.

Auf die Frage, ob sich das grundsätzliche Verbot der Zuständigkeitsüberprüfung nach Art. 35 Abs. 3 EuGVO und die entsprechenden Ausnahmen auch auf die Anerkennung von Streitverkündungswirkungen beziehen, oder ob diese nur für die Urteilsanerkennung gelten, wird später ausführlich eingegangen und an dieser Stelle zunächst offen gelassen.[444]

III. Anerkennungswirkungen

Art. 65 Abs. 2 S. 2 EuGVO formuliert, die Wirkungen, welche die in Deutschland, Österreich und Ungarn ergangenen Entscheidungen nach Abs. 1 gegenüber Dritten haben, werden auch in den anderen Mitgliedstaaten anerkannt. Art. 65 Abs. 2 S. 2 EuGVO sieht demnach eine verfahrensrechtliche Wirkungserstreckung vor und zwar unabhängig davon, ob die nationalen Prozessrechte die Streitverkündungswirkung als prozessuale Urteils- oder materiellrechtliche Bindungswirkung begreifen.[445] Urteile, die in Deutschland nach den §§ 72-74 ZPO ergangen sind, haben in den übrigen Mitgliedstaaten somit die gleichen Wirkungen wie in Deutschland selbst.[446] Gleiches gilt für Österreich, Ungarn und die nicht explizit genannten Mitgliedstaaten, welche das Rechtsinstitut der Streitverkündung verwenden.

Das Gericht des Folgeprozesses darf demnach – sofern sich der Streitverkündungsempfänger nicht ausnahmsweise auf § 68 Hs. 2 ZPO berufen kann – keinen Beweis mehr über Tatsachen erheben, über die das deutsche Gericht des Vorprozesses bereits abschließend befunden hat.[447] Die Interventionswirkung

443 Vgl. *Kropholler*, EZPR, Art. 35 Rn. 2.

444 Vgl. 4. Abschnitt, B. 2. c.

445 *Nogratnig*, S. 112; *Mansel*, Gerichtspflichtigkeit von Dritten, S. 189; *ders.*, Streitverkündung und Interventionsklage, S. 210 f.

446 *Jenard*, Bericht zum EuGVÜ, S. 1, 27; Wieczorek/Schütze/*Hausmann*, Anhang I § 40, Art. 6 Rn. 19; *Mansel*, Streitverkündung und Interventionsklage, S. 225.

447 Zur Interventionswirkung nach § 68 ZPO s. im dritten Abschnitt unter A. II. 2. a.

bindet das Gericht des Folgeprozesses weiterhin an die rechtlichen Feststellungen des deutschen Gerichts. Dies gilt jedoch nur insoweit, als dass in Vor- und Folgeprozess aufgrund derselben Tatsachen dieselbe (Teil-)Rechtsfrage zu beantworten ist (Identität der Rechtsfrage).[448] Eine Bindung kann daher nur dann angenommen werden, wenn die konkreten Rechtsfeststellungen im Folgeprozess nach dem Sachrecht zu treffen sind, das auch im Vorprozess insoweit angewendet wurde (Identität des anwendbaren Rechts).[449] Die Interventionswirkung gilt insgesamt nur für solche tatsächlichen und rechtlichen Gründe, auf denen das Urteil im Vorprozess beruht, nicht jedoch für „überschießende Feststellungen".[450]

Das deutsche Recht knüpft an die Streitverkündung nicht nur die Interventionswirkung des § 68 ZPO. Nach § 204 Abs. 1 Nr. 6 BGB führt sie weiterhin zur Hemmung der Verjährung des mit ihr vorbereiteten Regressanspruchs. Es stellt sich die Frage, ob auch diese Wirkung der Streitverkündung über Art. 65 Abs. 2 S. 2 EuGVO in den anderen Mitgliedstaaten anerkannt werden muss. Dagegen spricht zunächst, dass es sich bei der Verjährung und damit auch bei der Verjährungsunterbrechung nach kontinentaleuropäischem Verständnis um einen materiell-rechtlichen Tatbestand handelt.[451] Die Frage nach der Verjährungsunterbrechung beurteilt sich damit grundsätzlich nach dem auf das betreffende Vertragsverhältnis anwendbaren Sachrecht. Dagegen handelt es sich – wie gerade festgestellt – bei der Anerkennung der Streitverkündungswirkung nach Art. 65 Abs. 2 S. 2 EuGVO um eine prozessuale Wirkungserstreckung. Art. 65 Abs. 2 S. 2 EuGVO nimmt ausdrücklich auf die Wirkungen Bezug, welche die in Deutschland, Österreich und Ungarn ergangenen Entscheidungen gegenüber Dritten haben.[452] Bei der Verjährungsunterbrechung handelt es sich aber gerade nicht um eine Urteils(dritt)wirkung. Anders als die Interventionswirkung, die auf dem im Ausgangsprozess ergangenen rechtskräftigen Urteil aufbaut, wird die Verjährungsunterbrechung an die Zustellung der Streitverkündungsschrift – als den Akt der Ankündigung der ernsthaften Rechtsverfolgung seitens des Streitverkünders[453] – geknüpft.[454] Sie ist daher in den anderen Mit-

---

448 *Wieczorek/Schütze/Mansel*, § 68 Rn. 135; *Martens*, ZZP 85 (1972), S. 77, 86.

449 *Kraft*, S. 85; *Mansel*, Gerichtspflichtigkeit von Dritten, S. 192; *ders.*, Streitverkündung und Interventionsklage, S. 225; ähnlich *Milleker*, ZZP 80 (1967), 288, 309 f. und *Köckert*, S. 270 f.

450 BGHZ 16, 217, 229; Thomas/Putzo/*Hüßtege*, § 68 Rn. 5; Zöller/*Vollkommer*, § 68 Rn. 10; Stein/Jonas/*Bork*, § 68 Rn. 7; *Knöringer*, JuS 2007, S. 335, 340.

451 *Taupitz*, ZZP 102 (1989), S. 288, 292; MüKo/*Grothe*, BGB, Vor § 194 Rn. 34; *Rosenberg/Schwab/Gottwald*, Zivilprozessrecht, S. 318, § 51 Rn. 24.

452 Vgl. auch den englischen Text: „Any effects which judgments given in these States may have on third parties by application of the provisions in paragraph 1 shall also be recognised in the other Member States."

453 Vgl. BGH NJW 2004, 3772, 3773.

454 Palandt/*Heinrichs*, § 204 Rn. 21; Bamberger/Roth/*Henrich*, § 204 Rn. 28.

gliedstaaten nicht über Art. 65 Abs. 2 S. 2 EuGVO anzuerkennen.[455] Das Gericht des Folgeprozesses hat die Frage der Verjährung des Regressanspruches vielmehr nach dem materiellen Vertragsstatut zu beurteilen. Sofern dies deutsches Recht ist, gilt insofern § 204 Abs. 1 Nr. 6 BGB.[456] In diesem Sinne lässt sich letztlich noch anführen, dass sich der in Art. 65 Abs. 1 S. 2 EuGVO ausgesprochene Verweis auf das nationale Recht der Streitverkündung in Deutschland auf die §§ 68 und 72-74 ZPO beschränkt. Hätte auch die verjährungsunterbrechende Wirkung der Streitverkündung von der Anerkennungspflicht erfasst werden sollen, so hätte ein entsprechender Verweis auf § 204 Abs. 1 Nr. 6 BGB nahe gelegen.

D. Vereinbarkeit des Art. 65 EuGVO mit Art. 18 AEUV

Geimer vertritt die Auffassung, die Vorschrift des Art. 65 EuGVO führe zu einem mit dem Diskriminierungsverbot des Art. 18 AEUV nicht zu vereinbaren Ungleichgewicht bei der Justizgewährung im Europäischen Rechtsraum.[457] Er stützt seine Ansicht auf folgende Erwägungen. Art. 65 Abs. 1 S. 1 EuGVO beseitige zwar die internationale Entscheidungszuständigkeit Deutschlands, Österreichs und Ungarns nach Art. 6 Nr. 2 EuGVO. Gleichzeitig lasse Art. 65 Abs. 2 S. 2 EuGVO aber die Anerkennungszuständigkeit unberührt. Das bedeute, dass Personen mit Wohnsitz in Deutschland[458] trotz des Vorbehalts des Art. 65 Abs. 1 S. 1 EuGVO in den anderen Mitgliedstaaten nach Art. 6 Nr. 2 EuGVO gerichtspflichtig gemacht werden können und die Anerkennung und Vollstreckung eines solchen Urteils innerhalb der Europäischen Union – also auch in Deutschland selbst – nach den Artt. 33 ff. EuGVO gesichert ist.[459] Einer in Deutschland verklagten Person stehe demgegenüber nur die Streitverkündung zur Verfügung. Eine Gewährleistungs- bzw. Interventionsklage, die unmittelbar zu einem vollstreckbaren Titel gegen den Dritten führt, könne sie nicht erheben.

---

455 Ebenso *Kraft*, S. 301.

456 Das Tatbestandsmerkmal der Streitverkündung kann im Rahmen des § 204 Abs. 1 Nr. 6 BGB durch eine im Ausland erfolgte Streitverkündung substituiert werden, sofern diese in Voraussetzungen und Wirkungen mit einer Streitverkündung nach §§ 72 ff., 68 ZPO vergleichbar ist; Palandt/*Heinrichs*, § 204 Rn. 21; MüKo/*Grothe*, BGB, §204 Rn. 42 mwN. *Taupitz*, ZZP 102 (1989), S. 288, 307 ff. verlangt zusätzlich die Anerkennungsfähigkeit der das ausländische Verfahren abschließenden Entscheidung.

457 Zöller/*Geimer*, Anh. I EG-VO (EuGVVO), Art. 6 Rn. 5 f.; *Geimer*, IPRax 2002, S. 69, 74; *Geimer/Schütze*, EZVR, Art. 6 Rn. 39 und Art. 65 Rn. 6. Seine Argumentation bezieht sich auf Art. 12 EG. Der EG ist mit Inkrafttreten des Vertrags von Lissabon zum 1.12.2009 umbenannt und neu geordnet worden. Die Vorschrift des Art. 12 EG entspricht Art. 18 AEUV.

458 Es wird in diesem Abschnitt darauf verzichtet, neben Deutschland stets noch Österreich und Ungarn ausdrücklich zu erwähnen.

459 Vgl. *Geimer*, WM 1979, S. 350, 351.

Darin sieht *Geimer* eine gravierende Benachteiligung der Rechtsdurchsetzungsmöglichkeiten von vor deutschen Gerichten verklagten Personen. Dadurch, dass Beklagte vor deutschen Gerichten anders als Beklagte vor den Gerichten anderer Mitgliedstaaten nicht die Möglichkeit haben, gegen regresspflichtige Dritte unmittelbar im Ausgangsprozess einen vollstreckbaren Titel zu erwirken, seien die Rechtschutzmöglichkeiten dieser Personen unangemessen verkürzt.[460] Dies könne durch die Möglichkeit einer Streitverkündung nicht ausgeglichen werden, da eine solche nicht titelschaffend sei und daher kein Äquivalent zu entsprechenden Drittklagen darstellen könne. Es sei in jedem Fall ein weiterer Prozess erforderlich, um auf Basis der wegen der Interventionswirkung mehr oder weniger bindenden rechtlichen und tatsächlichen Feststellungen des ersten Urteils eine Verurteilung zu erreichen und einen vollstreckbaren Titel zu erlangen. Dies sei mit Art. 18 AEUV nicht vereinbar, da dadurch der Zugang zu den deutschen Gerichten in Richtung gegen den Dritten für den Erstbeklagten ungleich verengt werde gegenüber den prozessualen Möglichkeiten in den anderen Mitgliedstaaten.

Zunächst ist gegen die Ansicht *Geimers* vorzubringen, dass er sich zu seiner eigenen Argumentation zur Streitfrage nach der Anerkennung ausländischer Garantieurteile nach dem autonomen internationalen Verfahrensrecht in Widerspruch setzt. Die herrschende Auffassung geht davon aus, dass ausländische Garantieurteile nur dann nach § 328 Abs. 1 Nr. 1 ZPO anerkennungsfähig sind, wenn das Urteilsgericht in Bezug auf den Garantiebeklagten nach den allgemeinen Regeln der §§ 12 ff. ZPO zuständig war. Eine Zuständigkeit kraft Sachzusammenhangs sei nicht ausreichend, da eine solche dem deutschen Verfahrensrecht unbekannt sei.[461] Dagegen argumentiert *Geimer*, das deutsche Verfahrensrecht kenne zwar keine Garantieklagen, jedoch nehme die Streitverkündung auf die Zuständigkeitsinteressen des Dritten ebenso wenig Rücksicht. Wenn wir für uns das Recht beanspruchten, im Wege der Streitverkündung Dritte vor deutsche Gerichte zu zitieren, auch wenn keiner der in §§ 12 ff. ZPO aufgeführten Anknüpfungspunkte in Bezug auf den Streitverkündungsempfänger vorliege, und auf sie durch das Damoklesschwert der Streitverkündungswirkung mittelbar Druck ausübten, sich am Prozess zu beteiligen, so wäre es pharisäisch, wollten wir fremden Staaten ceteris paribus das Recht absprechen, Garantieurteile gegen Dritte zu erlassen.[462] Mit Bezug auf den anerkennungsrechtlichen Grundsatz, dass § 328 Abs. 1 Nr. 1 ZPO fremden Staaten das gleiche Maß an Jurisdiktion zubilligt, das die Bundesrepublik Deutschland für sich in Anspruch nimmt, streitet er also aufgrund der Vergleichbarkeit von Streitverkündung und Garantieklage für deren Anerkennungsfähigkeit. Dabei betont *Geimer* zwar, dass der Garan-

---

460 *Rüfner*, IPRax 2005, S. 500 bezeichnet dies als Standortnachteil für die deutsche Rechtsordnung.

461 Vgl. BGH NJW 1970, 387 und OLG Karlsruhe NJW 1974, 1059.

462 *Geimer*, ZZP 85 (1972), 196, 200.

tiekläger – anders als der Streitverkünder – sofort einen Titel und damit die Möglichkeit zur Vollstreckung erhält. Dieser Unterschied falle jedoch nicht ins Gewicht, da der Streitverkünder aufgrund der Interventionswirkung rasch zu einem Titel kommen könne. In den meisten Fällen sei eine Verurteilung ohne erneute sachliche Prüfung des Regressanspruches möglich.[463] Warum er die Unterschiede beider Drittbeteiligungsinstitute in anderem Kontext derart abweichend beurteilt und in der Tatsache, dass die Streitverkündung nicht titelschaffend ist, einen Verstoß gegen das Diskriminierungsverbot erblickt, erscheint zunächst fragwürdig.

Den tatsächlichen Hintergrund seiner Argumentation offenbart *Geimer* jedoch selbst. Er äußert nämlich Bedenken hinsichtlich der praktischen Umsetzung der in Art. 65 Abs. 2 S. 2 EuGVO statuierten Anerkennungspflicht. Da das ausländische Zweitgericht über keine ausreichenden Kenntnisse des deutschen Rechts verfüge, sei die Anerkennung der Streitverkündungswirkung in den Mitgliedstaaten, die dieses Rechtsinstitut überhaupt nicht oder nur in abgeschwächter Form kennen, in der Praxis sehr in Frage gestellt.[464] Es bestehe zumindest die Gefahr, dass diese Gerichte Mittel und Wege finden, den Prozess durch eine erneute Beweisaufnahme neu aufzurollen.[465] Diese Erwägungen sind durchaus berechtigt. Die Anerkennung der nationalen Streitverkündungswirkungen setzt – anders als die Urteilsanerkennung – eine intensive Auseinandersetzung des Zweitgerichts mit dem fremden Verfahrensrecht voraus.[466] Damit sind enorme Schwierigkeiten verbunden. Um die kraft Interventionswirkung bindend feststehenden tatsächlichen und rechtlichen Feststellungen zu identifizieren, müssen die Prozessakten übersetzt werden. Die entsprechenden Lehrbücher und Kommentare etc. werden nur eingeschränkt – und ebenfalls in fremder Sprache – zur Verfügung stehen. Aber selbst wenn die Aufgabe der Anerkennung von Streitverkündungswirkungen nach Art. 65 Abs. 2 S. 2 EuGVO eine Herausforderung sein kann[467], so ist den Gerichten der anderen Mitgliedstaaten insoweit etwas Vertrauen entgegenzubringen.

Eine Diskriminierung im Sinne des Art. 18 AEUV kann jedenfalls nicht aus den mit Art. 65 Abs. 2 S. 2 EuGVO verbundenen praktischen Schwierigkeiten abgeleitet werden. Art. 18 AEUV verbietet im Europäischen Rechtsraum jede Diskriminierung aus Gründen der Staatsangehörigkeit. Anknüpfungspunkt des Art. 65 EuGVO ist jedoch nicht die Staatsangehörigkeit des Streitverkünders,

---

463 *Geimer*, ZZP 85 (1972), 196, 202.

464 Zöller/*Geimer*, Anh. I EG-VO, Art. 6 Rn. 6; *Geimer/Schütze*, EZVR, Art. 6 Rn. 39.

465 *Geimer*, IPRax 2002, S. 69, 74.

466 Vgl. *Nogratnig*, S. 112 f.

467 Vgl. dazu den Diskussionsbeitrag von *Pirrung* in Hommelhoff/Jayme/Mangold (Hrsg.), Europäischer Binnenmarkt, IPR und Rechtsangleichung, S. 271: „Ich bin sehr skeptisch, ob das irgendjemand auch nur annähernd in einem anderen Staat, der nicht unsere Prozessordnung hat, nachvollziehen kann.“

sondern allein der Gerichtsort des Hauptprozesses.[468] Von der „Ungleichbehandlung“ sind also unabhängig von deren Staatsangehörigkeit Personen erfasst, die in Deutschland verklagt werden[469] und meinen, sich bei einem Dritten hinsichtlich der Folgen eines etwaigen Prozessverlusts schadlos halten zu können. Dass dies regelmäßig deutsche Staatsangehörige sind, so dass eine versteckte Diskriminierung vorliegen könnte, kann nicht vorgebracht werden. Zum einen erfasst die allgemeine Wohnsitzzuständigkeit selbstverständlich auch im Inland ansässige Bürger mit ausländischer Staatsangehörigkeit. Zum anderen sehen sowohl das europäische als auch das autonome internationale Zivilverfahrensrecht weit reichende besondere Zuständigkeiten vor, die dazu führen können, dass der Ausgangsrechtsstreit, in welchem die Streitverkündung erfolgt, zwischen Personen geführt wird, die persönlich nicht mit dem Gerichtsstaat verbunden sind.[470]

Art. 65 EuGVO verfolgt – wie bereits angedeutet – hauptsächlich den Zweck, den genannten Mitgliedstaaten keine prozessualen Institute aufzudrängen, die ihrer Rechtsordnung fremd sind. Aus diesem Grund wurde das Modell der Streitverkündung mithilfe eines Verweises auf die nationalen Verfahrensregeln in das europäische Interventionsrecht integriert und mit Art. 6 Nr. 2 EuGVO auf eine Stufe gestellt. Die Eigenständigkeit nationaler Prozessregeln ist jedoch zwangsläufig mit unterschiedlichen Akzentuierungen von Kläger- und Beklagtenschutz verbunden und stellt keine Diskriminierung dar.[471] Da beide Drittbeteiligungsinstitute ausreichend gewährleisten, dass zusammengehörige Sachverhalte im europäischen Rechtsraum einheitlich und widerspruchsfrei entschieden werden können, sind die rechtstechnischen Nachteile, die mit deren unterschiedlicher positivrechtlicher Ausgestaltung verbunden sind, hinzunehmen.

Dabei darf der Grundsatz der Einheitlichkeit der Rechte und Pflichten der vom Gemeinschafts- bzw. Unionsrecht betroffenen Personen aber nicht aus den Augen verloren werden.[472] Es ist stets besonders darauf zu achten, dass eine unangemessene Benachteiligung der beteiligten Personen, die allein auf der am Gerichtsort zur Verfügung stehenden Drittbeteiligungsform beruht, vermieden wird.

---

468 Ähnlich *Winter*, S. 100.

469 Dies ist der Regelfall. Allerdings kann auch der *Kläger* des Ausgangsprozesses in Deutschland, Österreich und Ungarn einem Dritten den Streit verkünden bzw. in den anderen Mitgliedstaaten eine Interventionsklage erheben.

470 Vgl. auch Study JLS/C4/2005/03, S. 115 f. Rn. 243 f.

471 *Schlosser*, Art. 6 Rn. 8.

472 EuGH v. 15.11.1983, Rs. C-288/82 (*Duijnstee*), RIW 1984, 483, 484 Rn. 13 f.; EuGH v. 11.8.1995, Rs. C-432/93 (*SISRO*), IPRax 1996, 336, 338 Rn. 39; *von Hoffmann/Hau*, RIW 1997, 89 Fn. 5.

4. Abschnitt: Vermeintliche Strukturdefizite der Streitverkündung

A. Überblick

Bereits im dritten Abschnitt hat sich herausgestellt, dass die strukturellen Unterschiede der beiden Drittbeteiligungsinstitute im europäischen Interventionsrecht vereinzelt zu Schwierigkeiten führen können. Dies hat sich insbesondere bei der Frage nach der Derogierbarkeit der Streitverkündung gezeigt. Im folgenden Abschnitt sollen zwei weitere Problemfelder der Streitverkündung untersucht werden.

Das erste Problemfeld steht in unmittelbaren Zusammenhang mit der Derogationsfrage. Es wurde festgestellt, dass sich der Ausschluss einer grenzüberschreitenden Streitverkündung durch Gerichtsstandsabrede im Anwendungsbereich der Verordnung nach Art. 23 Abs. 1 EuGVO bestimmt. Damit schließt eine einfache Gerichtsstandsabrede auch die Möglichkeit der Streitverkündung aus, sofern sich die Parteien diese Drittbeteiligungsmöglichkeit nicht ausdrücklich vorbehalten haben. Es scheint allerdings, als stünde dem Dritten, welchem abredewidrig der Streit verkündet wurde, keinerlei Handhabe zur Verfügung, sich gegen diese unzulässige Drittbeteiligung zur Wehr zu setzen. Denn ein deutsches Gericht prüft die Zulässigkeit einer Streitverkündung nach ständiger Rechtsprechung des BGH nicht im Ausgangsverfahren, sondern erst im Rahmen des Folgeprozesses. Findet der Folgeprozess jedoch in einem anderen Mitgliedstaat statt, wird sich dieses Gericht höchstwahrscheinlich aufgrund des in Art. 35 Abs. 3 EuGVO statuierten Verbots der Zuständigkeitsüberprüfung im Anerkennungsstadium gehindert sehen, die Gerichtsstandsabrede zu berücksichtigen. Damit der Empfänger einer grenzüberschreitenden Streitverkündung im europäischen Rechtsraum im Falle der Abredewidrigkeit der Drittbeteiligung kraft Streitverkündung nicht schutzlos gestellt wird, soll hier eine Anpassung der Grundsätze des nationalen Verfahrensrechts untersucht werden.

Ein weiteres strukturelles Defizit der Streitverkündung könnte darin gesehen werden, dass diese – anders als eine Gewährleistungs- bzw. Interventionsklage – grundsätzlich nicht zur Rechtshängigkeit des den Streitverkündungsgrund bildenden (Regress-)Anspruchs führt. Damit läuft der Streitverkünder Gefahr, dass der Empfänger der Streitverkündung deren Bindungswirkung konterkariert, indem er den Folgeprozess bereits vor dem Abschluss des Ausgangsverfahrens in einem anderen Mitgliedstaat anhängig macht. Während der mit einer Klage im Sinne von Art. 6 Nr. 2 EuGVO überzogene Dritte aufgrund der Regelung des Art. 27 Abs. 1 EuGVO daran gehindert ist, den Regressanspruch – etwa mittels negativer Feststellungsklage – anderweitig anhängig zu machen, scheint der Streitverkünder insofern schutzlos. In diesem Sinne soll untersucht werden, ob die Rechtshängigkeitssperre des Art. 27 EuGVO auch im Falle der Streitverkündung einzugreifen vermag.

Die mit der Zweiteilung des europäischen Interventionsrechts verbundenen Schwierigkeiten sind mittlerweile an die Europäische Kommission herangetragen worden. Diese hat am 21. April 2009 ein Grünbuch zur Überprüfung der EuGVO veröffentlicht und darin insbesondere die Vereinheitlichung des europäischen Interventionsrechts vorgeschlagen. Auf die geplanten Veränderungen und die dadurch ausgelöste Diskussion wird am Ende dieser Untersuchung eingegangen.

B. Zeitpunkt der Streitverkündungsprüfung

I. Einleitung

Im folgenden Abschnitt soll untersucht werden, wann die im dritten Abschnitt beschriebenen Zulässigkeitsvoraussetzungen einer Streitverkündung, die dem Anwendungsbereich der EuGVO unterfällt, gerichtlich zu überprüfen sind. Praktisch bedeutsam ist diese Frage insbesondere dann, wenn der Streitverkündung eine Gerichtsstandsabrede im Sinne von Art. 23 EuGVO entgegensteht. Grundsätzlich stehen zwei Möglichkeiten zur Verfügung, namentlich eine Prüfung durch das inländische Gericht im Vorprozess, in dem die Streitverkündung erfolgt ist und eine gerichtliche Überprüfung im ausländischen Folgeverfahren, in dem die Streitverkündung ihre prozessualen Bindungswirkungen zeitigt.

Im Rahmen dieser Frage treffen die in sich abgeschlossenen Systeme der ZPO und der EuGVO aufeinander. Wendete man die Grundsätze beider Systeme isoliert an, so entstünde folgende Rechtsschutzlücke. Ein deutsches Gericht würde eine Zulässigkeitsprüfung nicht vornehmen, da die Streitverkündung für dieses Verfahren nicht relevant ist. Nach nationalem Verfahrensrecht findet eine Prüfung der Voraussetzungen der Streitverkündung grundsätzlich erst im Rahmen des Folgeprozesses statt, da sie erst dort ihre Wirkungen zeitigt. Das Gericht eines anderen Mitgliedstaates, das mit dem Folgeprozess befasst ist, wird die Zulässigkeit der Streitverkündung ebenfalls nicht überprüfen, da es sich aufgrund des in Art. 35 Abs. 3 EuGVO statuierten Verbots der Zuständigkeitsüberprüfung daran gehindert sehen wird. Die Abredewidrigkeit einer Streitverkündung könnte damit überhaupt nicht gerichtlich geltend gemacht werden. Diese Rechtsschutzlücke gilt es zu schließen.[473]

Im Folgenden werden zunächst die im nationalen Verfahrensrecht zur Überprüfung der Streitverkündungsvoraussetzungen geltenden Grundsätze dargestellt. Anschließend soll das grundsätzliche Verbot der Überprüfung der interna-

473 Das Problem sieht auch *Kraft*, S. 290 ff., der ein gesetzgeberisches Tätigwerden zur Lösung dieser Konfliktlage verlangt. Eine Anpassung des nationalen Verfahrensrechts im Sinne einer vorgezogenen Zulässigkeitsprüfung bereits im Ausgangsprozess halten dagegen *Winter*, S. 94 ff.; *Schlosser*, Art. 6 Rn. 7; *Nogratnig*, S. 85 ff. und *von Hoffmann/Hau*, RIW 1997, 89, 92 ff. für möglich.

tionalen Zuständigkeit im Anerkennungsrecht der EuGVO kurz skizziert werden.

1. Streitverkündungsprüfung nach den Grundsätzen der ZPO

Die Voraussetzungen einer grenzüberschreitenden Streitverkündung im Rahmen eines deutschen Verfahrens sind im dritten Abschnitt bereits herausgearbeitet worden. Der Streitverkündungsempfänger muss grundsätzlich der deutschen Gerichtsbarkeit unterliegen.[474] Zwischen Haupt- und Regressanspruch muss ein durch Art. 65 Abs. 1 S. 2 EuGVO i. V. m. § 72 ZPO konkretisierter Sachzusammenhang bestehen (internationale Streitverkündungszuständigkeit). Diese Streitverkündungszuständigkeit ist ausgeschlossen, wenn Verkünder und Empfänger der Streitverkündung eine ausschließliche Gerichtsstandsvereinbarung im Sinne von Art. 23 EuGVO getroffen haben. Weiterhin muss der Streitverkündungsempfänger partei- und prozessfähig sein. Daneben müssen die formellen Voraussetzungen des § 73 ZPO vorliegen.

a. Differenzierte Betrachtung

Im Rahmen des nationalen Verfahrensrechts wird vielfach pauschal davon ausgegangen, die Zulässigkeit der Streitverkündung sei nicht im Vor-, sondern erst im Folgeprozess zu prüfen.[475] Bei der Frage, wann die Voraussetzungen einer Streitverkündung im Einzelnen gerichtlich zu überprüfen sind, ist allerdings eine differenziertere Betrachtung vorzunehmen. Es ist zunächst danach zu unterscheiden, ob der Streitverkündungsempfänger dem Verfahren beigetreten ist oder nicht.

aa. Nichtbeitritt

Lehnt der Streitverkündungsempfänger den Beitritt ab oder erklärt er sich nicht, wird der Prozess gemäß § 74 Abs. 2 ZPO ohne ihn fortgeführt.[476] Die Interventionswirkung tritt dann gemäß § 74 Abs. 3 ZPO unabhängig von seinem Beitritt ein, jedoch nur dann, wenn die Streitverkündung zulässig war.[477] Das Vorliegen der Zulässigkeitsvoraussetzungen wird dann tatsächlich erst im späteren Folgeprozess überprüft.[478]

---

474 *Kraft*, S. 46 f. mwN.

475 Stein/Jonas/*Bork*, § 74 Rn. 17; BGH NJW 1962, 387, 388; BGH NJW 1976, 39, 40; BGH NJW 1978, 643; BGH NJW 1987, 1894.

476 Tritt der Dritte dem Rechtsstreit auf Seiten des Gegners des Streitverkünders bei, so liegt im Verhältnis zum Verkünder ein Nichtbeitritt vor; vgl. BGH NJW 2004, 1521, 1522; Baumbach/Lauterbach, § 74 Rn. 3; Musielak/*Weth*, § 74 Rn. 3.

477 Thomas/Putzo/*Hüßtege*, § 74 Rn. 2; MüKoZPO/*Schultes*, Art. 74 Rn. 8.

478 Aus der Rspr: BGH VersR 1962, 952. Aus der Literatur: Musielak/*Weth*, § 74 Rn. 3; Prütting/Gehrlein, § 74 Rn. 4; Zöller/*Vollkommer*, § 74 Rn. 5; MüKoZPO/*Schultes*, Art. 74 Rn. 8; *Bischof*, JurBüro 1984, 969, 1314.

Die Begründung für diese Praxis liegt auf der Hand. Es wäre unökonomisch, die Voraussetzungen der Streitverkündung im Erstprozess zu klären, da zu diesem Zeitpunkt noch völlig offen ist, ob es überhaupt zu einem Folgeprozess kommt.[479] Weiterhin ist der Empfänger der Streitverkündung hier in keiner Weise am Vorprozess beteiligt, so dass dieses Verfahren nicht mit der Prüfung ihrer Zulässigkeit belastet werden soll.

bb. Beitritt

Tritt der Empfänger der Streitverkündung dem Rechtsstreit bei, bestimmt sich sein Verhältnis zu den Parteien gemäß § 74 Abs. 1 ZPO nach den Grundsätzen über die Nebenintervention. Es treten die gewöhnlichen Rechtsfolgen der Nebenintervention ein, insbesondere die Interventionswirkung, nur dass gemäß § 74 Abs. 3 ZPO statt der Zeit des Beitritts die Zeit entscheidet, zu der der Beitritt infolge der Streitverkündung möglich war.[480]

Da der beigetretene Streitverkündungsempfänger wie ein Nebenintervenient behandelt wird, findet grundsätzlich auch die Vorschrift des § 71 ZPO Anwendung. Diese ermöglicht einen Zwischenstreit über die Zurückweisung einer Nebenintervention im Rahmen des Ausgangsprozesses. Antragsberechtigt sind dabei nur die Hauptparteien und deren Streitgenossen, da der Nebenintervenient selbst seinen eigenen Beitritt nicht zurückweisen kann.[481] Erfolgte der Beitritt infolge einer Streitverkündung, ist allein der Gegner des Streitverkünders antragsberechtigt.[482]

Der Beitritt als Nebenintervenient ist eine Prozesshandlung, so dass die persönlichen Prozesshandlungsvoraussetzungen gegeben sein müssen. Das Gericht des Vorprozesses hat daher von Amts wegen zu prüfen, ob der beitretende Dritte partei-, prozess- und postulationsfähig ist.[483] Die weiteren Beitrittsvoraussetzungen, namentlich die formellen Anforderungen des § 70 ZPO und das materielle Beitrittsinteresse nach § 66 ZPO sind nur auf entsprechende Rüge der gegnerischen Hauptpartei im Zwischenstreit gemäß § 71 ZPO zu prüfen.[484]

---

479 Vgl. *von Hoffmann/Hau*, RIW 1997, 89, 92; *Mansel*, ZZP 106 (1996), 61, 71.

480 Zöller/*Vollkommer*, § 74 Rn. 4; *Rosenberg/Schwab/Gottwald*, Zivilprozessrecht, S. 320, § 51 Rn. 25; Musielak/*Weth*, § 74 Rn. 2; MüKoZPO/*Schultes*, § 74 Rn. 3.

481 *Bischof*, MDR 1999, 787 f. mwN.

482 Prütting/*Gehrlein*, § 71 Rn. 1; Zöller/*Vollkommer*, § 71 Rn. 1; *Rosenberg/Schwab/Gottwald*, Zivilprozessrecht, S. 320, § 51 Rn. 25. Der Streitverkünder ist antragsberechtigt, wenn der Empfänger dem Rechtsstreit auf der Seite des Gegners des Verkünders beitritt; vgl. Musielak/*Weth*, § 71 Rn. 2 mwN.

483 BGH NJW 2006, 773; Prütting/*Gehrlein*, § 66 Rn. 14.

484 BGH NJW 2006, 773; BGHZ 38, 110, 111; OLGR Köln 2005, 219.

(1) Zwischenstreit nach § 71 ZPO im Ausgangsverfahren

Kommt es zu einem solchen Zwischenstreit, so sind nach zutreffender Ansicht nicht nur die Voraussetzungen der Nebenintervention, sondern auch die Zulässigkeitsvoraussetzungen der Streitverkündung zu prüfen.[485]

Die wohl herrschende Auffassung geht dagegen davon aus, im Zwischenstreit sei nur zu prüfen, ob der Beitritt des Dritten den formellen Anforderungen des § 70 ZPO entspricht und ob ein materielles Beitrittsinteresse im Sinne von § 66 Abs. 1 ZPO vorlag[486], welches in der Regel in der Streitverkündung zu sehen sei.[487] Eine Prüfung der Streitverkündung finde dann im Folgeprozess nicht mehr statt[488], da die Interventionswirkung in diesem Fall nicht auf der Streitverkündung, sondern allein auf dem Beitritt des Dritten als Nebenintervenient gründe.[489] An den Beitritt des Streitverkündungsempfängers seien keine anderen Anforderungen zu stellen als an den Beitritt eines beliebigen Dritten.[490]

Diese Ansicht verkennt allerdings, dass der Interventionsgrund des § 66 Abs. 1 ZPO erheblich weiter gefasst ist, als der Streitverkündungsgrund des § 72 Abs. 1 ZPO. Stellte man allein auf den Beitritt als Nebenintervenient ab und ließe eine Prüfung der Streitverkündung auch im Folgeprozess nicht mehr zu, so träfe den beigetretenen Streitverkündungsempfänger die Interventionswirkung auch dann, wenn die Streitverkündung unzulässig war. Dazu kommt, dass die herrschende Auffassung in der Streitverkündung selbst, genauer in der durch sie ausgesprochenen Drohung mit der Geltendmachung von Regressansprüchen ein ausreichendes Beitrittsinteresse sieht.[491] Dann könnte der Streitverkünder den Beitrittsgrund aber durch den (möglicherweise rechtlich völlig abwegigen) Formalakt der Streitverkündung selbst schaffen; der Widerspruch der gegnerischen Hauptpartei nach § 71 ZPO müsste stets erfolglos bleiben.[492]

Die herrschende Auffassung verkennt hier insgesamt die unterschiedlichen Interessen des „regulären" Nebenintervenienten und des beitretenden Streitverkündungsempfängers. Tritt eine Person auf eigene Initiative einem fremden

---

485 *Bischof*, JurBüro 1984, 969, 1312 f.; *ders.*, MDR 1999, 787, 788. In diesem Sinne auch OLGR Köln 2005, 219 und OLG München VersR 1976, 72.

486 MüKoZPO/*Schultes*, § 74 Rn. 3; Stein/Jonas/*Bork*, § 74 Rn. 3; Zöller/*Vollkommer*, § 74 Rn. 2; OLG Frankfurt NJW 1970, 817; Musielak/*Weth*, § 74 Rn. 2; Wieczorek/Schütze/*Mansel*, § 74 Rn. 23.

487 Baumbach/Lauterbach, § 74 Rn. 3; Stein/Jonas/*Bork*, § 74 Rn. 3.

488 Ausdrücklich Zöller/*Vollkommer*, § 74 Rn. 2;Musielak/*Weth*, § 74 Rn. 2; Prütting/*Gehrlein*, § 74 Rn. 3. In diesem Sinne auch BGH NJW-RR 2008, 519, 520 und OLG Hamm NJW-RR 1988, 155. aA OLG Frankfurt NJW 1970, 817, welches wohl davon ausgeht, dass im Zwischenstreit die *Nebenintervention* und im Folgeprozess dann die *Streitverkündung* geprüft wird.

489 Vgl. BGH WM 1976, 56.

490 So Wieczorek/Schütze/*Mansel*, § 74 Rn. 23 und 32. Im Falle des Beitritts komme es auf die Wirksamkeit der Streitverkündung grundsätzlich nicht an.

491 Z.B. Baumbach/Lauterbach, § 74 Rn. 3 und Stein/Jonas/*Bork*, § 74 Rn. 3.

492 *Bischof*, MDR 1999, 787, 788.

Rechtsstreit bei, um eine der Hauptparteien zu unterstützen, so muss er – falls der Gegner der unterstützten Partei einen Zwischenstreit einberuft – glaubhaft machen, dass er ein rechtliches Interesse am Obsiegen der unterstützten Partei hat.

Der Streitverkündungsempfänger hat per se aber überhaupt kein Beitrittsinteresse. Im Gegenteil möchte er in der Regel nur zu gerne mit der Konsequenz aus dem Prozess heraus verwiesen werden, dass im Folgeprozess keine Interventionswirkung eingreift.[493] Sein Beitritt wird häufig allein aus dem Grund stattfinden, um im Hinblick auf die ohnehin gemäß §§ 74 Abs. 3, 68 ZPO drohende Bindungswirkung wenigstens auf den Ausgang des Prozesses Einfluss zu nehmen. Diesen Druck hat der einfache Nebenintervenient nicht: Er kann sich tatsächlich entscheiden. Tritt er dem Rechtsstreit im eigenen Interesse zur Unterstützung einer der Parteien bei, trifft ihn eben in einem etwaigen Folgeprozess auch die Interventionswirkung des § 68 ZPO, sofern sein Beitritt nicht rechtskräftig zurückgewiesen wurde. Verzichtet er auf die Unterstützung der Hauptpartei, trifft ihn in Ermangelung einer Streitverkündung auch keine Bindungswirkung im potentiellen Folgeprozess.

Dem Streitverkündungsempfänger bleibt diese Wahl dagegen nicht. Er stünde nach der Auffassung der herrschenden Meinung vielmehr vor folgendem Dilemma.[494] Tritt er dem Rechtsstreit bei, um auf den Prozess Einfluss zu nehmen, stünde die Interventionswirkung im Folgeprozess fest, auch wenn die Streitverkündung unzulässig und damit grundsätzlich gar nicht in der Lage war, eine Interventionswirkung nach §§ 74 Abs. 3, 68 ZPO auszulösen. Seine Alternative bestünde darin, auf die Verteidigungsmöglichkeit im Vorprozess zu verzichten, um die Zulässigkeit der Streitverkündung im Folgeprozess angreifen zu können. Dabei riskierte er aber, dass er an die tatsächlichen und rechtlichen Feststellungen des Gerichts im Vorprozess gebunden wird, ohne dass er auf den Ausgang dieses Rechtsstreits Einfluss nehmen konnte. Diese Situation ist untragbar, da der Streitverkündungsempfänger in beiden Fällen gezwungen wäre, auf eine seiner rechtlichen geschützten Positionen zu verzichten.[495]

---

493 *Bischof*, MDR 1999, 787, 788.

494 Auch der BGH sieht diese Zwangslage in seiner Entscheidung in WM 1976, 56, zieht daraus aber keine Konsequenzen. Er formuliert: „Allerdings besteht bei jeder Streitverkündung ein gewisser Zugzwang für den Verkündungsgegner, denn er muss sich entscheiden; Entweder tritt er bei, um den Prozess in seinem Sinne günstig zu beeinflussen – dann muss er im Folgeprozess die Interventionswirkung hinnehmen (…). Oder er tritt nicht bei und beschränkt sich darauf, im Folgeprozess die Interventionswirkung anzugreifen, wobei er auch die Zulässigkeit der Streitverkündung beanstanden kann. Gerade wegen dieser Wahlmöglichkeit zwischen dem Beitritt und der Verteidigung ausschließlich im Folgeprozess geht aber die Ansicht (…) fehl, dass ein Beitritt auf unzulässige Streitverkündung nicht freiwillig erklärt werde und deshalb die Wirkungen des § 68 nicht auslösen könne."

495 Vgl. *Kraft*, S. 152 ff. Hinter der internationalen Zuständigkeit – also auch hinter der Streitverkündungszuständigkeit – stehe der verfassungsrechtlich geschützte Anspruch

Es stehen grundsätzlich zwei Möglichkeiten zur Verfügung, um dieses Ergebnis zu vermeiden. Zum einen könnte man der herrschenden Meinung insoweit folgen, als dass im Zwischenstreit tatsächlich nur die Voraussetzungen der Nebenintervention an sich geprüft werden. Gibt der beigetretene Streitverkündungsempfänger aber zu erkennen, dass er von der Unzulässigkeit der Streitverkündung ausgeht, ist im Folgeprozess eine Prüfung der Streitverkündungsvoraussetzungen vorzunehmen.[496] Dieser Lösungsweg ist angesichts des ohnehin stattfindenden Zwischenstreits aber unökonomisch. Die Streitverkündungsvoraussetzungen sollten vielmehr bereits im Rahmen des Zwischenstreits geklärt werden. Auf Antrag der gegnerischen Hauptpartei ist daher nicht nur zu prüfen, ob ein Interventionsgrund nach § 66 Abs. 1 ZPO vorliegt. Die Prüfung des materiellen Beitrittsinteresses wird vielmehr durch die Prüfung des Streitverkündungsgrundes nach § 72 Abs. 1 ZPO ersetzt.[497]

Als Zwischenergebnis ist Folgendes festzuhalten. Sofern der Streitverkündungsempfänger dem Rechtsstreit auf Seiten des Verkünders beigetreten ist und dessen Gegner einen Zwischenstreit nach § 71 ZPO eingeleitet hat, sind die Voraussetzungen der Streitverkündung bereits im Ausgangsverfahren zu überprüfen. Eine grundlose Streitverkündung scheidet als Grundlage für den Beitritt des Streitverkündungsempfängers aus.[498] Wird dem Antrag auf Zurückweisung der Nebenintervention stattgegeben, entfällt die Interventionswirkung im Folgeprozess. Bleibt er erfolglos, so tritt die Interventionswirkung im Folgeprozess ein, ohne dass die Voraussetzungen der Streitverkündung dort erneut zu überprüfen wären.

(2) Kein Zwischenstreit

Umstritten ist, ob und wie die Voraussetzungen der Streitverkündung geprüft werden, wenn der Streitverkündungsempfänger dem Rechtsstreit beigetreten, ein

auf ein faires Verfahren. Hinter der Möglichkeit, auf den Vorprozess Einfluss zu nehmen, steht der verfassungsrechtliche Anspruch auf rechtliches Gehör. Der Streitverkündungsempfänger könne nicht gezwungen werden, eine seiner verfassungsrechtlich geschützten Positionen aufzugeben.

496 So wohl OLG Frankfurt NJW 1970, 817. Dort heißt es: „Entgegen der Auffassung des Einzelrichters waren bei der Prüfung der Frage, ob der Streitverkündete der beklagten Stadt in dem anhängigen Rechtsstreit zum Zwecke ihrer Unterstützung beitreten konnte, nicht die materiellen Voraussetzungen zu prüfen, unter denen eine Streitverkündung erklärt werden kann. Diese Prüfung muss und kann erst in dem nach Abschluss dieses Verfahrens etwa stattfindenden Nachprozess (…) erfolgen. Die Zulassung eines Streithelfers ist vielmehr nur davon abhängig, ob dieser ein rechtliches Interesse daran hat, dass die Partei, der er beitreten will, obsiegt.

497 Gibt der Dritte jedoch zu erkennen, dass er ein echtes Beitrittsinteresse hat, er also nicht allein aufgrund der drohenden Bindungswirkung der (möglicherweise unzulässigen) Streitverkündung beigetreten ist, bleibt es bei der Prüfung der Nebenintervention. Eine weitere Prüfung der Streitverkündung im Folgeprozess ist dann ausgeschlossen.

498 So OLGR Köln 2005, 219; Musielak/*Weth*, § 74 Rn. 2.

Zwischenstreit über die Zulässigkeit seines Beitritts jedoch nicht erfolgt ist. Die zitierte – wohl herrschende – Auffassung geht auch in diesem Fall davon aus, dass die Zulässigkeit der Streitverkündung im Folgeprozess nicht mehr zu prüfen ist.[499]

Nach dem BGH[500] folgt aus der Tatsache, dass der Streitverkündungsempfänger bei einem Beitritt nach den Grundsätzen der Nebenintervention zu behandeln sei, gleichsam auch die Anwendbarkeit von § 71 Abs. 3 ZPO. Danach wird der Intervenient im Hauptverfahren zugezogen, solange nicht die Unzulässigkeit der Intervention rechtskräftig ausgesprochen ist. Nach Maßgabe des § 74 Abs. 3 ZPO treten die prozessualen Wirkungen des § 68 ZPO ein. Insoweit werde die Zulässigkeit der Streitverkündung im Folgeprozess nicht mehr geprüft. Wird der Beitritt nicht rechtskräftig zurückgewiesen, löse folglich auch eine unzulässige Streitverkündung die Interventionswirkung des § 68 ZPO aus.

Auch das OLG Hamm[501] führte in einer viel zitierten Entscheidung aus, der Streitverkündungsempfänger sei aufgrund seines Beitritts als Nebenintervenient zu behandeln. Dies habe zur Folge, dass die Nebeninterventionswirkung des § 68 ZPO zum Tragen komme und zwar – wegen des erfolgten Beitritts – sogar ohne Rücksicht darauf, ob die Voraussetzungen der Streitverkündung gemäß § 72 Abs. 1 ZPO im Vorprozess vorgelegen haben oder nicht. Die Nebenintervention als solche löse die Interventionswirkung aus, so dass die Streitverkündung auch im Folgeprozess nicht mehr auf ihre Zulässigkeit hin zu prüfen sei.

Die bereits beschriebene Zwangslage des Streitverkündungsempfängers zeigt sich in der vorliegenden Konstellation noch deutlicher. Folgte man dieser Auffassung, so würde der Streitverkündungsempfänger im Falle seines Beitritts stets der Interventionswirkung unterworfen, ohne dass die Zulässigkeit der Streitverkündung überhaupt geprüft werden könnte. Er selbst kann ja einen Zwischenstreit nicht einleiten. Eine Prüfung der Zulässigkeit der Streitverkündung könnte er nur erreichen, in dem er den für ihn gefährlichen Weg des Nichtbeitritts wählte[502] und damit auf die Wahrnehmung seines rechtlichen Gehörs verzichtete. Dies ist vor dem Hintergrund seiner Zwangslage, die sich deutlich von dem auf Freiwilligkeit beruhenden Beitritt des Nebenintervenienten unterscheidet, nicht hinzunehmen.

Zur Lösung dieser Problematik wurde im Schrifttum vereinzelt angedeutet, der Streitverkündungsempfänger könne analog § 71 ZPO im Vorprozess beantragen, die Streitverkündung zurückzuweisen.[503] Diese Ansicht hat jedoch kaum Beachtung gefunden und wird insbesondere aus systematischen Gründen abge-

---

499 BGH NJW-RR 2008, 519, 520; BGH WM 1976, 56; OLG Hamm NJW-RR 1988, 155; *Rosenberg/Schwab/Gottwald*, Zivilprozessrecht, S. 320, § 51 Rn. 26; Stein/Jonas/*Bork*, § 66 Rn. 4; Wieczorek/Schütze/*Mansel*, § 74 Rn. 23.

500 BGH NJW-RR 2008, 519, 520.

501 OLG Hamm NJW-RR 1988, 155.

502 Vgl. Musielak/*Weth*, § 74 Rn. 2.

503 *Jauernig*, Zivilprozessrecht, § 84 II; so wohl auch *Werres*, NJW 1984, 208, Fn. 6.

lehnt.[504] Die Zwangslage des beitretenden Streitverkündungsempfängers kann aber auch auf einem anderen Weg beseitigt werden, mit dem bereits einige Stimmen in der Literatur sympathisieren.[505] Danach sollte dem beitretenden Dritten, der die Zulässigkeit der Streitverkündung bereits im Vorprozess ausdrücklich bestreitet und eindeutig nur hilfsweise zum Streitverkündungsgrund ausführt, im Folgeverfahren die Möglichkeit erhalten bleiben, die Zulässigkeit der Streitverkündung anzugreifen. Nur wer keinerlei Ausführungen zur Unzulässigkeit der Streitverkündung macht und dem Rechtsstreit völlig vorbehaltlos beitritt, sich damit gewissermaßen rügelos auf die Streitverkündung einlässt, muss hinnehmen, dass eine Zulässigkeitsprüfung auch im Folgeprozess nicht mehr erfolgt.

Zusammenfassend kann festgehalten werden, dass ein im Sinne von § 71 ZPO unbeanstandet gebliebener Beitritt des Streitverkündungsempfängers nur dann ohne gerichtliche Prüfung der Streitverkündungsvoraussetzungen zum Eintritt der Interventionswirkung führt, wenn der Dritte völlig vorbehaltlos beigetreten ist. Hat er die Zulässigkeit der Streitverkündung aber bezweifelt, so bleibt ihm die Möglichkeit erhalten, die Voraussetzungen der Streitverkündung im Folgeprozess anzugreifen.

b. Keine Differenzierung bei der Frage der Verjährungshemmung

Der allgemeine Grundsatz, dass die Voraussetzungen der Streitverkündung erst im Folgeprozess gerichtlich überprüft werden, gilt im Rahmen der Frage der Verjährungshemmung durch Streitverkündung uneingeschränkt, und zwar ohne dass eine Differenzierung nach dem Beitritt oder Nichtbeitritt des Dritten vorzunehmen ist.[506]

Die materiellrechtliche Wirkung der Verjährungshemmung setzt eine zulässige Streitverkündung voraus. Sie knüpft aber – anders als die prozessuale Interventionswirkung – gemäß § 204 Abs. 1 Nr. 6 BGB allein an die Zustellung der Streitverkündungsschrift an. Der Beitritt als Nebenintervenient ist hingegen we-

---

504 *Bischof*, MDR 1999, 787, 788 weist darauf hin, dass im Zwischenstreit grundsätzlich der Nebenintervenient die Darlegungs- und Beweislast hinsichtlich seines Beitrittsinteresses trage. Bei einem Antrag im Sinne von § 71 ZPO seitens des Streitverkündungsempfängers müsse, ließe man den Widerspruch zu, der Streitverkünder die Darlegungs- und Beweislast für das Beitrittsinteresse / den Streitverkündungsgrund tragen. Dies zeige die Systemfremdheit des Widerspruchsrechts des Streitverkündungsempfängers. Ablehnend weiterhin Stein/Jonas/*Bork*, § 72 Rn. 17; Wieczorek/Schütze/*Mansel*, § 72 Rn. 85; *Knöringer*, JuS 2007, S. 335, 340.

505 *Kraft*, S. 154 ff.; *Bischof*, JurBüro 1984, 969, 1313 f.; *ders.*, MDR 1999, 787, 788 f.; *Rosenberg/Schwab/Gottwald*, Zivilprozessrecht, S. 320, § 51 Rn. 25; Musielak/*Weth*, § 74 Rn. 2; Prütting/*Gehrlein*, § 74 Rn. 3. In diesem Sinne wohl auch *Knöringer*, JuS 2007, S. 335, 340.

506 BGH NJW 2008, 519, 520.

der notwendige noch hinreichende Bedingung. Ein vorbehaltloser Beitritt enthebt das Gericht des Folgeprozesses also nicht von der Prüfung der Zulässigkeit der Streitverkündung, sofern es um die verjährungshemmende Wirkung der Streitverkündung geht.[507] Hat das Gericht des Vorprozesses aber im Rahmen eines Zwischenstreits bereits rechtskräftig über die Zulässigkeit der Streitverkündung entschieden, ist das Folgegericht an diese Entscheidung gebunden und hat keine eigenständige Prüfung mehr vorzunehmen.

c. Umfang der Prüfung im Folgeprozess

Die vorangegangene Untersuchung hat gezeigt, dass es – sofern die Interventionswirkung der Streitverkündung in Frage steht – immer dann zu einer Prüfung der Streitverkündung im Folgeprozess kommen kann, wenn der Streitverkündungsempfänger dem Rechtsstreit im Vorprozess nicht beigetreten ist bzw. er im Falle eines im Sinne von § 71 ZPO unbeanstandet gebliebenen Beitritts die Zulässigkeit der Streitverkündung bereits im Vorprozess ausdrücklich in Frage gestellt hat. Eine Prüfung im Folgeprozess scheidet dagegen aus, wenn im Vorprozess ein Zwischenstreit stattfand, über die Zulässigkeit der Streitverkündung also bereits rechtskräftig entschieden wurde bzw. der Beitritt des Streitverkündungsempfängers im Vorprozess völlig ohne Protest erfolgt ist.

aa. Amtswegige Prüfung

Grundsätzlich sind die Prozessvoraussetzungen in jeder Lage des Verfahrens von Amts wegen zu prüfen.[508] Im Falle des Nichtbeitritts prüft das Gericht des Folgeprozesses daher von Amts wegen, ob der Empfänger der Streitverkündung partei- und prozessfähig war[509] und der deutschen Gerichtsbarkeit unterlegen hat.[510]

Im Falle des Beitritts des Streitverkündungsempfängers als Nebenintervenient waren die persönlichen Prozesshandlungsvoraussetzungen bereits vom Vorgericht amtswegig zu prüfen[511], so dass eine Prüfung im Folgeprozess entfällt. Ein Beitritt ist weiterhin als Verzicht auf den Einwand der fehlenden Gerichtsbarkeit zu werten, so dass auch diese Prozessvoraussetzung im Folgeprozess nicht mehr zu prüfen ist.[512]

bb. Prüfung auf Einrede

Auf Einrede des Streitverkündungsempfängers hin prüft das Gericht des Folgeprozesses, ob ein Streitverkündungsgrund im Sinne von

507 BGH NJW 2008, 519, 520.
508 Zöller/*Greger*, Vor § 253 Rn. 9.
509 *Kraft*, S. 161.
510 Wieczorek/Schütze/*Mansel*, § 74 Rn. 16; Allgemein *Geimer*, IZPR, S. 243 Rn. 525.
511 BGH NJW 2006, 773; Prütting/*Gehrlein*, § 66 Rn. 14; Zöller/*Vollkommer*, § 71 Rn. 4.
512 *Kraft*, S. 160.

(Art. 65 Abs. 1 S. 2 EuGVO i. V. m.) § 72 ZPO gegeben war und ob die Streitverkündung den formellen Anforderungen des § 73 ZPO genügte.[513] Formelle Mängel müssen allerdings gemäß § 295 Abs. 1 ZPO bereits in der ersten mündlichen Verhandlung gerügt werden, andernfalls werden sie geheilt.[514]

cc. Feststellung der Reichweite der Interventionswirkung

Ist eine wirksame Streitverkündung festgestellt, so hat das Folgegericht zu prüfen, inwieweit ein übereinstimmender Sachverhalt, also identische Tatsachen- und Rechtsfragen vorliegen, und ob die Unterstützungsmöglichkeit des Dritten im Vorprozess nach §§ 74 Abs. 3, 67 Hs. 2 ZPO gegeben war. Weiterhin prüft es, ob es sich um tragende Feststellungen des Vorprozesses handelt und ob die Einrede der mangelhaften Prozessführung im Sinne von § 68 Hs. 2 ZPO durchdringen kann.[515]

2. Das Verbot der Nachprüfung der internationalen Zuständigkeit

a. Grundsatz des Art. 35 Abs. 3 EuGVO

Im Rahmen der Urteilsanerkennung darf der Zweitrichter, der über die Anerkennung bzw. Zulassung zur Zwangsvollstreckung im Zweitstaat zu befinden hat, die internationale Zuständigkeit des Erststaates gemäß Art. 35 Abs. 3 EuGVO nicht nachprüfen. Dieses grundsätzliche Verbot der Nachprüfung der internationalen Zuständigkeit hat zur Folge, dass die übrigen Mitgliedstaaten die Anerkennung auch dann nicht verweigern dürfen, wenn die anzuerkennende Entscheidung unter Verletzung der europäischen Zuständigkeitsordnung ergangen ist.[516] Fehlentscheidungen in der Zuständigkeitsfrage werden also hingenommen, gleichgültig ob sie durch unzutreffende tatsächliche Feststellungen oder durch fehlerhafte Rechtsanwendung entstanden sind.[517] Dieser vom nationalen Anerkennungsrecht wesentlich abweichende Grundsatz beruht auf dem Vertrauen, dass sich die einzelnen Mitgliedstaaten bei der Justizgewähr entgegenbringen.[518]

b. Ausnahmeregel des Art. 35 Abs. 1 EuGVO

Das grundsätzliche Verbot der Nachprüfung der internationalen Zuständigkeit im Anerkennungsstadium besteht gemäß Art. 35 Abs. 3 EuGVO unbeschadet

---

513 Wieczorek/Schütze/*Mansel*, § 74 Rn. 16; *Bischof*, JurBüro 1984, 969, 1314.
514 MüKoZPO/*Schilken*, § 73 Rn. 4; Stein/Jonas/*Bork*, § 73 Rn. 3.
515 Vgl. dazu *Bischof*, JurBüro 1984, 969, 1314.
516 *Geimer*, RIW 1980, S. 305.
517 *Kropholler*, EZPR, Art. 35 Rn. 1; *Geimer/Schütze*, EZVR, Art. 35 Rn. 2.
518 *Jenard*, Bericht zum EuGVÜ, S. 1, 46; *Schoibl*, FS Schütze, S. 777, 779; Rauscher / *Leible*, Art. 35 Rn. 1.

der Bestimmungen des Absatzes 1. Nach Art. 35 Abs. 1 EuGVO wird eine Entscheidung nicht anerkannt, wenn die Vorschriften der Abschnitte 3, 4 und 6 des Kapitels II verletzt worden sind.[519]

Dementsprechend kann die internationale Zuständigkeit noch im Anerkennungsstadium geprüft werden, wenn Anhaltspunkte dafür bestehen, dass eine Vorschrift über die Zuständigkeit in Versicherungs- oder Verbrauchersachen oder eine ausschließliche Zuständigkeit im Sinne des Art. 22 EuGVO verletzt wurde. Für Arbeitssachen gilt dies ausweislich des klaren Wortlauts nicht.[520] Nach zutreffender Ansicht ist diese Ausnahmeregelung teleologisch zu reduzieren und dann nicht anzuwenden, wenn der Versicherungsnehmer bzw. der Verbraucher in der Zuständigkeitsfrage bevorzugt wurde.[521]

Auch das Vorliegen einer Gerichtsstandsabrede kann im Anerkennungsstadium nicht mehr geltend gemacht werden. Zwar begründet eine Gerichtsstandsabrede im Sinne von Art. 23 EuGVO grundsätzlich die ausschließliche Zuständigkeit des prorogierten Gerichts. Dennoch nennt Art. 35 Abs. 1 EuGVO nicht den 7. Abschnitt des Kapitels II. Die Entscheidung ist folglich auch dann anzuerkennen, wenn die Zuständigkeit des Urteilsstaats gemäß Art. 23 EuGVO derogiert war.[522]

c. Anwendbarkeit auf die Streitverkündung

Auf die Frage der Anerkennung der prozessualen Streitverkündungswirkungen finden die Vorschriften der Artt. 33 ff. EuGVO über die Urteilsanerkennung Anwendung[523], so dass das in Art. 35 Abs. 3 EuGVO statuierte Prüfungsverbot grundsätzlich auf die grenzüberschreitende Streitverkündung zu übertragen ist.[524] Im ausländischen Folgeprozess kann eine der Streitverkündung entgegenstehende Gerichtsstandsabrede – aber auch das schlichte Fehlen eines Streitverkündungsgrundes – daher nicht mehr geltend gemacht werden. Allein die Frage, ob die besonderen Vorschriften der Abschnitte 3, 4 und 6 des Kapitels II verletzt worden sind, ist gemäß Art. 35 Abs. 1 EuGVO noch im Anerkennungsstadium prüfbar.[525]

---

519 Die Vorschrift nennt weiterhin den Fall des Art. 72 EuGVO, auf den hier nicht weiter einzugehen ist.

520 *Kropholler*, EZPR, Art. 35 Rn. 10; Rauscher / *Leible*, Art. 35 Rn. 12.

521 *Schlosser*, Art. 34-36 Rn. 32; Rauscher / *Leible*, Art. 35 Rn. 6; *Geimer/Schütze*, EZVR, Art. 35 Rn. 20 ff. und 47 ff.; *Grunsky*, JZ 1973, S. 641, 646, *Geimer*, RIW 1980, S. 305, 306 f.; OLG Düsseldorf NJW-RR 2006, 1079.

522 Rauscher / *Leible*, Art. 35 Rn. 13.

523 Vgl. dazu im dritten Abschnitt unter C. II.

524 Vgl. *Kraft*, S. 290 ff.; *von Hoffmann/Hau*, RIW 1997, 89, 93; *Heß*, JZ 1998, 1021, 1029; *Nogratnig*, S. 110. Zumindest für die Frage der Abredewidrigkeit einer grenzüberschreitenden Streitverkündung auch *Köckert*, S. 261 ff.

525 Vgl. auch *Geimer/Schütze*, EZVR, Art. 33 Rn. 53. Es sei allerdings alternativ zu prüfen, ob eine Zuständigkeitsanknüpfung im Sinne von Art. 2 ff. EuGVO in Bezug auf den Streitverkündungsempfänger oder alternativ im Verhältnis zum Beklagten gegeben sei.

Dagegen geht insbesondere *Mansel* davon aus, die Vorschrift des Art. 35 EuGVO beziehe sich überhaupt nicht auf die Streitverkündung, da diese eine Zuständigkeit nicht voraussetze.[526] Dementsprechend sei das Gericht des Folgeprozesses durch Art. 35 Abs. 3 EuGVO auch nicht gehindert, die Zulässigkeit der Streitverkündung insgesamt nachzuprüfen.[527] *Mansel* geht vielmehr davon aus, das Gericht des Folgeprozesses habe eigenständig zu prüfen, ob die Streitverkündung nach dem im Ausgangsstaat geltenden nationalen Verfahrensrecht in der Lage war, anerkennungsfähige Wirkungen zu zeitigen.[528]

Dagegen ist zunächst vorzubringen, dass die grenzüberschreitende Streitverkündung im Anwendungsbereich der EuGVO nach der hier vertretenen Auffassung vom Vorliegen einer internationalen Zuständigkeit abhängig ist. Auch *Mansel* selbst erkennt, dass der Streitverkündungsgrund funktionell eine Zuständigkeitsregelung darstellt[529] und § 72 ZPO sich zudem mit dem Regresszusammenhang in Art. 6 Nr. 2 EuGVO tatbestandlich weitgehend deckt.[530] Es liegt demnach schon dogmatisch nahe, die Vorschrift des Art. 35 EuGVO auf sämtliche Formen der Gerichtspflichtigkeit nach der Verordnung zu erstrecken und Streitverkündung und Drittklagen im europäischen Interventionsrecht gleich zu behandeln. Dazu kommt die praktische Erwägung, dass sich ein mitgliedstaatliches Gericht im Zweifel durch Art. 35 Abs. 3 EuGVO an der Berücksichtigung einer Gerichtsstandsabrede gehindert sehen wird, auch wenn sich die Frage der Abredewidrigkeit der Streitverkündung äußerlich im Rahmen der Feststellung des Bestehens einer anerkennungsfähigen Streitverkündungswirkung stellt. Der Sache nach handelt es sich eben um eine Zuständigkeits- bzw. Gerichtspflichtigkeitsfrage.

Es ist zwar zuzugeben, dass eine unzulässige Streitverkündung nach nationalem Recht keine Interventionswirkung auszulösen vermag.[531] In diesem Fall

---

Richtigerweise ist zu prüfen, ob die Streitverkündung unter Verletzung einer Vorschrift nach den Abschnitten 3, 4 und 6 des Kapitels II erklärt wurde; vgl. dazu im dritten Abschnitt unter B. III. 2. Ebenso *Nogratnig*, S. 110 f.

526 *Mansel*, Streitverkündung und Interventionsklage, S. 222. *Winter*, S. 96 ist der Ansicht, die Anerkennungsvorschriften stünden einer Prüfung der Zulässigkeit der Streitverkündung nur dann entgegen, wenn die Zulässigkeit der Nebenintervention aufgrund Streitverkündung bereits im Erstverfahren gemäß § 71 ZPO geprüft wurde. Nur in diesem Fall liege eine rechtskräftige Entscheidung vor, die nach Art. 33 ff. EuGVO anerkannt werden könne.

527 Vgl. *Mansel*, ZZP 106 (1996), 61, 75 f. Außerdem finde eine Überprüfung der Verletzung der Vorschriften von Abschnitt 3, 4 und 6 des Kapitels II gemäß Art. 35 Abs. 1 EuGVO nicht statt; *Mansel*, Streitverkündung und Interventionsklage, S. 222; *ders.*, Gerichtspflichtigkeit von Dritten, 196.

528 *Mansel*, ZZP 106 (1996), 61, 75 f.

529 *Mansel*, Streitverkündung und Interventionsklage, S. 189.

530 *Mansel*, ZZP 106 (1996), 61, 74.

531 Dies gilt unstreitig jedenfalls für den Fall des Nichtbeitritts.

ist streng genommen auch nichts vorhanden, das anerkannt werden könnte.[532] Allerdings ist ein Zuständigkeitsmangel bei Gewährleistungs- und Interventionsklagen nach Art. 6 Nr. 2 EuGVO im Anerkennungsstadium in jedem Fall zu akzeptieren. Dieser Vergleich legt nahe, dass ein Zuständigkeitsmangel in der Streitverkündung gleichsam nach Art. 35 Abs. 3 EuGVO vom Folgegericht hinzunehmen ist.

3. Résumé

Zusammenfassend kann festgestellt werden, dass sich die eingangs beschriebene Rechtsschutzlücke nur dann offenbart, wenn der Streitverkündungsempfänger dem Rechtsstreit überhaupt nicht oder nur unter ausdrücklichem Protest beitritt.

Im Falle eines vorbehaltlosen Beitritts des Dritten wird die Streitverkündung schon nach nationalem Recht weder im Vor- noch im Folgeprozess gerichtlich überprüft. Dies entspricht dem Rechtsgedanken der rügelosen Einlassung. Tritt der Dritte dem Rechtsstreit im Vorprozess bei, widerspricht der Gegner des Streitverkünders diesem Beitritt aber nach § 71 ZPO, so wird im Vorprozess rechtskräftig über die Zulässigkeit der Streitverkündung entschieden. In beiden Konstellationen führt das grundsätzliche Verbot der Zuständigkeitsprüfung nach Art. 35 Abs. 3 EuGVO im Folgeprozess zu keinem Konflikt, da eine Prüfung ohnehin entbehrlich ist bzw. sie bereits im Vorprozess durchgeführt wurde.

Tritt der Empfänger der Streitverkündung dem Rechtsstreit jedoch nicht bei, so kommt es nach nationalem Recht erst im Folgeprozess zur Überprüfung der Streitverkündung. Findet dieser in einem anderen Mitgliedstaat statt, ergibt sich die beschriebene Problemlage. Der Streitverkündungsempfänger hat aufgrund von Art. 35 Abs. 3 EuGVO keine Möglichkeit, die Unzulässigkeit der Streitverkündung vorzubringen, sofern nicht die Ausnahme des Art. 35 Abs. 1 EuGVO eingreift. Gleiches gilt, wenn der Dritte dem Rechtsstreit im Vorprozess zwar beigetreten ist, er die Zulässigkeit der Streitverkündung aber von Anfang an ausdrücklich angezweifelt hat. In diesem Fall ist ihm nach richtiger Ansicht das Recht zuzugestehen, die Zulässigkeit der Streitverkündung im Rahmen des Folgeprozesses anzugreifen. Dieses Recht wird ihm, wenn der Folgeprozess in einem anderen Mitgliedstaat entschieden wird, durch Art. 35 Abs. 3 EuGVO genommen.

Diese Rechtslage ist nicht hinnehmbar. Es wurde bereits festgestellt, dass der Empfänger einer grenzüberschreitenden Streitverkündung ähnlich schutzwürdig ist, wie ein ausländischer Beklagter. Die Frage, ob eine Person in einem andern Staat (mittelbar) gerichtspflichtig gemacht werden kann, muss gerichtlich nachprüfbar sein. Andernfalls wäre es sinnlos, überhaupt Anforderungen an

---

532 Im Rahmen der Annerkennungsvorschriften der Verordnung gilt der Grundsatz der Wirkungserstreckung, vgl. *Kropholler*, EZPR, vor Art. 33 Rn. 9 mwN. Demnach kann eine Entscheidung im Zweitstaat keine weitergehenden Wirkungen als im Erststaat entfalten, vgl. *Schütze*, IPRax 1994, 266, 267.

eine grenzüberschreitende Streitverkündung zu stellen. Der Empfänger einer grenzüberschreitenden Streitverkündung muss daher – ebenso wie ein Drittbeklagter nach Art. 6 Nr. 2 EuGVO – die Möglichkeit erhalten, die fehlende Gerichtspflichtigkeit des Gerichts des Vorprozesses zu rügen, sei es im Vorprozess oder im nachfolgenden (Regress-)Prozess.

II. Möglichkeiten der Konfliktlösung

Um den beschriebenen Konflikt zwischen dem nationalen Verfahrensrecht und dem System der EuGVO aufzulösen, kommen grundsätzlich zwei Möglichkeiten in Betracht. Zum einen könnte das in Art. 35 Abs. 3 EuGVO statuierte Nachprüfungsverbot für den Fall der grenzüberschreitenden Streitverkündung im europäischen Rechtsraum teleologisch reduziert werden, so dass das Gericht des Folgeprozesses die Zulässigkeit der Streitverkündung überprüfen könnte. Die zweite Möglichkeit besteht in einer Anpassung des nationalen Verfahrensrechts dahingehend, dass die Streitverkündung in den beschriebenen Konstellationen bereits im Vorprozess zu prüfen ist.

1. Lösung auf Verordnungsebene

Die Rechtsschutzlücke des Streitverkündungsempfängers könnte durch eine Durchbrechung des Nachprüfungsverbotes durch teleologische Reduktion des Art. 35 Abs. 3 EuGVO geschlossen werden. Dies erscheint insofern möglich, als dass Art. 35 Abs. 3 EuGVO keinesfalls den Zweck verfolgt, den Rechtsschutz der von der Verordnung betroffenen Personen zu verkürzen. Er ist vielmehr Ausdruck des wechselseitigen Vertrauens in die Rechtspflege der Mitgliedstaaten.

Dem Nachprüfungsverbot liegt der Gedanke zu Grunde, dass das Erstgericht seine Kompetenz geprüft hat.[533] Das Ergebnis dieser Prüfung soll im Anerkennungsverfahren nicht mehr in Frage gestellt werden können. Der *Jenard*-Bericht zum EuGVÜ formuliert diesbezüglich, das Vertrauen in die sachliche Richtigkeit der Entscheidung müsse sich, wie sich von selbst verstehe, auch darauf erstrecken, dass der Richter des Urteilsstaates die Zuständigkeitsregeln des Übereinkommens richtig angewendet habe.[534] Den Fall, dass das Erstgericht seine Zuständigkeit zum Nachteil des Betroffenen noch gar nicht geprüft hat, übersieht Art. 35 Abs. 3 EuGVO völlig. Dies ist im Bereich der regulären Klageverfahren auch richtig, denn die Artt. 25, 26 EuGVO sehen einen gewissen Mindeststandard an gerichtlicher Zuständigkeitsprüfung zu Gunsten des Beklagten – besser: Gerichtspflichtigen – vor.[535] Danach hat das Gericht eines Mitgliedstaa-

533 Vgl. *von Hoffmann/Hau*, RIW 1997, 89, 94.
534 *Jenard*, Bericht zum EuGVÜ, S. 1, 46.
535 Vgl. *Schoibl*, FS Schütze, S. 777, 780; Rauscher / *Mankowski*, Art. 26 Rn. 1. Zur Prüfung der internationalen Zuständigkeit nach dem EuGVÜ vgl. auch *Geimer*, WM 1986, 117 ff.

tes seine Zuständigkeit im Erkenntnisverfahren von Amts wegen zu prüfen, wenn ein anderes Gericht nach Art. 22 EuGVO ausschließlich zuständig ist oder der Beklagte sich auf das Verfahren überhaupt nicht eingelassen hat. Art. 35 Abs. 3 EuGVO will demnach nicht die Nachholung einer bislang unterbliebenen Prüfung verhindern, sondern nur gewährleisten, dass die von dem Gericht eines Mitgliedstaates vorgenommene Kompetenzprüfung in den anderen Mitgliedstaaten ohne eine wiederholte Prüfung akzeptiert wird.

Gegen eine Konfliktlösung durch Anpassung der Grundsätze der EuGVO spricht jedoch der grundsätzliche Anwendungsvorrang des Gemeinschafts- bzw. Unionsrechts.[536] Im Falle der Kollision von nationalem und Europarecht setzt sich das letztgenannte ohne weiteres durch.[537] Auch wenn es sich bei der vorliegenden Problematik nicht um eine echte Normenkollision handelt, scheint eine Anpassung des nationalen Verfahrensrechts vorzugwürdig.[538] Auch die Systemwidrigkeit einer Zuständigkeitsprüfung durch das mit der Anerkennung einer Entscheidungswirkung befasste Gericht spricht gegen eine Anpassung auf Verordnungsebene. Es wurde bereits festgestellt, dass die Prüfung der Zulässigkeit einer Streitverkündung der Sache nach eine Zuständigkeitsprüfung ist. Dies zeigt sich insbesondere, wenn die Streitverkündung aufgrund Derogation gemäß Art. 23 EuGVO unzulässig ist. Die EuGVO überlässt die Zuständigkeitsprüfung aber grundsätzlich dem Erstgericht, wie die Artt. 24 bis 26 und 35 EuGVO verdeutlichen. Systemkonform wäre also eine Lösung auf nationalrechtlicher Ebene, die eine Prüfung der Streitverkündung im Vorprozess vorsieht. Das Gericht des Folgeprozesses wäre dann gemäß Art. 35 Abs. 3 EuGVO an diese Einschätzung gebunden.

Hinzu kommt, dass eine Durchbrechung von Art. 35 Abs. 3 EuGVO zu einer komplizierten und undurchsichtigen Rechtslage führte. Das Gericht des Folgeprozesses hätte eine Kette von Fragen zu prüfen, die sich nach fremdem Verfahrensrecht richteten.[539] Neben der Frage der Anerkennung der Streitverkündungswirkung nach Art. 65 Abs. 2 S. 2 EuGVO und der Anwendung der Bindungswirkung im konkreten Fall müsste es zunächst feststellen, ob die ausländische Streitverkündung überhaupt eine prozessuale Bindungswirkung ausgelöst hat.[540] Dafür müsste es – sofern die Streitverkündung in Deutschland stattgefunden hat – auf die von der deutschen Rechtsprechung und Lehre entwickelten Grundsätze zurückgreifen und somit nicht nur eine zusätzliche Sprachbarriere überwinden, sondern in eine ohnehin nicht völlig geklärte Rechtsmaterie eindringen. Im Falle des Nichtbeitritts – nach der hier vertretenen Auffassung auch

536 Vgl. *Kropholler*, EZPR, Einl Rn. 40; *Oppermann*, Europarecht, S. 203 § 11 Rn. 9.
537 So bereits EuGH v. 15.7.1964, Rs. 6/64 (*Costa*), NJW 1964, 2371, 2372.
538 So auch *von Hoffmann/Hau*, RIW 1997, 89, 94; *Köckert*, S. 261 ff.
539 Dieser Aspekt wird auch in der Study JLS/C4/2005/03, S. 114 Rn. 240 betont.
540 In diesem Sinne aber *Mansel*, Gerichtspflichtigkeit von Dritten, S. 200 f.

im Falle des Beitritts unter Protest[541] – müsste es sodann prüfen, ob die Streitverkündung zulässig war.

Das Gericht des Folgeprozesses wird indes mit der ohnehin zu prüfenden Frage der Anerkennung der Streitverkündungswirkung nach Art. 65 Abs. 2 S. 2 EuGVO und der Anwendung der Bindungswirkung im konkreten Fall schon herausgefordert sein. Es erscheint nahezu ausgeschlossen, dass die Gerichte der anderen Mitgliedstaaten in der Lage sein werden, auch noch die Frage nach dem Eintritt der Interventionswirkung zuverlässig zu beantworten.[542] Die Vermeidung einer derartigen Rechtsunsicherheit spricht also ebenfalls dafür, das Problem im Rahmen des nationalen Rechts anzugehen.

2. Anpassung des nationalen Verfahrensrechts

Es finden sich bereits einige Stimmen in der Literatur, die sich ausnahmsweise für eine vorgezogene Zulässigkeitsprüfung der Streitverkündung im Ausgangsverfahren aussprechen, sofern der Folgeprozess in einem anderen Mitgliedstaat stattfindet.[543] Auch das OLG Köln musste sich bereits mit dieser Frage befassen.

a. Bisheriger Meinungsstand

aa. Literatur

Zum Teil wird vertreten, die Zulässigkeit der Streitverkündung sei immer dann bereits im Ausgangsprozess zu prüfen, wenn der Streitverkündungsempfänger seinen Wohnsitz im Ausland habe.[544] *Vollkommer* verlangt eine Prüfung der Streitverkündung im inländischen Hauptprozess entsprechend § 71 ZPO, wenn

---

541 Nach der herrschenden Auffassung müsste es eine solche Prüfung nur dann vornehmen, wenn der Streitverkündungsempfänger dem Rechtsstreit nicht beigetreten ist. Im Falle des Beitritts des Dritten als Nebenintervenient knüpfe die Interventionswirkung allein an diesen Beitritt an und treffe ihn unabhängig davon, ob die vorausgegangene Streitverkündung zulässig war; vgl. BGH NJW-RR 2008, 519, 520.

542 Vgl. dazu den Diskussionsbeitrag *Pirrungs* in Hommelhoff/Jayme/Mangold (Hrsg.), Europäischer Binnenmarkt, IPR und Rechtsangleichung, S. 271: „(…); aber ich bin sehr skeptisch, ob das irgendjemand in einem anderen Staat, der nicht unsere Prozessordnung hat, nachvollziehen kann.“ Weiter auf S. 274: „So etwas wie die Streitverkündung ist einem ausländischen Gericht unheimlich; erstens kennt es das selbst nicht, und zweitens soll es dann auch noch irgendwelche Wirkungen nach einer fremden Prozessordnung beurteilen!“

543 *von Hoffmann/Hau*, RIW 1997, 89, 92 ff.; Zöller/*Vollkommer*, § 72 Rn. 2; *Schlosser*, Art. 6 Rn. 7; *Winter*, S. 94 ff.

544 *Schlosser*, Art. 6 Rn. 7. Er stellt ohne weitere Begründung fest, der Grundsatz der Verfahrensfairness gebiete eine solche vorgezogene Prüfung der Streitverkündung im Ausgangsprozess. *Winter*, S. 94 ff. beschränkt diese Aussage auf den Fall, dass der Streitverkündungsempfänger seinen Wohnsitz in einem anderen Mitgliedstaat hat.

der Regressprozess im Ausland stattfindet und ein schutzwürdiges Interesse des Streitverkündungsempfängers vorliegt.[545]

Ausführlich begründet wurde die These von der vorgezogenen Streitverkündungsprüfung in Auslandsfällen bislang nur von *v. Hoffmann / Hau.*[546] Dabei haben die Autoren hauptsächlich den Fall der abredewidrigen Streitverkündung im europäischen Zivilrechtsverkehr im Auge. Sie gehen mit der hier vertretenen Ansicht davon aus, dass eine der Streitverkündung entgegenstehende Gerichtsstandsvereinbarung aufgrund von Art. 28 Abs. 3 EuGVÜ (entspricht Art. 35 Abs. 3 EuGVO) im Folgeprozess nicht mehr geltend gemacht werden kann.[547] Dadurch könne die im Vorprozess zunächst offen gelassene Prüfung der Zulässigkeit der Streitverkündung im Folgeprozess auch nicht mehr nachgeholt werden. Die Abredewidrigkeit der Streitverkündung könne dementsprechend überhaupt nicht geltend gemacht werden, sähe man von einer Anpassung des nationalen Rechts ab. Die Streitverkündung sei deshalb bereits im Ausgangsprozess zu prüfen, wenn der Regressprozess nicht im Inland stattfinden könne und es dem später angerufenen ausländischen Gericht verwehrt sei, diese Prüfung seinerseits vorzunehmen.[548] In diesem Fall seien die schutzwürdigen Interessen des Streitverkündungsempfängers so berührt, dass ihm ein Antragsrecht nach § 71 ZPO analog einzuräumen ist.[549]

Ihre Auffassung begründen die Autoren weiterhin mit prozessökonomischen Erwägungen.[550] Ein deutsches Gericht sei mit den Voraussetzungen der Streitverkündung nach deutschem Recht am Besten vertraut und daher auch am Besten geeignet, diese zu überprüfen. Der ausländische Richter im Folgeprozess sei dagegen in einer ungleich schwierigeren Lage. Angesichts bestehender Sprachbarrieren und schwer erreichbarer Informationen zu ausländischem Recht sei die Prüfung der Streitverkündung im Folgeprozess mit erheblich gesteigertem Zeit- und Kostenaufwand verbunden.

Letztlich geben *von Hoffmann / Hau* noch zu bedenken, dass die Frage nach dem Eintreten der Interventionswirkung in mehreren Staaten bedeutsam werden könnte. Auch der Gedanke des internationalen Entscheidungseinklangs spreche daher für eine Streitverkündungsprüfung im Ausgangsprozess. Der Gefahr sich widersprechender Folgeurteile und der damit verbundenen Rechtsunsicherheit wäre durch eine verbindliche Feststellung seitens des Ausgangsgerichts entgegengewirkt. Dem Streitverkündungsempfänger sei es dagegen aufgrund der Gefahr einer Leistungswiderklage des Verkünders nicht zuzumuten, eine selbst-

545 Zöller/*Vollkommer*, § 72 Rn. 2.

546 *von Hoffmann/Hau*, RIW 1997, 89, 92 ff.

547 Auch *Kraft*, S. 290 ff. sieht den Konflikt, fordert für dessen Auflösung jedoch ein gesetzgeberisches Tätigwerden.

548 Vgl. auch *Köckert*, S. 94.

549 Ebenso *Heß*, JZ 1998, 1021, 1029.

550 In diesem Sinne auch *Winter*, S. 97.

ständige Feststellungsklage bezüglich der Frage der Interventionswirkung zu erheben.

bb. OLG Köln

Mit Beschluss aus dem Jahre 2002 entschied das OLG Köln, die Zulässigkeit einer Streitverkündung könne auf Antrag des dem Rechtsstreit nicht beitretenden Streitverkündungsempfängers allenfalls dann bereits im Ausgangsverfahren geprüft werden, wenn ein besonderes Interesse für eine solche Prüfung dargelegt werde. Die Tatsache, dass dieser seinen Sitz im – zum Geltungsbereich der EuGVO gehörenden – Ausland habe, vermöge eine solche Prüfung nicht zu rechtfertigen.[551]

Im konkreten Falle verlangte der Kläger vom Beklagten Schadensersatz wegen Nichterfüllung eines Kaufvertrags über einen PKW. Er behauptete, er habe an dem Fahrzeug kein Eigentum erlangen können, da dieses einem früheren Eigentümer in Belgien gestohlen wurde. Der Beklagte behauptete indessen, der frühere Eigentümer habe den Diebstahl nur vorgetäuscht, um die bei einem Diebstahl anfallende Versicherungssumme zu erlangen. Der Kläger sei folglich Eigentümer des Fahrzeuges geworden, so dass die Klage abzuweisen sei. Die Polizei hatte das Fahrzeug zunächst beschlagnahmt, anschließend aber an die belgische Versicherung des früheren Eigentümers herausgegeben, welche den durch den angeblichen Diebstahl entstandenen Schaden reguliert hatte. Der Kläger verkündete der belgischen Versicherung den Streit. Er war der Ansicht, er könne gegen diese einen Herausgabeanspruch (oder einen daran anknüpfenden Ersatzanspruch) geltend machen, wenn der Diebstahl im Ausgangsprozess nicht zu beweisen sei.

Die Streitverkündungsempfängerin beantragte, die Streitverkündung zurückzuweisen. Das LG Köln wies diesen Antrag durch Zwischenurteil zurück. Dagegen erhob die Streitverkündungsempfängerin sofortige Beschwerde zum OLG Köln. Die Streitverkündungsempfängerin war der Auffassung, die Zulässigkeit der Streitverkündung sei gemäß § 71 ZPO analog bereits im Ausgangsprozess zu prüfen, wenn der Dritte seinen Sitz im Ausland habe. Die Streitverkündung sei im konkreten Fall unzulässig, da der potentielle Folgeprozess in Belgien geführt werden müsse und das Rechtsinstitut der Streitverkündung dort unbekannt sei.

Das OLG Köln wies die sofortige Beschwerde zurück. Die ZPO kenne keinen Antrag des nicht beitretenden Dritten auf Zurückweisung der Streitverkündung. Eine Streitverkündungsprüfung komme im Ausgangsprozess auch nur dann in Betracht, wenn dies durch ein berechtigtes Bedürfnis des Streitverkündungsempfängers gerechtfertigt sei. Im konkreten Fall habe die Streitverkündungsempfängerin keine Gründe darlegen können, die eine erweiternde Anwendung des Gesetzes rechtfertigten.

---

551 OLG Köln IPRax 2003, 531 ff.

Das von der Streitverkündungsempfängerin beanstandete Zitierrecht ergebe sich ohne weiteres aus der Anwendung der EuGVO, namentlich aus Art. 65 Abs. 1 S. 2 EuGVO i. V. m. §§ 72-74, 68 ZPO. Weiterhin seien die Wirkungen der Streitverkündung in den anderen Mitgliedstaaten, folglich auch in Belgien, gemäß Art. 65 Abs. 2 S. 2 EuGVO anzuerkennen. Der Einwand, das Rechtsinstitut der Streitverkündung sei in Belgien unbekannt und führte im Folgeprozess zu Sprach- und Rechtsanwendungsschwierigkeiten sei demnach unbeachtlich. Ferner sei nicht ersichtlich, welche besonderen Schwierigkeiten für das belgische Gericht im Folgeprozess bestünden. Im Ausgangsrechtsstreit sei schlicht und einfach festzustellen, ob der dem Kläger verkaufte PKW in Belgien gestohlen worden war oder ob der frühere belgische Eigentümer den Diebstahl nur vorgespiegelt habe. Im ersten Fall habe die Klage im Ausgangsprozess Erfolg, Ersatzansprüche gegen die Streitverkündungsempfängerin schieden aus. War das Fahrzeug nicht gestohlen, sei der Kläger nach deutschem Recht Eigentümer geworden, so dass die Klage im Ausgangsprozess unbegründet wäre. In diesem Fall komme ein eigentumsrechtlicher Herausgabeanspruch bzw. ein daran anknüpfender Ersatzanspruch in Betracht. Die Streitverkündung im konkreten Fall knüpfe offensichtlich an diesen sich alternativ bei einer Abweisung der Klage ergebenden möglichen Anspruch an. Der Kläger wolle erreichen, dass die mögliche Feststellung, ein Diebstahl sei nicht zu beweisen, im Folgeprozess bindend feststeht. Das belgische Gericht des Nachfolgeprozesses habe dann nur noch zu beurteilen, ob der letztlich im vorliegenden Rechtsstreit ergehenden Erkenntnis diese Interventionswirkung zukomme oder nicht. Eine derart einfach strukturierte Prozesslage sei aber weit entfernt von den Fallgestaltungen, für die eine erweiternde Anwendung des § 71 ZPO bejaht werden könne.

b. Stellungnahme

Die Vertreter der vorgetragenen Meinungen gehen ebenso wie das OLG Köln im Kern davon aus, die Prüfung der Streitverkündung sei bei Vorliegen schützenswerter Interessen seitens des Streitverkündungsempfängers analog § 71 ZPO bereits im Ausgangsverfahren vorzunehmen.

Dabei ließ das OLG Köln offen, wann die Interessen des Dritten eine vorgezogene Prüfung rechtfertigten und stellte fest, dass jedenfalls im konkreten Fall kein ausreichend schützenswertes Interesse vorgelegen habe. Das Gericht stellte zunächst die oben zitierte Prämisse auf, dass für eine vorgezogene Zulässigkeitsprüfung der Streitverkündung ein berechtigtes Interesse des Dritten erforderlich sei. Zur Ermittlung eines solchen Interesses stellte es aber nicht – wie *von Hoffmann / Hau* – auf die durch Art. 35 Abs. 3 EuGVO ausgelöste Rechtsschutzlücke ab. Es prüfte (und bejahte) vielmehr konkludent die Voraussetzungen der Streitverkündung gemäß Art. 65 Abs. 1 S. 2 i. V. m. § 72-74 ZPO, in dem es zum einen feststellte, dass eine Streitverkündung gegenüber Dritten in anderen Mitgliedstaaten ohne weiteres zulässig sei[552] und Haupt- und potentieller Regressanspruch weiterhin in einem Alternativverhältnis zueinander stünden. Damit hat das Gericht die Zulässigkeit der Streitverkündung im Grunde kursorisch geprüft und ist nur deshalb nicht in eine (tiefere) Prüfung der Zulässigkeit analog § 71 ZPO eingestiegen, weil in dem konkreten „derart einfach strukturierten Fall" keine Anhaltspunkte gegen die Zulässigkeit der Streitverkündung sprachen.[553] Das OLG Köln hat also überhaupt nicht geprüft, ob die Interessenlage eine analoge Anwendung des § 71 ZPO erfordert, sondern die geforderte Prüfung selbst vorgenommen.

Die Entscheidung liest sich, als hätte das OLG Köln ein berechtigtes Interesse und damit eine vorgezogene Streitverkündungsprüfung bejaht, wenn die Versicherung die Unzulässigkeit der Streitverkündung nicht mit deren Unbekanntheit im belgischen Recht, sondern etwa mit einer entgegenstehenden ausschließlichen Gerichtsstandsabrede begründet hätte. Es scheint, als hätte das OLG Köln eine vollumfängliche Zulässigkeitsprüfung vorgenommen, sofern konkrete Anhaltspunkte gegen die Zulässigkeit der Streitverkündung gesprochen hätten.

V. Hoffmann / Hau konkretisieren das schützenswertes Interesse an einer vorgezogenen Prüfung im Gegensatz zum OLG Köln eindeutig. Ein solches liege immer dann vor, wenn der Folgeprozess in einem anderen Mitgliedstaat stattfindet, da Art. 35 Abs. 3 EuGVO in diesem Fall eine Überprüfung der Streitverkündung insgesamt verhindert.[554] Dem ist insoweit zuzustimmen, als dass gerade die Anwendbarkeit der EuGVO auf den Folgeprozess die Anerkennungspflicht nach Art. 65 Abs. 2 S. 2 EuGVO einerseits und das Eingreifen des Nachprüfungsverbotes des Art. 35 Abs. 3 EuGVO andererseits nach sich zieht und somit den eingangs beschriebenen Konflikt auslöst. Immer dann, wenn der Folgeprozess in den Anwendungsbereich der EuGVO fällt, läuft der Dritte Gefahr, ohne eine gerichtliche Prüfung seiner Gerichtspflichtigkeit an die Feststellungen des Ausgangsgerichts gebunden zu werden. Auch den prozessökonomischen Erwägungen *v. Hoffmann / Haus* ist zuzustimmen. Es ist nicht von der Hand zu weisen, dass die Aufgabe der Feststellung des Eintritts der Interventionswirkung von einem inländischen Gericht zuverlässiger, schneller und kostengünstiger bewältigt werden kann als von dem Gericht eines anderen Mitgliedstaates.

Dieser Aspekt wird – unbewusst – auch von der Argumentation des OLG Köln gestützt.[555] Das Gericht ging offensichtlich davon aus, die Prüfung der Streitverkündung bereite einem deutschen Richter im Normalfall keinerlei Schwierigkeiten. Es stellte fest, der vom Kläger geltend gemachte Schadensersatzanspruch und der den Streitverkündungsgrund bildende Herausgabe- bzw. Ersatzanspruch stünden in einem Verhältnis wechselseitiger Ausschließung, so

552 *Freyberger*, ProzRB 2003, 10 übersieht Art. 65 Abs. 1 S. 2 EuGVO in seiner Anmerkung zum Beschluss des OLG Köln völlig.

553 OLG Köln IPRax 2003, 531, 533.

554 *von Hoffmann/Hau*, RIW 1997, 89, 94.

555 OLG Köln IPRax 2003, 531, 533.

dass das Gericht im Folgeprozess lediglich zu beurteilen habe, ob dem ergehenden Urteil die Interventionswirkung zukomme oder nicht.[556] Realistisch gesehen erscheint es dagegen fragwürdig, ob ein belgisches Gericht ebenso leicht zu der Feststellung gekommen wäre, dass aus dem bestehenden Alternativverhältnis zwischen Haupt- und Regressanspruch das Vorliegen eines Streitverkündungsgrundes im Sinne von § 72 Abs. 1 ZPO zu folgern ist. Dies wird insbesondere durch die Argumentation der belgischen Streitverkündungsempfängerin deutlich. Diese ging vielmehr davon aus, die Streitverkündung sei insgesamt unzulässig, weil dem belgischen Recht ein solches Konstrukt völlig fremd sei.

Im Ergebnis ist der zitierten Literaturansicht und dem OLG Köln insofern zuzustimmen, als dass die Interessenlage des betroffenen Streitverkündungsempfängers im Hinblick auf Art. 35 Abs. 3 EuGVO und wichtige prozessökonomische Erwägungen für eine vorgezogene Prüfung der Streitverkündung im Ausgangsverfahren sprechen. Sowohl die zitierte Literaturansicht als auch das OLG Köln gehen jedoch davon aus, dass ein Antrag des Streitverkündungsempfängers analog § 71 ZPO erforderlich ist, damit die Streitverkündung zurückgewiesen werden kann. Eine solche Analogie ist jedoch entbehrlich, wie die nachfolgenden Ausführungen zeigen sollen.

III. Eigener Lösungsansatz

Ein neuer Ansatzpunkt zur Lösung des vorliegenden Konflikts sollte dort gesucht werden, wo er entsteht, also bei der Vorschrift des Art. 35 Abs. 3 EuGVO. Diese Regelung befindet sich nicht völlig isoliert im anerkennungsrechtlichen Teil der Verordnung, sondern knüpft unmittelbar an die Regelungen zur Zuständigkeitsprüfung im Erkenntnisverfahren an.

1. Zusammenhang von Nachprüfungsverbot und Zuständigkeitsprüfung

Oben wurde bereits angedeutet, dass das grundsätzliche Verbot der Nachprüfung der internationalen Zuständigkeit im Anerkennungsstadium auf dem Gedanken beruht, das Ausgangsgericht habe seine Kompetenz im Erkenntnisverfahren selbstständig überprüft. Die Vorschrift des Art. 35 Abs. 3 EuGVO ist im Zusammenhang mit den Artt. 24 bis 26 EuGVO zu sehen, die einen gewissen Mindeststandard an gerichtlicher Zuständigkeitsprüfung zu Gunsten des Beklagten – besser: Gerichtspflichtigen – vorsehen.[557] Da Art. 35 Abs. 3 EuGVO auch auf die Streitverkündung anzuwenden ist und somit dazu führt, dass die Prüfung der Streitverkündung im Folgeprozess nicht vorgenommen werden kann, sollte die nationale Praxis der Streitverkündungsprüfung am Maßstab der

556 OLG Köln IPRax 2003, 531, 533.

557 Vgl. *Schoibl*, FS Schütze, S. 777, 780; Rauscher / *Mankowski*, Art. 26 Rn. 1. Zur Prüfung der internationalen Zuständigkeit nach dem EuGVÜ vgl. auch *Geimer*, WM 1986, 117 ff.

Artt. 24 bis 26 EuGVO gemessen und gegebenenfalls im Lichte des Gemeinschafts- bzw. Unionsrechts modifiziert werden.[558]

2. Prüfung der internationalen Zuständigkeit nach der EuGVO

Die Verordnung regelt die gerichtliche Überprüfung der internationalen Zuständigkeit für den Fall einer entgegenstehenden ausschließlichen Zuständigkeit des Gerichts eines anderen Mitgliedstaates (Art. 25 EuGVO) und für den Fall der Nichteinlassung des Beklagten (Art. 26 Abs. 1 EuGVO) ausdrücklich. Aus der Vorschrift des Art. 24 EuGVO können weitere Rückschlüsse auf das System der Zuständigkeitsprüfung im Anwendungsbereich der EuGVO gezogen werden.

a. Zuständigkeitsprüfung von Amts wegen

aa. Ausschließliche Zuständigkeit nach Art. 25 EuGVO

Das Gericht eines Mitgliedstaates hat sich gemäß Art. 25 EuGVO von Amts wegen für unzuständig zu erklären, wenn es wegen einer Streitigkeit angerufen wird, für die das Gericht eines anderen Mitgliedstaates aufgrund des Art. 22 EuGVO ausschließlich zuständig ist. Die Verordnung hält eine amtswegige Prüfung dort für gerechtfertigt, wo die internationale Zuständigkeit aufgrund der Berührung von öffentlichen Interessen nicht zur Disposition der Parteien steht.[559] Dies ist bei den ausschließlichen Zuständigkeiten im Sinne der Art. 22 EuGVO der Fall, da diese gemäß Art. 23 Abs. 5 Hs. 2 EuGVO nicht durch Gerichtsstandsabrede derogiert werden können. Sofern ein Gericht nach Art. 22 EuGVO ausschließlich zuständig ist, kann die internationale Zuständigkeit eines anderen Gerichts auch nicht durch eine rügelose Einlassung des Beklagten begründet werden, Art. 24 S. 2 EuGVO.

Art. 25 EuGVO ist anwendbar, wenn die Klage in einem Mitgliedstaat erhoben wurde und Anhaltspunkte für die ausschließliche Zuständigkeit des Gerichts eines anderen Mitgliedstaates bestehen.[560] Art. 25 EuGVO findet – aufgrund der absoluten Geltung des Art. 22 EuGVO – auch dann Anwendung, wenn die Parteien im Gerichtsstaat selbst oder in einem Drittstaat ansässig sind.[561] Die Vorschrift setzt keinerlei Einlassung oder Einlassungsmöglichkeit voraus, so dass sich das angerufene Gericht bereits unmittelbar nach Eingang der Klageschrift für unzuständig erklären kann.[562]

558 Ähnlich *Nogratnig*, S. 92 ff.

559 *Schoibl*, FS Schütze, S. 777, 782; Wieczorek/Schütze/*Hausmann*, Anhang I § 40, Art. 19 Rn. 1.

560 BGH NJW 1990, 317, 318; Rauscher / *Mankowski*, Art. 25 Rn. 1.

561 *Kropholler*, EZPR, Art. 25 Rn. 1; *Schoibl*, FS Schütze, S. 777, 784; Wieczorek/Schütze/*Hausmann*, Anhang I § 40, Art. 19 Rn. 2.

562 Der Gerichtsstand der rügelosen Einlassung ist hier ausweislich des Art. 24 S. 2 EuGVO nicht möglich, so dass ein Zuwarten auf eine etwaige Einlassung nicht notwendig ist; vgl. Rauscher / *Mankowski*, Art. 25 Rn. 4; *Schlosser*, Art. 26 Rn. 2.

bb. Nichteinlassung des Beklagten nach Art. 26 Abs. 1 EuGVO

Lässt sich der Beklagte, der seinen Wohnsitz im Hoheitsgebiet eines Mitgliedstaates hat und der vor den Gerichten eines anderen Mitgliedstaates verklagt wird, auf das Verfahren nicht ein, so hat sich das angerufene Gericht gemäß Art. 26 Abs. 1 EuGVO von Amts wegen für unzuständig zu erklären, wenn seine Zuständigkeit nicht nach der Verordnung begründet ist.

Art. 26 Abs. 1 EuGVO dient dem Beklagtenschutz. Eine Person mit Wohnsitz in einem Mitgliedstaat soll nicht gezwungen werden, vor dem Gericht eines anderen Mitgliedstaaten erscheinen zu müssen, nur um die fehlende internationale Zuständigkeit dieses Gerichts zu rügen.[563] Es soll sichergestellt werden, dass die Entscheidung auch im Fall der Säumnis des Beklagten durch einen zuständigen Richter ergeht und der Beklagte ein Höchstmaß an Rechtsschutz in dem Verfahren vor dem erkennenden Gericht genießt.[564]

cc. Keine Amtsprüfung bei Einlassung des Beklagten

Nach Art. 24 EuGVO wird das Gericht eines Mitgliedstaates zuständig, wenn sich der Beklagte vor ihm auf das Verfahren einlässt. Dies gilt nur dann nicht, wenn der Beklagte sich allein aus dem Grund einlässt, um den Mangel der Zuständigkeit zu rügen oder wenn das Gericht eines anderen Mitgliedstaates aufgrund von Art. 22 EuGVO ausschließlich zuständig ist.

Das Zusammenspiel der Artt. 24, 25 und 26 EuGVO zeigt, dass die gerichtliche Überprüfung der internationalen Zuständigkeit im Anwendungsbereich der EuGVO vom Verhalten der Beklagten abhängig ist, sofern nicht eine anderweitige ausschließliche Zuständigkeit nach Artt. 25, 22 EuGVO gegeben ist. Im Wege des Umkehrschlusses ergibt sich aus Art. 24 EuGVO, dass die internationale Zuständigkeit nicht von Amts wegen, sondern nur auf Rüge zu prüfen ist, sofern der Beklagte an dem Verfahren teilnimmt.[565]

b. Modalitäten der amtswegigen Prüfung

Die nähere Ausgestaltung der Amtsprüfung ist grundsätzlich dem nationalen Verfahrensrecht überlassen.[566] Der Richter darf seine Zuständigkeit jedoch nicht aufgrund bloßer Behauptungen des Klägers bejahen, sondern nur dann, wenn er von der Existenz aller seine Kompetenz begründenden Umstände voll überzeugt

563 *Haubold*, IPRax 2000, 91, 94 f.; Rauscher / *Mankowski*, Art. 26 Rn. 1; *Schlosser*, Art. 26 Rn. 1; Wieczorek/Schütze/*Hausmann*, Anhang I § 40, Art. 20 Rn. 1.

564 *Jenard*, Bericht zum EuGVÜ, S. 1, 39; *Schoibl*, FS Schütze, S. 777, 791.

565 *Geimer*, IZPR, S. 633 Rn. 1816; *ders.*, WM 1986, 117 ff. und IPRax 1991, S. 31, 35.; *Geimer/Schütze*, Bd. I/1, § 97, S. 961; *Schoibl*, FS Schütze, S. 777, 781; Wieczorek/Schütze/*Hausmann*, Anhang I § 40, Art. 20 Rn. 4; OLG Köln NJW 1988, 2182.

566 *Schoibl*, FS Schütze, S. 777, 787.

ist.[567] Die Artt. 25, 26 EuGVO verbieten eine Fiktion der zuständigkeitsbegründenden Tatsachen, so dass das Gericht von den Parteien den Beweis dafür zu verlangen hat, dass die internationale Zuständigkeit begründet ist.[568] In Verdachtsfällen hat das Gericht auch von sich aus zu prüfen, ob seine Zuständigkeit durch eine Gerichtsstandsvereinbarung derogiert worden ist.[569]

3. Übertragung auf die Streitverkündung

Die Artt. 24-26 EuGVO regeln die Überprüfung der internationalen Zuständigkeit und sollen einen gewissen Mindeststandard an Beklagtenschutz gewährleisten. Dies gilt insbesondere im Hinblick auf Art. 35 Abs. 3 EuGVO. Es soll sichergestellt werden, dass die internationale Zuständigkeit im Erkenntnisverfahren gerichtlich geprüft wird, da im Anerkennungsstadium das Nachprüfungsverbot greift.

Nach der hier vertretenen Auffassung ist die grenzüberschreitende Streitverkündung vom Vorliegen der internationalen Zuständigkeit abhängig, so dass die Artt. 24 bis 26 EuGVO unmittelbar zur Anwendung kommen könnten. Allerdings sind die Vorschriften ersichtlich auf die Zuständigkeitsprüfung im Rahmen eines regulären Klageverfahrens zugeschnitten, in dem auch eine Sachentscheidung ergeht, so dass ihre Anwendbarkeit in Frage gestellt werden könnte.

Die in den Artt. 24 bis 26 EuGVO enthaltenen Rechtsgedanken treffen aber gleichermaßen auf den Empfänger einer Streitverkündung und nicht nur auf beklagte Personen zu. Die Streitverkündung bewirkt eine Erstreckung bestimmter Feststellungen des Ausgangsgerichts auf den Folgeprozess, so dass dem Dritten sein rechtliches Gehör – zumindest für Teile seines Rechtsverhältnisses – einmalig und abschließend im Ausgangsprozess gewährt wird. Diese mitunter sehr belastenden Wirkungen treten nur dann ein, wenn der Dritte der Entscheidungsgewalt des Ausgangsgerichts jedenfalls mittelbar unterlegen hat, namentlich die Voraussetzungen einer grenzüberschreitenden Streitverkündung vorlagen. Findet der Folgeprozess in einem anderen Mitgliedstaat statt, kann diese (mittelbare) Gerichtspflichtigkeit aufgrund von Art. 35 Abs. 3 EuGVO ebenso wenig nachgeprüft werden wie die unmittelbare Gerichtspflichtigkeit eines Beklagten. Letzterer wird allerdings durch die Artt. 24 bis 26 EuGVO geschützt, indem bei Säumnis oder im Bereich von Art. 22 EuGVO eine amtswegige Zuständigkeitsprüfung erfolgt und ihm darüber hinaus die Möglichkeit offen steht, die Zuständigkeit des angerufenen Gerichts zu rügen. Dieser durch Artt. 24 bis 26 EuGVO garantierte Mindestschutz muss auch dem Streitverkündungsempfänger zu gute

---

567 *Schlosser*, Bericht zum 1. Beitrittsübereinkommen EuGVÜ, S. 82 (Nr. 22); Wieczorek/Schütze/*Hausmann*, Anhang I § 40, Art. 19 Rn. 7.

568 *Jenard*, Bericht zum EuGVÜ, S. 1, 39. Vgl. auch Rauscher / *Mankowski*, Art. 26 Rn. 5 ff.

569 *Schlosser*, Art. 26 Rn. 1; *ders.*, FS Heldrich, S. 1007, 1012; *Geimer*, IZPR, S. 635, Rn. 1820

kommen. Nur auf diese Weise wird sichergestellt, dass der Dritte der Streitverkündungswirkung im Folgeprozess nur dann unterliegt, wenn seine Gerichtspflichtigkeit tatsächlich bestand.

4. Voraussetzungen der vorgezogenen Prüfung im Einzelnen

a. Anwendbarkeit der Verordnung auf den Folgeprozess

Notwendige Voraussetzung der vorgezogenen Streitverkündungsprüfung ist zunächst die mögliche Anwendbarkeit der Verordnung auf den potentiellen Folgeprozess, denn nur dann griffe das Nachprüfungsverbot des Art. 35 Abs. 3 EuGVO ein.[570] Dies ist immer dann der Fall, wenn der Streitverkündungsempfänger seinen Wohnsitz in einem anderen Mitgliedstaat hat.[571] Der Wohnsitz des Dritten in einem anderen Mitgliedstaat kann allerdings nicht als hinreichendes Abgrenzungskriterium angesehen werden.[572] Der Folgeprozess kann unter Umständen nämlich auch dann in einem anderen Mitgliedstaat stattfinden, wenn der Dritte seinen Wohnsitz im Gerichtsstaat selbst bzw. einem Drittstaat hat. Auch in diesem Fall sind die Streitverkündungswirkungen im Folgeprozess gemäß Art. 65 Abs. 2 S. 2 EuGVO anzuerkennen[573], so dass das Nachprüfungsverbot des Art. 35 Abs. 3 EuGVO eingreift.

b. Voraussetzungen in Abhängigkeit vom Verhalten des Dritten

aa. Nichtbeitritt

Im Falle des Nichtbeitritts des Dritten hat das Gericht des Ausgangsprozesses entsprechend dem Rechtsgedanken des Art. 26 Abs. 1 EuGVO von Amts wegen zu prüfen, ob die Streitverkündungszuständigkeit nach Art. 65 Abs. 1 S. 2 EuGVO in Verbindung mit §§ 72-74, 68 ZPO bestand. Ebenso wie ein säumiger Beklagter kann sich ein fernbleibender Streitverkündungsempfänger demnach darauf verlassen, dass das Erstgericht seine Gerichtspflichtigkeit überprüft.

Hält das Gericht die Streitverkündung für unzulässig, weist es diese durch Zwischenurteil zurück, so dass im Folgeverfahren eine Interventionswirkung nicht eintreten kann.[574] Hält es die Streitverkündung für zulässig, sollte es dies

570 Nach *von Hoffmann/Hau*, RIW 1997, 89, 94 ist bei Vorliegen dieser Voraussetzung ein ausreichend schützenswertes Interesse des Dritten für eine vorgezogene Prüfung gegeben.

571 Bei dem im Folgeprozess geltend zu machenden Anspruch muss es sich weiterhin um eine Zivil- und Handelssache im Sinne von Art. 1 EuGVO handeln.

572 Anders *Winter*, S. 94 und *Schlosser*, Art. 6 Rn. 7, der allgemein auf den Wohnsitz des Dritten im Ausland abstellt.

573 Vgl. im dritten Abschnitt unter C. I.

574 Grundsätzlich kann durch ein Zwischenurteil nur positiv entschieden werden, da es beim Fehlen einer Prozessvoraussetzung im regulären Klageverfahren zur Abweisung der Klage als unzulässig (Prozessurteil) kommt; vgl. Stein/Jonas/*Leipold*,

zumindest in den Entscheidungsgründen erwähnen.[575] Ebenso wie eine Entscheidung über das Vorliegen der internationalen Zuständigkeit nimmt diese Feststellung dann an der Rechtskraftwirkung des im Ausgangsprozess ergangenen Urteils teil, so dass das Eintreten der Interventionswirkung im Folgeprozess feststeht.[576]

Im Ergebnis unterscheidet sich die vorgeschlagene Vorgehensweise für den Fall des Nichtbeitritts nur unwesentlich von der durch das OLG Köln vorgenommenen Prüfung.[577] Sofern es sich nämlich um einen unproblematischen Fall handelt, genügt eine durch den sachkundigen inländischen Richter vorgenommene kursorische Prüfung der Streitverkündungsvoraussetzungen und eine Feststellung dahingehend, dass diese vorgelegen haben. Sofern konkrete Anhaltspunkte Zweifel an der Zulässigkeit der Streitverkündung erwecken, ist die Streitverkündung jedoch vollumfänglich zu überprüfen und gegebenenfalls durch Zwischenurteil zurückzuweisen.

bb. Beitritt unter Vorbehalt

Sofern der Dritte dem Rechtsstreit unter Protest beitritt, erhebt er gewissermaßen eine Zuständigkeitsrüge.[578] Nach rein nationalem Verfahrensrecht wäre eine solche Rüge des Streitverkündungsempfängers unbeachtlich; sie könnte erst im Rahmen des Folgeprozess berücksichtigt werden.[579] Da dies im Anwendungsbereich der Verordnung durch Art. 35 Abs. 3 EuGVO verhindert wird, die Vorschrift aber gemäß Art. 24 EuGVO davon ausgeht, dass der Beklagte im Erstprozess eine Zuständigkeitsrüge erheben konnte, muss auch dem beitretenden Streitverkündungsempfänger eine Möglichkeit gewährt werden, die Unzulässigkeit der Streitverkündung im Ausgangsprozess geltend zu machen. Das Ausgangsgericht hat die Streitverkündung daher auf Antrag des Dritten zu prüfen, wenn der Folgeprozess in den Anwendungsbereich der Verordnung fällt. Ist die Streitverkündung unzulässig, ist sie durch Zwischenurteil zurückzuweisen. Ihre Zulässigkeit ist dagegen in den Entscheidungsgründen zu erwähnen.

---

§ 280 Rn. 14 mwN. Ein solches kommt bei der Feststellung der Unzulässigkeit der Streitverkündung im Vorprozess allerdings nicht in Betracht, so dass hier ein negatives Zwischenurteil ergehen kann.

575 Eine positive Entscheidung über das Vorliegen der internationalen Zuständigkeit muss nicht notwendigerweise in den Entscheidungsgründen erwähnt werden. Sie ergibt sich inzident daraus, dass ein Gericht zur Sache entschieden hat, vgl. *Geimer*, WM 1986, 117, 120. Gleiches müsste für die Zulässigkeit der Streitverkündung gelten, sofern sie nicht durch Zwischenurteil zurückgewiesen wurde.

576 Zur res iudicata-Wirkung der Entscheidung über die internationale Zuständigkeit vgl. *Geimer*, WM 1986, 117, 120.

577 OLG Köln IPRax 2003, 531.

578 Dies kann bereits als Einlassung im Sinne von Art. 24 EuGVO gewertet werden, vgl. *Haubold*, IPRax 2000, 91, 95.

579 S. unter B. I. 1. a. bb. (2).

cc. Vorbehaltloser Beitritt

Das Ausgangsgericht hat auch im Falle des vorbehaltlosen Beitritts des Dritten eine beschränkte Prüfung der Streitverkündung vorzunehmen. Entsprechend dem Rechtsgedanken der Artt. 25, 22 EuGVO hat es von Amts wegen zu prüfen, ob der Streitverkündung die ausschließliche Zuständigkeit des Gerichts eines anderen Mitgliedstaates entgegensteht.[580] In diesem Fall kann gemäß dem Rechtsgedanken des Art. 24 S. 2 Hs. 2 EuGVO nämlich weder eine Klage- noch eine Streitverkündungszuständigkeit kraft rügeloser Einlassung begründet werden. Sofern ein Verstoß gegen Art. 22 EuGVO festgestellt wurde, ist die Streitverkündung durch Zwischenurteil zurückzuweisen. Gemäß der Ausnahmevorschrift des Art. 35 Abs. 1 EuGVO kann die mögliche Verletzung einer ausschließlichen Zuständigkeit nach Art. 22 EuGVO auch im Anerkennungsstadium noch geprüft werden.

5. Zwischenergebnis

Im Ergebnis hat das Ausgangsgericht die Zulässigkeit der Streitverkündung zu überprüfen, wenn der potentielle Folgeprozess in einem anderen Mitgliedstaat stattfinden kann und der Streitverkündungsempfänger dem Rechtsstreit überhaupt nicht bzw. nur unter Protest beigetreten ist. Im ersten Fall hat es die Streitverkündung von Amts wegen, im zweiten Fall aufgrund der Rüge des Dritten vorzunehmen. Eine auf einen Verstoß gegen die Vorschrift des Art. 22 EuGVO beschränkte amtswegige Prüfung findet auch im Falle eines vorbehaltlosen Beitritts statt.

Diese Lösung birgt nicht nur den Vorteil, dass sie die durch das Zusammentreffen von Art. 35 Abs. 3 EuGVO und dem nationalen Verfahrensrecht entstandene Rechtsschutzlücke schließt. Sie trägt weiterhin den dargestellten Erwägungen der größeren Sachnähe der inländischen Gerichte und der Prozessökonomie Rechnung. Die entwickelte Lösung belastet den Ausgangsprozess zwar mit der Prüfung eines Rechtsverhältnisses, welches nicht den Gegenstand des anhängigen Verfahrens bildet. Im Rahmen des grenzüberschreitenden europäischen Rechtsverkehrs ist sie jedoch mit Sicherheit kostengünstiger, schneller und zuverlässiger als eine entsprechende Prüfung durch das ausländische Folgegericht. Weiterhin fügt sich die vorgeschlagene Lösung nahtlos in das System der EuGVO ein und trägt damit zur Gleichbehandlung von Streitverkündung und Drittklagen im europäischen Interventionsrecht bei.

IV. Ergebnis

Die Zulässigkeit der Streitverkündung wird nach nationalem Verfahrensrecht nur dann im Ausgangsverfahren geprüft, wenn der Gegner des Streitverkünders einen Zwischenstreit im Sinne von § 71 ZPO einleitet. Im Fall des Nichtbeitritts

580 Vgl. dazu im dritten Abschnitt unter B. III. 2. a.

oder einem im Sinne von § 71 ZPO unbeanstandet gebliebenen Beitritts wird die Zulässigkeit der Streitverkündung erst im Folgeprozess überprüft, im letzteren Fall allerdings nur dann, wenn der Streitverkündungsempfänger sich nicht vorbehaltlos auf den Rechtsstreit im Vorprozess eingelassen hat.

Findet der Folgeprozess vor dem Gericht eines anderen Mitgliedstaates statt, ist dieses aufgrund von Art. 35 Abs. 3 EuGVO daran gehindert, die zunächst unterbliebene Streitverkündungsprüfung nachzuholen, so dass eine für den Dritten nicht hinnehmbare Rechtsschutzlücke entsteht.

Diese Rechtsschutzlücke ist zu schließen, indem die nationale Praxis der Streitverkündungsprüfung an das Gemeinschafts- bzw. Unionsrecht angepasst wird. Das Nachprüfungsverbot des Art. 35 Abs. 3 EuGVO knüpft an die Regelungen der Artt. 24 bis 26 EuGVO an, welche ein Mindestmaß an Zuständigkeitsschutz im Erkenntnisverfahren gewährleisten. Dieser Mindestschutz ist auf die Streitverkündung zu erstrecken.

Das Gericht des Ausgangsprozess hat daher die Zulässigkeit der Streitverkündung im Einklang mit den Artt. 24 bis 26 EuGVO zu prüfen, wenn der Folgeprozess in den Anwendungsbereich der Verordnung fällt. Im Falle des Nichtbeitritts nimmt es diese Prüfung von Amts wegen, im Falle des Beitritts nur auf Rüge des Dritten vor. Eine Verletzung der Vorschrift des Art. 22 EuGVO ist unabhängig vom Verhalten des Streitverkündungsempfängers amtswegig zu prüfen. Ist die Streitverkündung unzulässig, weist das Ausgangsgericht die Streitverkündung durch Zwischenurteil zurück. Hält es sie für zulässig, erwähnt es dies in den Entscheidungsgründen. Die Entscheidung über die Zulässigkeit der Streitverkündung nimmt dann an der Rechtskraftwirkung des Urteils im Vorprozess teil und stellt das Eintreten der Interventionswirkung für jedes Folgegericht bindend fest.

Das mit dem Folgeprozess befasste Gericht eines anderen Mitgliedstaates prüft sodann, ob die Interventionswirkung anerkannt werden kann. Fehlentscheidungen des Ausgangsgerichts in Bezug auf die Zulässigkeit der Streitverkündung sind gemäß Art. 35 Abs. 3 EuGVO ebenso hinzunehmen wie Fehlentscheidungen in Bezug auf die internationale Entscheidungszuständigkeit des Urteilsgerichts. Allein eine Verletzung der Vorschriften über Versicherungs- und Verbrauchersachen bzw. der ausschließlichen Zuständigkeiten nach Art. 22 EuGVO kann aufgrund von Art. 35 Abs. 1 EuGVO noch im Anerkennungsstadium geprüft werden. Das Folgegericht hat letztlich noch die Reichweite der Interventionswirkung im konkreten Fall zu prüfen. Es stellt fest, inwieweit ein übereinstimmender Sachverhalt, also identische Tatsachen- und Rechtsfragen vorliegen und ob die Unterstützungsmöglichkeit des Dritten im Vorprozess nach §§ 74 Abs. 3, 67 Hs. 2 ZPO gegeben war. Weiterhin prüft es, ob es sich um tragende Feststellungen des Vorprozesses handelt und ob die Einrede der mangelhaften Prozessführung im Sinne von § 68 Hs. 2 ZPO durchdringen kann.[581]

581 Vgl. dazu *Bischof*, JurBüro 1984, 969, 1314.

C. Behandlung von Parallelprozessen im Falle Streitverkündung

I. Einleitung

Im Folgenden soll untersucht werden, ob sich die Vorschriften über die europäische Rechtshängigkeit auch auf die Streitverkündung beziehen. Dem Wortlaut nach ist Art. 27 EuGVO – anders als auf Gewährleistungs- und Interventionsklagen – nicht anwendbar, da die Streitverkündung nicht als Klage zu qualifizieren ist und auch nicht zur Rechtshängigkeit des mit ihr vorbereiteten Anspruchs auf Schadloshaltung führt. Gleiches gilt unter Umständen für Art. 28 EuGVO, der ebenfalls die Anhängigkeit von Klagen in verschiedenen Mitgliedstaaten voraussetzt.

Es besteht aber ein Bedürfnis nach Verfahrenskoordination, wenn der Vorprozess, in dem die Streitverkündung erfolgt, und der Folgeprozess, welcher den durch sie vorbereiteten Regressanspruch zum Gegenstand hat, gleichzeitig in unterschiedlichen Mitgliedstaaten anhängig gemacht werden. Andernfalls könnte der Empfänger einer Streitverkündung deren Bindungswirkung unterlaufen, indem er noch nach der Einreichung der Streitverkündungsschrift den Folgeprozess – etwa im Wege der negativen Feststellungsklage – vor das Gericht eines anderen Mitgliedstaates bringt. Stünde dann bei Entscheidungsreife des Folgeprozesses ein Urteil im Vorprozess noch aus, könnte die Streitverkündung dort nicht (mehr) berücksichtigt werden. Die Gefahr widersprüchlicher Entscheidungen, die von Art. 65 EuGVO gerade vermieden werden soll, lebte wieder auf. Die beiden Gerichte könnten über die gemeinsamen Tatsachen- und Rechtsfragen unterschiedlich entscheiden, so dass der Streitverkünder unter Umständen in beiden Prozessen unterliegt.

Im Interesse der Effektivität des Rechtsschutzes durch die Verordnung ist daher zu untersuchen, ob die Vorschriften zur europäischen Rechtshängigkeit auch auf die Streitverkündung angewendet werden können, so dass das Anhängigmachen des Folgeprozesses nach erfolgter Streitverkündung unzulässig (Art. 27 EuGVO) bzw. der Folgeprozess bis zur Entscheidung des Vorprozesses auszusetzen (Art. 28 EuGVO) wäre.

1. Streitverkündung und Rechtshängigkeit nach nationalem Recht

Im nationalen Verfahrensrecht führt die Streitverkündung nach nahezu unbestrittener Auffassung nicht zur Rechtshängigkeit des den Streitverkündungsgrund bildenden (Regress-)Anspruchs, da durch die Streitverkündung weder materielle noch prozessuale Ansprüche in den anhängigen Prozess eingeführt werden und der Streitverkündungsempfänger auch im Falle seines Beitritts nicht zur Prozesspartei wird.[582] Die Rechtshängigkeitssperre des § 261 Abs. 3 Nr. 1 ZPO ist damit grundsätzlich nicht auf die Streitverkündung anwendbar.

Bei gleichzeitiger Anhängigkeit von Vor- und Folgeprozess kommt aber eine Verfahrenskoordination mittels Aussetzung gemäß § 148 ZPO in Betracht. Die Vorschrift setzt zwar grundsätzlich ein präjudizielles Rechtsverhältnis zwischen den parallelen Prozessen voraus, d.h. die Entscheidung des auszusetzenden Prozesses muss ganz oder teilweise von einem Rechtsverhältnis abhängen, das Gegenstand des anderen Rechtsstreits ist.[583] Sie ist aber im Falle der Interventionswirkung auch dann anwendbar, wenn sich die Bindungswirkung auf reine Tatsachenfeststellungen bezieht.[584] Das Gericht, welches mit dem Folgeprozess befasst wird, kann den Rechtsstreit folglich aussetzen, bis im Vorprozess ein rechtskräftiges Urteil ergangen ist, und wird damit in die Lage versetzt, die Interventionswirkung der Streitverkündung ausreichend zu berücksichtigen. Für eine Aussetzung nach § 148 ZPO spielt die zeitliche Reihenfolge, in welcher die parallelen Rechtsstreits anhängig wurden, keine Rolle. Eine Verfahrenskoordination kann demnach auch dann erreicht werden, wenn der Folgeprozess bereits anhängig war, bevor die Streitverkündung im Vorprozess erklärt wurde. Die Aussetzung gemäß § 148 ZPO steht im Ermessen des Gerichts.[585]

2. Rechtshängigkeitsvorschriften der EuGVO

Die europäische Rechtshängigkeit ist im 9. Abschnitt von Kapitel II der Verordnung, insbesondere in den Artt. 27 und 28 EuGVO geregelt.[586] Ziel dieses Abschnitts ist die Vermeidung gegensätzlicher Entscheidungen in den verschiedenen Mitgliedstaaten und damit die Sicherung einer geordneten Rechtspflege innerhalb der Europäischen Union.[587] Entscheidungskonflikte, die zum Eintreten eines Anerkennungshindernisses im Sinne von Art. 34 Nr. 3 und 4 EuGVO führen können, sollen durch die Verfahrenskoordination im Sinne der Artt. 27 und 28 EuGVO von vorneherein so weit wie möglich ausgeschlossen werden.[588]

---

582 *Mansel*, IPRax 1990, S. 214, 215; Wieczorek/Schütze/*Mansel*, § 72 Rn. 6; MüKo-ZPO/*Becker-Eberhard*, § 261 Rn. 16; Baumbach/Lauterbach, § 261 Rn. 11; *Otto*, S. 126 f. Zweifelnd lediglich *Milleker*, ZZP 80 (1967), 288, 294.

583 BGH NJW 2005, 1947; Zöller/*Greger*, § 148 Rn. 5; Musielak/*Stadler*, § 148 Rn. 5.

584 OLG München NJW-RR 1998, 576; OLG Hamm NJW-RR 1994, 1343, 1344; KGR Berlin 2000, 266; Baumbach/Lauterbach, § 148 Rn. 26; *Otto*, S. 94. Zweifelnd OLG München NJW-RR 1998, 576.

585 Zöller/*Greger*, § 148 Rn. 7.

586 Dem entsprechen Artt. 21 und 22 EuGVÜ.

587 Vgl. *Jenard*, Bericht zum EuGVÜ, S. 1, 41. So auch EuGH v. 8.5.2003, Rs. C-111/01 (*Gantner Electronic*), Slg. 2003, I-4207 Rn. 4.

588 EuGH v. 9.12.2003, Rs. C-116/02 (*Gasser*), IPRax 2004, 243, 247; EuGH v. 19.5.1998, Rs. C-351/96 (*Drouot*), Slg. 1998, I-3091 Rn. 17; EuGH v. 6.12.1994, Rs. C-406/92 (*Tatry*), Slg. 1994, I-5439 Rn. 32.

a. Rechtshängigkeitssperre des Art. 27 EuGVO

Die europäische Rechtshängigkeitssperre des Art. 27 EuGVO geht von einem strengen Prioritätsprinzip aus.[589] Werden bei Gerichten verschiedener Mitgliedstaaten Klagen wegen desselben Anspruchs anhängig gemacht, hat das später angerufene Gericht das Verfahren zunächst von Amts wegen auszusetzen. Sobald die Zuständigkeit des zuerst angerufenen Gerichts feststeht, hat sich das später angerufene Gericht zugunsten dieses Gerichts für unzuständig zu erklären.

aa. Voraussetzungen

Nach der Rechtssprechung des EuGH müssen die in Art. 27 EuGVO zur Umschreibung der Rechtshängigkeit verwendeten Begriffe autonom verstanden werden.[590] Die Frage, ob ein Anspruch überhaupt rechtshängig werden konnte, bemisst sich dagegen nach dem nationalen Recht des angerufenen Gerichts.[591] Der Zeitpunkt der Anhängigkeit bestimmt sich einheitlich nach Art. 30 EuGVO.

Art. 27 EuGVO setzt seinem Wortlaut nach voraus, dass bei Gerichten verschiedener Mitgliedstaaten Klagen wegen desselben Anspruchs zwischen denselben Parteien anhängig gemacht wurden. Der Begriff der Klage ist hier einschränkend auszulegen. Es genügt, wenn ein Anspruch aufgrund sonstiger Bestimmungen anhängig wird.[592] Im Hinblick auf die Identität der Parteien ist eine Vertauschung der Parteirollen bedeutungslos.[593] Eine Teilidentität der Parteien in beiden Verfahren genügt, löst die Rechtsfolge des Art. 27 EuGVO aber auch nur insoweit aus, als die Parteien des bei dem Zweitgericht anhängigen Rechtsstreits auch Parteien des ersten Verfahrens sind.[594] Unterschiedliche Personen können als eine Partei angesehen werden, wenn ihre Interessen in den verschiedenen Prozessen identisch und voneinander untrennbar sind.[595]

Hinsichtlich der Frage, ob die Klagen denselben Anspruch betreffen, stellt der EuGH auf den Gegenstand und die Grundlage des Anspruchs ab.[596] Dabei bezeichnet der Gegenstand des Anspruchs den Zweck der Klage, während die

589 Vgl. *Taschner*, EWS 2004, 494, 495 mwN.

590 EuGH v. 19.5.1998, Rs. C-351/96 (*Drouot*), Slg. 1998, I-3091 Rn. 16; EuGH v. 6.12.1994, Rs. C-406/92 (*Tatry*), Slg. 1994, I-5439 Rn. 30.

591 BGH NJW 1986, 662; OLGR Hamburg 1997, 13, 14; LG Frankfurt IPRax 1990, 234, 235; *Geimer/Schütze*, EZVR, Art. 27 Rn. 20; *Nagel/Gottwald*, Internationales Zivilprozessrecht, S. 306, § 5 Rn. 204; MüKoZPO/*Gottwald*, Art. 27 Rn. 4; *Nieroba*, S. 79.

592 BGH NW 1986, 662; *Kropholler*, EZPR, Art. 27 Rn. 2. Auch die Geltendmachung eines Unterhaltsanspruchs durch Antragstellung im Verbundverfahren mit der Scheidung fällt unter den „Klagebegriff“ des Art. 27 Abs. 1 EuGVO.

593 *Kropholler*, EZPR, Art. 27 Rn. 4; Rauscher / *Leible*, Art. 27 Rn. 7a.

594 EuGH v. 6.12.1994, Rs. C-406/92 (*Tatry*), Slg. 1994, I-5439 Rn. 2 und 34. Dazu *Bäumer*, S. 162 mwN.

595 EuGH v. 19.5. 1998, Rs. C-351/96 (*Drouot*), Slg. 1998, I-3091 Rn. 25.

596 EuGH v. 8.12.1987, C-144/86 (*Gubisch Maschinenfabrik*), Slg. 1987, 4861 Rn. 14.

Grundlage den Sachverhalt und die Rechtsvorschriften umfasst, auf welche die Klage gestützt wird.[597] Diese Voraussetzungen sind grundsätzlich großzügig auszulegen, damit spätere Anerkennungshindernisse so weit wie möglich verhindert werden.[598] Es genügt daher, wenn die beide Ansprüche im Kern den gleichen Gegenstand haben.[599] So greift die Vorschrift des Art. 27 EuGVO insbesondere dann ein, wenn die eine Klage auf die Feststellung gerichtet ist, dass der Kläger für einen vom Beklagten behaupteten Schaden nicht hafte, und die andere auf entsprechende Zahlung von Schadensersatz geht, da bei beiden Fragen letztlich das Bestehen bzw. Nichtbestehen einer Haftung im Mittelpunkt steht.[600]

bb. Rechtsfolgen

Gemäß Art. 27 Abs. 1 EuGVO hat das später angerufene Gericht das Verfahren von Amts wegen auszusetzen, wenn die oben genannten Voraussetzungen vorliegen.[601] Sobald die Zuständigkeit des zuerst angerufenen Gerichts feststeht, hat sich das später angerufene Gericht gemäß Art. 27 Abs. 2 EuGVO für unzuständig zu erklären. Die vorgesehene Unzuständigkeitserklärung vollzieht sich im deutschen Recht durch Abweisung der Klage als unzulässig wegen anderweitiger Rechtshängigkeit.[602]

b. Konnexität nach Art. 28 EuGVO

Art. 28 EuGVO sieht eine fakultative Aussetzung des Verfahrens vor, wenn Parallelverfahren in unterschiedlichen Mitgliedstaaten zwar nicht denselben Anspruch betreffen, sie aber dennoch in einem engen Zusammenhang stehen. Art. 28 EuGVO geht ebenso wie Art. 27 EuGVO vom Prioritätsprinzip aus.[603]

aa. Voraussetzungen

Nach Art. 28 Abs. 1 EuGVO kann das später angerufene Gericht das Verfahren aussetzen, wenn bei dem Gericht eines anderen Mitgliedstaates bereits eine Klage anhängig ist, die mit der vorliegenden im Zusammenhang steht. Klagen stehen nach Art. 28 Abs. 3 EuGVO dann im Zusammenhang, wenn zwischen ihnen eine so enge Beziehung gegeben ist, dass eine gemeinsame Verhandlung und

597 Vgl. EuGH v. 6.12.1994, Rs. C-406/92 (*Tatry*), Slg. 1994, I-5439 Rn. 39 und 41.

598 BGH NJW 2002, 2795 f.; Rauscher / *Leible*, Art. 27 Rn. 8.

599 EuGH v. 8.12.1987, C-144/86 (*Gubisch Maschinenfabrik*), Slg. 1987, 4861 Rn. 16; *Schlosser*, Art. 27 Rn. 4; *Kropholler*, EZPR, Art. 27 Rn. 6 ff.

600 Vgl. EuGH v. 6.12.1994, Rs. C-406/92 (*Tatry*), Slg. 1994, I-5439 Rn. 43.

601 Das Verfahren der Aussetzung bestimmt sich nach nationalem Recht, in Deutschland nach § 148 ZPO.

602 BGH NJW 1986, 662 mwN.

603 Rauscher / *Leible*, Art. 28 Rn. 1.

Entscheidung geboten erscheint, um zu vermeiden, dass in getrennten Verfahren widersprechende Entscheidungen ergehen können.[604]

Ebenso wie Art. 27 EuGVO setzt Art. 28 EuGVO zunächst voraus, dass die Klagen in verschiedenen Mitgliedstaaten anhängig sind. Dabei wird der Begriff der Klage auch hier nicht formal verstanden. Ob ein Gericht mit einer Sache im Wege der Klage oder auf Grund sonstiger Bestimmungen befasst wird, spielt keine Rolle.[605] Die Frage, ob ein Anspruch überhaupt anhängig ist, bestimmt sich nach der lex fori, der Anhängigkeitszeitpunkt bemisst sich einheitlich nach Art. 30 EuGVO. Im Gegensatz zu Art. 27 EuGVO setzt Art. 28 EuGVO keine Parteienidentität voraus.[606]

Das Erfordernis des Zusammenhangs ist verordnungsautonom auszulegen. Es ist im Interesse einer geordneten Rechtspflege weit zu verstehen. Erfasst werden alle Fälle, in denen die Gefahr einander widersprechender Entscheidungen besteht, selbst wenn die Entscheidungen getrennt vollstreckt werden können und sich ihre Rechtsfolgen nicht gegenseitig ausschließen.[607] Ein genügender Zusammenhang kann unter anderem gegeben sein, wenn den beiden Klagen ein übereinstimmender Lebenssachverhalt zugrunde liegt[608], ein Widerspruch in den tragenden Urteilsgründen zu erwarten ist[609], Rechts- und Tatsachenfragen zu klären sind, die in beiden Verfahren eine Rolle spielen, oder sich die Ergebnisse des Erstverfahrens im Zweitverfahren verwerten lassen.[610]

bb. Rechtsfolgen

Die Möglichkeit einer Aussetzung nach Art. 28 EuGVO ist von Amts wegen zu prüfen; es bedarf keines Antrages einer Partei.[611] Ob das später angerufene Gericht das Verfahren aufgrund von Art. 28 EuGVO aussetzt, steht in dessen Ermessen.[612] Bei der Ermessenausübung sind unter anderem der Grad des Klagezusammenhangs, die Größe der Gefahr sich widersprechender Entscheidungen

---

604 Nach Art. 28 Abs. 2 EuGVO kann sich das später angerufene Gericht auf Antrag einer Partei in der ersten Instanz auch für unzuständig erklären, sofern das zuerst angerufene Gericht für die betreffenden Klagen zuständig und die Verbindung der Klagen nach seinem Recht zulässig ist.

605 Rauscher / *Leible*, Art. 27 Rn. 4 mwN.

606 OLG Frankfurt IPRax 2001, 227; *Kropholler*, EZPR, Art. 28 Rn. 5; *Schlosser*, Art. 28 Rn. 4.

607 EuGH v. 6.12.1994, Rs. C-406/92 (*Tatry*), Slg. 1994, I-5439 Rn. 53 f.; Rauscher / *Leible*, Art. 28 Rn. 3; *Kropholler*, EZPR, Art. 28 Rn. 3.

608 OLG Frankfurt IPRax 2001, 227, 228; Zöller/*Geimer*, Anh I EG-VO (EuGVVO), Art. 28 Rn. 4; *Geimer/Schütze*, EZVR, Art. 28 Rn. 11.

609 *Schlosser*, Art. 28 Rn. 3.

610 Rauscher / *Leible*, Art. 28 Rn. 4.

611 *Kropholler*, EZPR, Art. 28 Rn. 7; Rauscher / *Leible*, Art. 28 Rn. 6.

612 OLG Frankfurt IPRax 2001, 227; *Schlosser*, Art. 28 Rn. 9.

und Überlegungen zur Prozessökonomie zu berücksichtigen.[613] Das Verfahren der Aussetzung bestimmt sich nach nationalem Recht, in Deutschland folglich nach § 148 ZPO.[614] Ist ausgesetzt worden, so entfaltet das Urteil des zuerst angegangenen Gerichts für das aufzunehmende Verfahren Bindungswirkungen nur nach den allgemeinen Grundsätzen.[615]

II. Rechtshängigkeitssperre bei Gewährleistungs- und Interventionsklagen

Im Folgenden ist zu untersuchen, ob die Rechtshängigkeitssperre des Art. 27 EuGVO anwendbar ist, wenn es sich bei einem der Parallelprozesse um ein Mehrparteienverfahren nach Art. 6 Nr. 2 EuGVO handelt. Es sind grundsätzlich zwei Konstellationen denkbar, in denen es zu derartigen Rechtshängigkeitskonflikten kommen kann. Zum einen könnte die Regressklage – etwa im Wege der negativen Feststellungsklage – in einem anderen Mitgliedstaat anhängig gemacht werden, nachdem am Gerichtsstand des Hauptprozesses Interventionsklage im Sinne von Art. 6 Nr. 2 EuGVO erhoben wurde. Zum anderen ist es vorstellbar, dass eine Interventionsklage im Hauptverfahren erhoben wird, obwohl die Regressklage bereits in einem anderen Mitgliedstaat rechtshängig ist.

1. Priorität der Interventionsklage am Gerichtsstand des Hauptprozesses

Das OLG Stuttgart hatte sich im Jahr 2003 mit einem Rechtshängigkeitskonflikt zu befassen, bei dem die Interventionsklage zuerst anhängig war.[616] Der Entscheidung lag folgender Sachverhalt zu Grunde. Ein deutsches Unternehmen schloss mit seiner belgischen Vertragshändlerin einen Vertrag über die Lieferung von Motoren. Die belgische Vertragshändlerin verkaufte diese Motoren ihrerseits an eine belgische Kundin weiter. In der Folgezeit lieferte das deutsche Unternehmen nur neun der insgesamt 42 Motoren. Die Abnahme der restlichen Motoren wurde von der Vertragshändlerin verweigert, da ihre Kundin aufgrund von Lieferverzögerungen ankündigte, die Motoren ihrerseits weder abzunehmen noch zu bezahlen. Das deutsche Unternehmen verklagte die belgische Vertragshändlerin daraufhin vor dem LG Ravensburg auf Schadensersatz wegen der Nichtabnahme der Motoren. Die Vertragshändlerin hatte ihre Kundin allerdings bereits zwei Monate vorher in Belgien auf Abnahme verklagt und im Rahmen dieses Verfahrens gegen das deutsche Unternehmen eine Interventionsklage mit dem Ziel der Auflösung des Liefervertrages erhoben.

---

613 Ausführlich zur Ermessensentscheidung im Rahmen des Art. 28 EuGVO vgl. *Lüpfert*, S. 203 ff.

614 Zöller/*Geimer*, Anh I EG-VO (EuGVVO), Art. 28 Rn. 7; *Kropholler*, EZPR, Art. 28 Rn. 7; *Lüpfert*, S. 163 ff.

615 *Schlosser*, Art. 28 Rn. 10; *Lüpfert*, S. 167 f.; *Jayme*, IPRax 1992, 389.

616 OLG Stuttgart IPRspr. 2003, Nr. 174, 564.

Das LG Ravensburg hatte der Klage im Wesentlichen stattgegeben. Dagegen haben die Beklagte und deren Kundin, der im Laufe des Verfahrens von der Beklagten der Streit verkündet worden war, Berufung eingelegt. Das OLG Stuttgart hat das Berufungsverfahren gemäß Art. 27 Abs. 1 EuGVO und §§ 148, 248 ZPO bis zur Entscheidung des belgischen Gerichts über seine Zuständigkeit ausgesetzt.

Das OLG hat das Vorliegen der Voraussetzungen von Art. 27 Abs. 1 EuGVO zutreffend bejaht. Im konkreten Fall war das belgische Verfahren eindeutig zeitlich vor dem deutschen Verfahren eingeleitet worden. Nach dem insoweit maßgeblichen belgischen Recht begründet eine Interventionsklage auch die Rechtshängigkeit des mit ihr verfolgten Anspruchs.[617]

Das OLG hat zutreffend angenommen, dass die anhängigen Klagen dieselben Parteien betreffen und dafür auf die Rechtsprechung des EuGH zur Teilidentität verwiesen.[618] Zwar war in Belgien ein echtes Mehrparteienverfahren anhängig, in welchem neben der Vertragshändlerin und dem deutschen Unternehmen auch noch die belgische Kundin als Partei beteiligt war. Auch im deutschen Verfahren war die belgische Kundin – zwar nicht als Partei, sondern als Streithelferin – beteiligt. Im konkreten Fall waren jedoch die in Deutschland erhobene Klage des deutschen Unternehmens gegen seine Vertragshändlerin auf Schadensersatz wegen Nichtabnahme und die belgische Interventionsklage der Vertragshändlerin gegen das deutsche Unternehmen auf Auflösung des Liefervertrags miteinander zu vergleichen. Dass an den Gesamtverfahren noch weitere Personen beteiligt waren, war ebenso unerheblich wie die Tatsache, dass die Rollen der beiden Parteien in den parallelen Prozessen vertauscht waren.[619]

Auch die Anspruchsidentität wurde mit Verweis auf die Entscheidung des EuGH in der Sache *Gubisch Maschinenfabrik* zutreffend bejaht.[620] Dort hatte der EuGH festgestellt, dass eine Klage auf Erfüllung eines Vertragsverhältnisses und eine Klage auf Feststellung der Unwirksamkeit oder der Auflösung ein und desselben Vertrags im Kernpunkt denselben Gegenstand, namentlich die Wirksamkeit dieses Vertrages betreffen.[621] Im Ergebnis ging es auch im konkreten Fall zentral um die Frage der Wirksamkeit des zwischen dem deutschen Unternehmen und dessen belgischen Vertragshändlerin geschlossenen Liefervertrages. Zwischen den Parteien war insbesondere umstritten, ob sich das deutsche Unternehmen in Lieferverzug befand. War dies nicht der Fall, so wäre die deut-

---

617 OLG Stuttgart IPRspr. 2003, Nr. 174, 564, 567; *Taschner*, EWS 2004, 494, 495 mwN. Dies gilt gleichermaßen für die sonstigen Drittbeteiligungsinstitute der romanischen Rechtsordnungen, insbesondere für den französischen „appel en garantie"; vgl. OLG Hamm IPRax 1995, 104, 107; *Nieroba*, S. 79.

618 OLG Stuttgart IPRspr. 2003, Nr. 174, 564, 568.

619 Vgl. hierzu *Taschner*, EWS 2004, 494, 496.

620 OLG Stuttgart IPRspr. 2003, Nr. 174, 564, 568 f.

621 EuGH v. 8.12.1987, Rs. C-144/86 (*Gubisch Maschinenfabrik*), Slg. 1987, 4861 Rn. 15 f.

sche Klage wegen grundloser Abnahmeverweigerung begründet gewesen. Lag Lieferverzug vor, wäre die belgische Vertragshändlerin grundsätzlich zur Auflösung des Liefervertrages berechtigt gewesen, so dass die Interventionsklage zum Erfolg führen müsste. Dementsprechend war auch die Streitgegenstandsidentität im Sinne von Art. 27 Abs. 1 EuGVO zu bejahen.

Zusammenfassend kann festgehalten werden, dass Art. 27 EuGVO grundsätzlich auch auf Gewährleistungs- bzw. Interventionsklagen im Sinne von Art. 6 Nr. 2 EuGVO Anwendung findet.[622] Bei ihnen handelt es sich um echte Drittklagen, die dem Dritten die volle Parteistellung zugestehen und ihm gegenüber in einem vollstreckbaren Urteil münden können.[623] Solche Klagen führen nach den insoweit maßgeblichen nationalen Prozessrechtsordnungen zur Anhängigkeit der mit ihnen verfolgten Ansprüche[624] und eröffnen somit die Anwendung der europäischen Rechtshängigkeitsvorschriften. Eine Interventionsklage setzt sich damit ohne weiteres gemäß Art. 27 EuGVO gegen eine später erhobene Klage über denselben Anspruch durch.

2. Priorität der isolierten Regressklage

Fraglich ist, ob die Rechtshängigkeitssperre des Art. 27 EuGVO auch im umgekehrten Falle, also bei Priorität der isolierten Regressklage eingreifen würde. Das OLG Hamm hatte einen solchen Fall im Jahr 1993 zu entscheiden.[625]

a. Die Entscheidung des OLG Hamm

Der Sachverhalt sei kurz wie folgt skizziert. Ein deutsches Stahlhärtungsunternehmen verklagte zwei Aktiengesellschaften französischen Rechts vor dem LG Bochum im Wege der negativen Feststellungsklage. Es begehrte die Feststellung, aus einem mit der Beklagten zu 1 abgeschlossenen Vertrag gegenüber den Beklagten nicht zum Schadensersatz oder zur Gewährleistung verpflichtet zu sein. Die Klägerin hatte mit der Beklagten zu 1 einen Vertrag über die Härtung von Zahnrädern geschlossen, welche als Teil des Getriebes einer Zerkleinerungsanlage in ein marokkanisches Zementwerk eingebaut werden sollten. Das Zementwerk wurde durch die Beklagte zu 2 als Generalunternehmerin errichtet. Aufgrund des Bruches einiger Getriebeteile kam es dort im weiteren Verlauf zu einem Schadensfall.

---

622 So auch Study JLS/C4/2005/03, S. 112 Rn. 237. *Nieroba*, S. 79 f.

623 *Nieroba*, S. 79 f. bezieht die Anwendbarkeit der europäischen Rechtshängigkeit dementsprechend auf „sämtliche Drittbeteiligungsinstitute der mitgliedstaatlichen Prozessrechtsordnungen, die den Dritten derart in den Prozess einbeziehen, dass es zu einer *unmittelbaren* Entscheidung über die Rechtsverhältnisse des Dritten kommt." Dies entspricht im Wesentlichen der Definition der Interventionsklage im Sinne von Art. 6 Nr. 2 EuGVO.

624 Vgl. OLG Hamm IPRax 1995, 104, 107 zum französischen „appel en garantie"; *Nieroba*, S. 79 zu den romanischen Prozessrechtsordnungen und zur Rechtslage in England.

625 OLG Hamm IPRax 1995, 104.

Die Betreiberin des Zementwerkes verklagte daraufhin die Beklagte zu 2 vor dem Handelsgericht Paris auf Schadensersatz.[626] Diese zog die Beklagte zu 1 mit einer Gewährleistungsklage (appel en garantie) in das Verfahren, welche wiederum eine entsprechende Freistellungsklage gegen die Klägerin erhob. Dem OLG Hamm stellte sich im Rahmen der Berufung die Frage, ob die Feststellungsklage gegen die Beklagte zu 1 aufgrund von Art. 21 EuGVÜ wegen anderweitiger Rechtshängigkeit unzulässig war. Da der Zeitpunkt der Anhängigkeit im Sinne dieser Vorschrift unter der Geltung des EuGVÜ noch nicht vereinheitlicht war, kam es darauf an, wann die französische Gewährleistungs- und die deutsche Feststellungsklage nach dem jeweiligen nationalen Verfahrensrecht rechtshängig wurden.

Das OLG Hamm stellte zunächst fest, dass beide Klagen denselben Anspruch betreffen. Nach der Rechtsprechung des EuGH liege Anspruchsidentität auch dann vor, wenn vor dem Gericht des einen Mitgliedstaates eine negative Feststellungsklage anhängig ist, während die andere Partei bei dem Gericht eines anderen Mitgliedstaates eine Erfüllungsklage betreibt.[627] Die deutsche Feststellungs- und die französische Gewährleistungsklage seien auch zwischen denselben Personen, namentlich der Klägerin und der Beklagten zu 1 anhängig gewesen.

Aufgrund des Gutachtens eines Sachverständigen kam das OLG weiterhin zu dem Schluss, dass ein französischer „appel en garantie" hinsichtlich der Frage der Rechtshängigkeit wie eine normale Klage zu behandeln sei. Daraus folge, dass der Dritte ab dem Zeitpunkt des „appel en garantie" Partei dieses neuen Prozesses zwischen ihm sowie dem Gewährleistungskläger gewesen sei und von diesem Zeitpunkt an in diesem Verfahren für ihn Rechtshängigkeit eintrat. Eine Rückwirkung auf den Zeitpunkt der Erhebung der Hauptklage schied dagegen aus, weil vor der Erhebung der Gewährleistungsklage insoweit kein Prozessrechtsverhältnis bestanden habe.[628] Nach dem Gutachten trat die Rechtshängigkeit in Bezug auf die Gewährleistungsklage frühestens zum 8.4.1991 ein, die Feststellungsklage wurde unstreitig am 12.3.1991 rechtshängig. Aus diesem Grunde war die Feststellungsklage des Klägers vor dem LG Bochum nicht aufgrund von Art. 21 EuGVÜ unzulässig.

b. Bewertung

Das OLG Hamm hat das Vorliegen der allgemeinen Voraussetzungen von Art. 21 EuGVÜ geprüft und zutreffend bejaht. Es hat das Eingreifen der Rechts-

626 Zuvor leitete diese vor dem Handelsgericht Paris ein Beweissicherungsverfahren gegen beide Beklagte ein, in welches auch die Klägerin einbezogen wurde. Für die vorliegende Frage des Eingreifens der Rechtshängigkeitssperre war dies aber irrelevant, so dass dieses hier aus Gründen der Übersichtlichkeit außer Betracht bleibt.

627 OLG Hamm IPRax 1995, 104, 107; EuGH v. 8.12.1987, Rs. C-144/86 (*Gubisch Maschinenfabrik*), Slg. 1987, 4861 Rn. 16.

628 OLG Hamm IPRax 1995, 104, 107; *Nieroba*, S. 79.

hängigkeitssperre allein aus dem Grund verneint, weil nicht das LG Bochum, sondern das Handelsgericht Paris das später angerufene Gericht im Sinne der Vorschrift war. Konsequenterweise hätte sich also das Handelsgericht Paris in Bezug auf die Gewährleistungsklage für unzuständig erklären müssen.

Dadurch käme es allerdings zu einer isolierten Verhandlung von Klagen, die in Zusammenhang stehen, denn die in Frankreich anhängige Schadensersatzklage des Betreibers des Zementwerkes (Hauptklage)[629] und die in Deutschland anhängige Feststellungsklage (umgekehrte Regressklage) sind eng miteinander verbunden. Sie beruhen auf demselben tatsächlichen Lebenssachverhalt und sind auch inhaltlich verknüpft. Die zu spät erhobene Freistellungsklage der Beklagten zu 1 zielte darauf ab, mögliche negative Folgen aus dem Verlust des dortigen Hauptprozesses abzuwehren. Dieses Interesse seitens der Beklagten zu 1 besteht in dem vorrangigen Prozess in Deutschland gleichermaßen. Die Beklagte zu 1 will insgesamt verhindern, dass sie der Betreiberin des Zementwerkes schadensersatzpflichtig ist, etwa weil das französische Gericht feststellt, die von ihr gelieferten, nicht ausreichend gehärteten Zahnräder haben den Schadensfall verursacht, während das deutsche Gericht feststellt, die Klägerin hafte ihr gegenüber nicht, etwa weil der Schadensfall auf andere Ursachen zurückzuführen sei.

Die getrennte Verhandlung dieser beiden Klagen birgt also die Gefahr, dass das deutsche und das französische Gericht in den gemeinsamen Tatsachen- und Rechtsfragen zu unterschiedlichen Ergebnissen kommen und die Beklagte zu 1 letztlich in beiden Prozessen unterliegt. Die Vermeidung solcher Situationen ist aber gerade der Zweck der Vorschrift des Art. 6 Nr. 2 EuGVO.

Aus diesem Grund könnte eine Ausnahme von Art. 27 EuGVO dahingehend befürwortet werden, dass bei einem Rechtshängigkeitskonflikt mit einer Drittklage im Sinne von Art. 6 Nr. 2 EuGVO das Prioritätsprinzip ausgeschaltet wird und der Vorrang grundsätzlich der Gewährleistungs- bzw. Interventionsklage gebührt.

Eine Ausnahme vom strengen Prioritätsprinzip des Art. 27 EuGVO scheint aber nicht gerechtfertigt. Der EuGH hat in seiner Entscheidung in der Sache *Gasser* zum Ausdruck gebracht, dass bei der Einschränkung von Art. 27 EuGVO Zurückhaltung geboten ist.[630] Die Verfahrensregel des Art. 21 EuGVÜ/Art. 27 EuGVO stelle klar und ausschließlich auf die zeitliche Abfolge ab, in der die Gerichte angerufen worden sind[631] und sei weder im Falle der ausschließlichen Zuständigkeit des später angerufenen Gerichts aufgrund einer Gerichtsstandsabrede noch im Falle einer Prozessverschleppung außer

629 Die Hauptklage richtet sich nicht direkt gegen den Beklagten zu 1. Dieser wurde aber durch eine Garantieklage des Beklagten zu 2 in den Hauptprozess einbezogen, so dass ihn die Hauptklage mittelbar betrifft.

630 EuGH v. 9.12.2003, Rs. C-116/02 (*Gasser*), IPRax 2004, 243 (zu Art. 21 EuGVÜ). Vgl. dazu *Grothe*, IPRax 2004, 205 ff. und *Taschner*, EWS 2004, 494, 496 ff.

631 EuGH v. 9.12.2003, Rs. C-116/02 (*Gasser*), IPRax 2004, 243 Rn. 47.

Acht zu lassen.[632] Dementsprechend hat das OLG Hamm die Vorschrift des Art. 21 EuGVÜ auch strikt angewendet und trotz der Gefahr widersprüchlicher Entscheidungen in verschiedenen Mitgliedstaaten keinerlei Bedenken gegen das Eingreifen der Rechtshängigkeitssperre erhoben.

Auch der Zweck von Art. 27 EuGVO erfordert eine derartige Ausnahme nicht unbedingt. Hauptziel der Vorschrift ist es, soweit wie möglich Parallelprozesse vor Gerichten verschiedener Mitgliedstaaten zu vermeiden, in denen Entscheidungen ergehen können, die miteinander unvereinbar im Sinne von Art. 34 Nr. 3 EuGVO sind und deshalb in dem jeweils anderen Staat nicht anerkannt werden.[633] Bei einer getrennten Verhandlung der französischen Haupt- und der deutschen Regressklage tritt eine solche Situation aber mangels Parteienidentität nicht ein, so dass die Freizügigkeit der Entscheidungen trotz eventueller inhaltlicher Widersprüche nicht gefährdet wäre. In Deutschland sind die Klägerin und die Beklagte zu 1, in Frankreich die Betreiberin des Zementwerkes und die Beklagten zu 1 und 2 Partei. Ein Anerkennungshindernis im Sinne von Art. 34 Nr. 3 EuGVO droht also nicht.[634] Weiterhin gilt der in Art. 6 Nr. 2 EuGVO zum Ausdruck kommende Gedanke des Sachzusammenhangs im Rahmen der Verordnung nicht absolut. Es besteht zum Beispiel keine Pflicht zur Erhebung einer Gewährleistungs- bzw. Interventionsklage und auch die ausschließlichen Zuständigkeiten nach Art. 22 EuGVO, die zwingenden Vorschriften der Abschnitte 3, 4 und 5 und die Wahlgerichtsstände nach Art. 23 EuGVO setzen sich gegenüber Art. 6 Nr. 2 EuGVO durch.[635]

Zusammenfassend kann festgehalten werden, dass Art. 27 EuGVO insgesamt auf Gewährleistungs- und Interventionsklagen im Sinne von Art. 6 Nr. 2 EuGVO anzuwenden ist.[636] Wird am Gerichtsort des Hauptprozesses eine Interventionsklage erhoben, nachdem bereits eine Klage zwischen denselben Parteien über denselben Anspruch in einem anderen Mitgliedstaat anhängig ist, hat das Gericht des Hauptprozesses das Verfahren im Hinblick auf die Interventionsklage auszusetzen und sich insoweit für unzuständig zu erklären,

---

632 EuGH v. 9.12.2003, Rs. C-116/02 (*Gasser*), IPRax 2004, 243 Rn. 54 und 73.

633 Vgl. BGH NJW 2002, 2795 f.; EuGH v. 9.12.2003, Rs. C-116/02 (*Gasser*), IPRax 2004, 243 Rn. 41; EuGH v. 8.12.1987, Rs. C-144/86 (*Gubisch Maschinenfabrik*), Slg. 1987, 4861 Rn. 8.

634 Eine Verfahrenskoordination über Art. 28 EuGVO ist denkbar, aber nur eingeschränkt in der Lage, die Gefahr widersprüchlicher Entscheidungen zu bannen. Das aussetzende Gericht ist nach Beendigung des früheren Verfahrens nämlich nur nach allgemeinen Regeln an die Ergebnisse dieses Verfahrens gebunden, vgl. *Lüpfert*, S. 167 f. In der Regel werden die Feststellungen hinsichtlich der gemeinsamen Tatsachen und Vorfragen aber keine Bindungswirkungen für das ausgesetzte Verfahren entfalten.

635 Vgl. im zweiten Abschnitt unter B. III. 2. und 3.

636 Vgl. *Nieroba*, S. 79 f. Im Ergebnis wohl auch *Otto*, S. 299 ff., der eine Streitverkündung für unzulässig hält, wenn in einem anderen Mitgliedstaat bereits eine Klage über den Streitverkündungsgrund anhängig ist und von einer Gleichbehandlung mit den Gewährleistungs- und Interventionsklagen nach Art. 6 Nr. 2 EuGVO ausgeht.

sobald die Zuständigkeit des zuerst angerufenen Gerichts feststeht. Die damit verbundene Gefahr widersprüchlicher Entscheidungen ist im Interesse der Rechtssicherheit und Vorhersehbarkeit bei der Behandlung von Rechtshängigkeitskonflikten hinzunehmen.

III. Europäische Rechtshängigkeit und Streitverkündung

Soeben wurde festgestellt, dass die Vorschriften zur europäischen Rechtshängigkeit auf Gewährleistungs- bzw. Interventionsklagen im Sinne von Art. 6 Nr. 2 EuGVO anzuwenden sind. Im Folgenden soll untersucht werden, ob dies auch dann gilt, wenn im Falle einer (grenzüberschreitenden) Streitverkündung der Vor- und der Folgeprozess miteinander konkurrieren.

1. Streitverkündung mit Klage

Die Frage, ob ein Anspruch bei dem Gericht eines Mitgliedstaates anhängig ist, bemisst sich nach der jeweiligen lex fori.[637] Dementsprechend kann eine Streitverkündung im Ausland nach dem insoweit maßgebenden dortigen Prozessrecht die Rechtshängigkeit eines Anspruchs begründen.[638] Dies ist insbesondere für Streitverkündungen nach dem italienischen Recht der Fall.

a. LG Frankfurt / OLG Hamburg

Die deutschen Gerichte wurden bereits mehrfach mit der Frage befasst, ob sie sich aufgrund der Rechtshängigkeitssperre des Art. 21 EuGVÜ/Art. 27 EuGVO für unzuständig erklären müssen, wenn diese durch eine italienische Streitverkündung ausgelöst wurde.[639] Den zitierten Entscheidungen lagen ähnlich gelagerte Sachverhalte zu Grunde. In beiden Fällen klagte eine geschädigte Person in Deutschland auf Schadensersatz gegen einen von mehreren in Frage kommenden Verursachern.

Der vom LG Frankfurt zu beurteilende Sachverhalt betraf einen Unfall, bei dem ein deutsches Ehepaar auf einem Spazierweg in Südtirol von zwei Reitern erfasst und verletzt wurde. Das Paar erhob im Jahre 1986 Klage auf Schadensersatz gegen einen der beiden Reiter beim LG Frankfurt. Bereits im Jahre 1984 hatte es den anderen, in Südtirol ansässigen Reiter vor dem LG Bozen auf Schadensersatz verklagt. Im Rahmen dieses Verfahrens hatte der Südtiroler dem anderen Reiter auf Anordnung des Gerichts den Streit verkündet und zwar noch bevor das Verfahren in Deutschland anhängig wurde. Dem LG Frankfurt stellte

---

637 BGH NJW 1986, 662; OLGR Hamburg 1997, 13, 14; LG Frankfurt IPRax 1990, 234, 235; *Geimer/Schütze*, EZVR, Art. 27 Rn. 20.

638 *Kropholler*, EZPR, Art. 27 Rn. 2; *Mansel*, IPRax 1990, 214; *Nagel/Gottwald*, Internationales Zivilprozessrecht, S. 306, § 5 Rn. 204; *Nieroba*, S. 79.

639 OLGR Hamburg 1997, 13; LG Frankfurt IPRax 1990, 234, bestätigt durch OLG Frankfurt IPRspr. 1989, Nr. 210 b.

sich die Frage, ob es sich aufgrund von Art. 21 EuGVÜ für unzuständig zu erklären hatte.

Das OLG Hamburg hatte einen Fall zu beurteilen, bei dem es um einen Unfall im Zusammenhang mit dem Beladen eines Eisenbahnwagens ging, der sich in Italien ereignete. Beim Verladen des Wagens geriet dessen Schiebetür aus den Führungsschienen und verletzte einen Verladearbeiter lebensgefährlich. Dieser erhob daraufhin gegen die Deutsche Bahn AG, in dessen Fuhrpark der Wagen eingestellt war, Klage auf Schmerzensgeld beim LG Hamburg. Der Kläger hatte weiterhin die italienische Staatsbahn und eine Firma R, welche den Wagen zur fraglichen Zeit gemietet hatte, vor dem LG Bologna auf Schmerzensgeld verklagt. In diesem Verfahren verkündete die R der Deutschen Bahn den Streit, und begehrte, dass die Deutsche Bahn an ihrer Stelle als Beklagte in den Rechtsstreit eintrete und sie selbst aus dem Verfahren entlassen werde. Die Deutsche Bahn nahm fortan an dem Prozess teil. Die Zustellung der Streitverkündungsschrift erfolgte einige Tage nach der Zustellung der Klageschrift im deutschen Verfahren. Das OLG Hamburg hatte – im Berufungsverfahren – zu klären, ob es das Verfahren nach Art. 21 EuGVÜ zunächst auszusetzen und sich gegebenenfalls für unzuständig zu erklären hatte.

Da sich die Frage der Rechtshängigkeit im Rahmen von Art. 21 EuGVÜ/Art. 27 EuGVO nach der jeweiligen lex fori richtet, hatten beide Gerichte zunächst zu klären, welche Wirkungen den erklärten Streitverkündungen nach italienischem Verfahrensrecht beizumessen waren. Beide Gerichte gingen davon aus, dass einer italienischen Streitverkündung nach Art. 106 des italienischen codice procedurale civile die Wirkungen einer Klage zukommen. Der Dritte erhalte mit Zustellung der Streitverkündungsschrift[640] die Stellung einer Prozesspartei und ein im italienischen Verfahren ergehendes Urteil sei auch dem Dritten gegenüber nach den Artt. 26, 31 EuGVÜ für vollstreckbar zu erklären.[641] Da die Streitverkündungsschrift im Falle des LG Frankfurt früher, im Falle des OLG Hamburg später als die entsprechende Klageschrift im deutschen Verfahren zugestellt wurde, erklärte sich das LG Frankfurt aufgrund von Art. 21 EuGVÜ für unzuständig, während das OLG Hamburg zuständig blieb.

b. Bewertung

Beide Entscheidungen sind im Ergebnis zutreffend, behandeln aber im Grunde keinen Fall der Rechtshängigkeit durch eine Streitverkündung im Sinne von Art. 65 Abs. 1 S. 2 EuGVO, sondern vielmehr eine nachträgliche subjektive Klageerweiterung.

---

640 Das LG Frankfurt benutzt den Begriff Streitverkündungsschrift synonym mit dem Begriff Klageschrift; vlg. LG Frankfurt IPRax 1990, 214, 215. Das OLG Hamburg verwendet die Begriffe Streitverkündungsschrift und Gewährleistungsklageschrift; vgl. OLGR Hamburg 1997, 13 f.

641 LG Frankfurt IPRax 1990, 214, 215; OLGR Hamburg 1997, 13, 14.

Der Dritte wurde in beiden Fällen jeweils durch eine Streitverkündung im Sinne von Art. 106 cpc in das anhängige Verfahren einbezogen. Nach dieser Vorschrift kann jede Partei einem Dritten den Streit verkünden, wenn er den Rechtsstreit für einen mit ihm gemeinschaftlichen hält oder von ihm Garantie verlangt.[642] Das OLG Hamburg hat zwar missverständlich den Begriff „Gewährleistungsklageschrift" verwendet und auf Art. 106 Alt. 2 cpc abgehoben.[643] Die R GmbH wollte die Deutsche Bahn aber nicht auf Freistellung in Anspruch nehmen, sondern erreichen, dass diese anstelle der R als Beklagte in das Verfahren eintrete und sie selbst aus dem Verfahren entlassen werde.[644] Gleiches gilt für den Fall des LG Frankfurt. Insofern war in beiden Fällen vielmehr die erste Alternative von Art. 106 cpc einschlägig. Diese ermöglicht einem Beklagten, der seine Passivlegitimation bestreitet, die Einberufung des nach seiner Meinung wahren Schuldners in den Prozess.[645] Der Kläger hat dann die Wahl, ob er die Klage weiterhin nur gegen den Erstbeklagten führen möchte oder seine Klage auf den Dritten erweitert und den Erstbeklagten gegebenenfalls sogar aus dem Verfahren entlässt.

Letztlich betraf die Einbeziehung des Dritten in beiden Verfahren also nicht dessen Verhältnis zum Streitverkünder, wie dies bei Interventionsklagen und Streitverkündungen im Sinne von Art. 65 Abs. 1 S. 2 EuGVO der Fall ist. Sie führte vielmehr dazu, dass der Dritte aufgrund der Streitverkündung als gleichrangiger Beklagter im Verhältnis zur ursprünglichen Klägerin in das Verfahren eintrat, also zum Streitgenossen des Streitverkünders wurde. Nur so konnte sich letztlich auch die Identität von Streitgegenstand und Parteien ergeben.[646]

Zusammenfassend kann festgestellt werden, dass eine Streitverkündung nach Art. 106 Alt. 2 cpc einer Gewährleistungs- und Interventionsklage im Sinne von Art. 6 Nr. 2 EuGVO entspricht. Sie führt im Verhältnis zwischen Verkünder und Empfänger der Streitverkündung (besser: Garantiekläger und -beklagtem) zur Rechtshängigkeit des geltend gemachten Anspruchs. Der Gegenstand dieser Klage kann zwischen diesen beiden Personen dann nicht mehr anderweitig anhängig gemacht werden. Eine Streitverkündung nach Art. 106 Alt. 1 cpc führt dagegen zur Einbeziehung des Dritten als Beklagten im Verhältnis zum ursprünglichen Kläger. In diesem Fall greift die Rechtshängigkeitssperre nur dann ein, wenn derselbe Anspruch zwischen Kläger und Drittem erneut anhängig wird.

---

642 *Mansel*, IPRax 1990, 214, Fn. 5.

643 OLGR Hamburg 1997, 13, 14.

644 OLGR Hamburg 1997, 13, 14.

645 *Spellenberg*, ZVglRWiss 79 (1980), S. 89, 116.

646 Zwar ist im italienischen Verfahrensrecht umstritten, ob sich die klägerischen Anträge ohne weiteres ab dem Zeitpunkt der Streitverkündung auch auf den Dritten erstrecken. Jedenfalls ist der Streitverkündung aber der implizite Feststellungsantrag zu entnehmen, dass die Tatsachenfeststellungen und Rechtsfragen auch gegenüber dem Dritten in Rechtskraft erwachsen, *Mansel*, IPRax 1990, 214 f.

Im Ergebnis bleibt festzuhalten, dass die Rechtshängigkeitssperre des Art. 27 EuGVO auch dann eingreift, wenn eine Streitverkündung nach dem insoweit maßgeblichen nationalen Recht zur Anhängigkeit eines Anspruches führt, sofern die weiteren Voraussetzungen, also die Identität der Parteien und der Streitgegenstände vorliegen.

2. Streitverkündung im Sinne von Art. 65 Abs. 1 S. 2 EuGVO

Ob die Vorschriften über die europäische Rechtshängigkeit auf Streitverkündungen im Sinne von Art. 65 Abs. 1 S. 2 EuGVO Anwendung finden, ist fraglich. Es handelt sich hierbei insgesamt um Drittbeteiligungsformen, welche der Streitverkündung gemäß §§ 72-74, 68 ff. ZPO hinsichtlich ihrer Voraussetzungen und Wirkungen vergleichbar sind.[647] Vorrangig stellt sich die Frage, ob die Rechtshängigkeitssperre des Art. 27 EuGVO insofern eingreift, als dass die Streitverkündung im Vorprozess die Unzulässigkeit des später anderweitig anhängig gemachten Folgeprozesses zur Folge hat. Umgekehrt ist fraglich, ob die anderweitige Rechtshängigkeit des Folgeprozesses die Zulässigkeit einer später erfolgten Streitverkündung berührt. Weiterhin soll die Anwendbarkeit von Art. 28 EuGVO bei gleichzeitiger Anhängigkeit von Vor- und Folgeprozess geklärt werden.

a. Rechtshängigkeitssperre

Art. 27 EuGVO setzt voraus, dass in unterschiedlichen Mitgliedstaaten Klagen zwischen denselben Parteien über denselben Anspruch anhängig sind. Bei einer gleichzeitigen Anhängigkeit von Vor- und Folgeprozess ist dieses Erfordernis nicht ohne weiteres erfüllt. Der Vorprozess, in dem die Streitverkündung erfolgt, und der Folgeprozess, in dem diese ihre Wirkungen zeitigen soll, betreffen nämlich unterschiedliche Personen- und Rechtsverhältnisse. Der Vorprozess wird zwischen einer Hauptpartei und dem Streitverkünder geführt, während sich der Folgeprozess zwischen dem Verkünder und dem Empfänger der Streitverkündung abspielt. Es sind demnach zwar zwei Klagen anhängig, diese betreffen aber weder dieselben Parteien noch denselben Anspruch, da sie nur gemeinsame Tatsachen- und Vorfragen aufweisen. Ein Rechtshängigkeitskonflikt im Sinne von Art. 27 EuGVO droht zwischen diesen beiden Prozessen daher grundsätzlich nicht.

Sofern aber eine der Hauptparteien im Rahmen des Vorprozesses dem Dritten den Streit verkündet, ergibt sich folgende Situation. Die im Vorprozess getroffenen Feststellungen über Tatsachen- und Rechtsfragen, die sich in identischer Weise auch im Folgeprozess stellen, werden durch die Interventionswirkung auf das Verhältnis zwischen Verkünder und Empfänger der Streitverkün-

647 Neben den in Art. 65 Abs. 2 S. 2 EuGVO ausdrücklich genannten Streitverkündungen in Österreich und Ungarn sind dies z.B. Streitverkündungen des schweizerischen, spanischen, schwedischen und griechischen Rechts. Vgl. dazu im dritten Abschnitt unter A. I.

dung, also die Parteien des Folgeprozesses erstreckt. Die von Art. 27 EuGVO vorausgesetzte Identität der Parteien könnte demnach bejaht werden. Eine Streitverkündung gemäß den §§ 72-74, 68 ZPO führt nach dem insoweit maßgeblichen deutschen Verfahrensrecht aber nicht zur Anhängigkeit des mit ihr vorbereiteten Anspruchs auf Schadloshaltung, so dass jedenfalls kein Konflikt zwischen Klagen über denselben Anspruch besteht. Der Wortlaut des Art. 27 EuGVO erfasst den Fall der Streitverkündung daher nicht.[648]

b. Konnexitätsregel

aa. Anwendbarkeit

Die Voraussetzungen des Art. 28 EuGVO sind im Vergleich zu Art. 27 EuGVO weniger streng. Sie liegen bereits dann vor, wenn bei Gerichten verschiedener Mitgliedstaaten Klagen anhängig sind, die im Zusammenhang stehen. Dabei ist weder die Identität der Parteien noch der Streitgegenstände erforderlich. Die Konnexitätsregel des Art. 28 EuGVO findet in der hier untersuchten Konstellation daher Anwendung, wenn zwischen dem Vor- und dem Folgeprozess ein Zusammenhang im Sinne der Legaldefinition des Art. 28 Abs. 3 EuGVO besteht. Dies ist der Fall, wenn zwischen den Klagen eine so enge Beziehung gegeben ist, dass eine gemeinsame Verhandlung und Entscheidung geboten erscheint, um zu vermeiden, dass in getrennten Verfahren widersprechende Entscheidungen ergehen können.

Von Art. 28 Abs. 3 EuGVO werden alle Fälle erfasst, in denen die Gefahr einander widersprechender Entscheidungen besteht, selbst wenn die Entscheidungen getrennt vollstreckt werden können und sich ihre Rechtsfolgen nicht gegenseitig ausschließen.[649] Über die Vermeidung von unvereinbaren Entscheidungen im Sinne von Art. 34 Nr. 3 EuGVO hinaus will Art. 28 EuGVO nämlich allgemein das Entstehen inkohärenter Entscheidungen verhindern.[650] Da in beiden Verfahren im Wesentlichen ein übereinstimmender Lebenssachverhalt zugrunde liegen wird und gemeinsame Rechts- und Tatsachenfragen zu klären sein werden, stehen Vor- und Folgeprozess in ausreichendem Zusammenhang. Diese Sichtweise wird durch die Existenz der Vorschrift des Art. 65 EuGVO maßgeblich gestützt, da die Verordnung im Falle der Streitverkündung gerade eine widerspruchsfreie Beurteilung des Gesamtsachverhalts sichern will. Der Tatbestand des Art. 28 EuGVO ist also erfüllt, wenn der Vorprozess, in dem eine Streitverkündung erklärt wurde, und der Folgeprozess, in dem der Streitverkün-

---

648 Vgl. Hof den Haag, European Transport Law 2008, 618, 621 f. Ebenso *Mansel*, Streitverkündung und Interventionsklage, S. 220; *Schlosser*, Art. 27 Rn. 3.

649 EuGH v. 6.12.1994, Rs. C-406/92 (*Tatry*), Slg. 1994, I-5439 Rn. 53 f.; Rauscher / *Leible*, Art. 28 Rn. 3; *Kropholler*, EZPR, Art. 28 Rn. 3.

650 *Otte*, S. 429; *Reischl*, IPRax 2003, S. 426, 429.

dungsgrund den Verfahrensgegenstand bildet, gleichzeitig in unterschiedlichen Mitgliedstaaten anhängig sind.

An das Vorliegen dieser Voraussetzungen ist allerdings keine zwingende Rechtsfolge geknüpft. Art. 28 Abs. 1 EuGVO sieht lediglich eine fakultative Aussetzung des Verfahrens vor dem später angerufenen Gericht vor. Im Ergebnis ergibt sich demnach folgende Situation. Wird der Vorprozess anhängig, bevor der Folgeprozess vor das Gericht eines anderen Mitgliedstaates gebracht wird, kann das Folgegericht nach seinem Ermessen das Verfahren so lange aussetzen, bis der Vorprozess rechtskräftig entschieden wurde. Nach der Wiederaufnahme des Verfahrens hat das Gericht des Folgeprozesses die Streitverkündungswirkung nach Art. 65 Abs. 2 S. 2 EuGVO zu beachten. Ist demgegenüber der Folgeprozess zuerst anhängig geworden, kommt nach dem Prioritätsprinzip nur eine Aussetzung des Vorprozesses in Betracht. Eine solche wäre aber sinnlos, da die Entscheidung des Folgegerichts auf die vorprozessuale Entscheidung keine Auswirkung hat.[651]

Im Ergebnis kann festgehalten werden, dass die Voraussetzungen des Art. 28 Abs. 1 und 3 EuGVO vorliegen, wenn der Vor- und der Folgeprozess gleichzeitig in unterschiedlichen Mitgliedstaaten anhängig werden. Im Falle der Priorität des Vorprozesses kann das Gericht des Folgeprozesses das Verfahren nach seinem Ermessen aussetzen, bis im Vorprozess ein rechtskräftiges Urteil ergeht, so dass es die Streitverkündungswirkung ausreichend berücksichtigen kann. Ist dagegen der Folgeprozess zuerst anhängig geworden, kommt eine Aussetzung nach Art. 28 Abs. 1 EuGVO nicht in Betracht.

bb. Eignung zur Konfliktlösung

Es wurde soeben festgestellt, dass die Rechtshängigkeitssperre des Art. 27 EuGVO im Falle der gleichzeitigen Anhängigkeit von Vor- und Folgeprozess in unterschiedlichen Mitgliedstaaten nicht unmittelbar eingreift, jedoch eine Verfahrenskoordination über Art. 28 EuGVO in Betracht kommt. Die Möglichkeit zur Aussetzung des später eingeleiteten Verfahrens bietet aber keine befriedigende Lösung des hier untersuchten Konflikts.

Dies liegt zum einen daran, dass die Aussetzungsmöglichkeit des Art. 28 EuGVO im Ermessen des später angerufenen Gerichts liegt, während die Rechtsfolge des Art. 27 EuGVO zwingenden Charakters ist. Dadurch werden die Effektivität des Rechtsschutzes der Verordnung und die Einheitlichkeit der von der Verordnung betroffenen Personen in Frage gestellt.[652] Erhebt nämlich

651 Vgl. OLG Karlsruhe, IPRspr. 2002, Nr. 181. Das aussetzende Gericht hat die Ergebnisse des prioritären Verfahrens nur dann zwingend zu berücksichtigen, wenn eine Bindungswirkung nach den allgemeinen Regeln besteht. Das Folgegericht kann aber keine für das Gericht des Vorprozesses bindenden Feststellungen treffen.

652 Die Rechtshängigkeitssperre ist aufgrund ihrer zwingenden Rechtsfolge sicherlich die „stärkere Waffe". Der von Art. 22 EuGVÜ/Art. 28 EuGVO verliehene Ermessensspielraum bedeutet jedoch nicht, dass das später angerufene Gericht die Vorschrift einfach

eine Person im Rahmen eines anhängigen Prozesses eine Interventionsklage, so kann der Gegenstand dieser Klage in einem anderen Mitgliedstaat nicht erneut zwischen Interventionskläger und –beklagtem anhängig gemacht werden. Das später angerufene Gericht muss sich im Ergebnis aufgrund von Art. 27 EuGVO für unzuständig erklären.[653] Steht dieser Person in einem identischen Fall nur die Streitverkündung zur Verfügung, kommt zwar eine Verfahrenskoordination durch Aussetzung des später anhängig gewordenen Regressprozesses nach Art. 28 EuGVO in Betracht. Das später angerufene Gericht könnte sich aber unter Umständen gegen eine Aussetzung entscheiden, etwa weil es die Gemeinsamkeiten beider Fälle für gering hält oder das Verfahren im Vorprozess gerade erst begonnen hat und damit eine Verzögerung des Folgeprozesses droht.[654] Eine zeitlich frühere Interventionsklage sperrt den Parallelprozess dagegen in jedem Fall[655], so dass ihr Zweck – die Gewährleistung einheitlicher Entscheidungen – durch die Rechtshängigkeitssperre gesichert ist. Eine Streitverkündung könnte dagegen durch Parallelprozesse konterkariert werden, obwohl sie denselben Zweck verfolgt und aufgrund von Art. 65 EuGVO mit Gewährleistungs- und Interventionsklagen im Sinne von Art. 6 Nr. 2 EuGVO gleichrangig auf einer Stufe steht.[656]

Zum anderen führt die Vorschrift des Art. 28 EuGVO im umgekehrten Falle – also bei Priorität des Folgeprozesses – nicht weiter.[657] Das Gericht des Folgeprozesses kann das Verfahren als das zuerst angerufene Gericht nicht aufgrund von Art. 28 Abs. 1 EuGVO aussetzen. Die Aussetzung des vorprozessualen Verfahrens wäre demgegenüber zwar nach Art. 28 EuGVO möglich, aber sinnlos, da die Entscheidung des Gerichts des Folgeprozesses auf den Vorprozess keinerlei Auswirkungen hat.[658] Im Falle der Priorität des Folgeprozesses kann folglich keines der beiden Gerichte durch eine Aussetzung nach Art. 28 EuGVO eine geeignete Verfahrenskoordination erreichen.[659] Es käme vielmehr zu einem Wettlauf zwischen beiden Verfahren. Erginge das Urteil im Vorprozess vor demjenigen im Folgeverfahren, hätte das Gericht des Folgeprozesses die Bin-

unangewendet lassen kann. Es ist vielmehr zur pflichtgemäßen Ermessensausübung verpflichtet, vgl. *Isenburg-Epple*, S. 198 f.

653 Vgl. oben unter C. II. 1.

654 Bei der Ermessensausübung ist insbesondere das Ausmaß der Gefahr widersprüchlicher Entscheidungen zu berücksichtigen. Allerdings kann z.B. auch die Dauer des Erstverfahrens in die Abwägung einfließen. Ausführlich hierzu *Lüpfert*, S. 205 ff.

655 Der EuGH steht Ausnahmen von Art. 27 EuGVO grundsätzlich sehr skeptisch gegenüber. Insbesondere rechtfertigt die lange Verfahrensdauer vor den Gerichten eines Mitgliedstaates keine Ausnahme von der Rechtshängigkeitssperre; vgl. EuGH v. 9.12.2003, Rs. C-116/02 (*Gasser*), IPRax 2004, 243 Rn. 73.

656 Ähnlich *Otto*, S. 300 f. und *Nieroba*, S. 85.

657 Vgl. OLG Karlsruhe, IPRspr. 2002, Nr. 181.

658 *Lüpfert*, S. 141 hält eine Durchbrechung des Prioritätsprinzip für wünschenswert, wenn das eine Verfahren sinnvoller Weise vor dem anderen durchgeführt werden sollte.

659 So auch *Otto*, S. 304 f.

dungswirkungen der im Vorprozess erklärten Streitverkündung anzuerkennen und zwar auch dann, wenn es bezüglich der anzuerkennenden Tatsachen bereits umfangreiche Beweiserhebungen durchgeführt hat. Stünde das Urteil im Vorprozess dagegen bei der Entscheidung im Folgeverfahren noch aus, könnte das Folgegericht die Streitverkündungswirkung nicht berücksichtigen, so dass die Gefahr widersprüchlicher – und sogar unvereinbarer – Entscheidungen entstünde.[660] Diese unsichere Sachlage widerspricht aber dem im 9. Abschnitt des Kapitels II der Verordnung zu Grunde liegenden Prioritätsprinzip, nach welchem ein Verfahrenskonflikt grundsätzlich zugunsten des früheren Verfahrens aufzulösen ist.[661]

Die Ungleichbehandlung im Vergleich zu echten Drittklagen ließe sich gegebenenfalls durch eine Ermessensreduktion abmildern. In der Literatur ist bereits eine Tendenz wahrzunehmen, die dahin geht, eine Vermutung zugunsten der Aussetzung anzunehmen.[662] Damit wäre die Nichtaussetzung im Rahmen der Ermessensausübung die begründungs- und rechtfertigungsbedürftige Ausnahme.[663] Gerade im Hinblick auf die Regelung des Art. 65 EuGVO, welche den Zusammenhang von Vorprozess mit Streitverkündung und nachfolgendem Regressprozess ausdrücklich anerkennt, könnte in der untersuchten Konstellation von einer solchen Ermessensreduktion ausgegangen werden. Das Gericht des Folgeprozesses wäre dann aufgrund von Art. 28 EuGVO zur Aussetzung verpflichtet, wenn eine Partei des Folgeprozesses der anderen zuvor in einem Verfahren vor dem Gericht eines anderen Mitgliedstaates den Streit verkündet hat.[664]

Eine solche Ermessensreduktion könnte allerdings auch nicht über die Tatsache verhelfen, dass die Vorschrift des Art. 28 EuGVO im umgekehrten Falle, also bei Priorität des Folgeprozesses versagt. Da hier weder die Aussetzung des Folge- noch des Vorprozesses in Betracht kommt, entsteht ein Verfahrenswettlauf und somit die Gefahr widersprüchlicher Entscheidungen. Dieses Problem könnte nur durch eine Durchbrechung des Prioritätsprinzips gelöst werden[665], so

660 Vgl. dazu oben unter C. II. 2. b.

661 Dies betont EuGH v. 8.5.2003, Rs. C-111/01 (*Gantner Electronic*), Slg. 2003, I-4207 Rn. 30.

662 Vgl. auch *Jenard*, Bericht zum EuGVÜ, S. 1, 41: „Besteht ein Sachzusammenhang, so *hat* der Richter in erster Linie die Entscheidung auszusetzen".

663 So *Lüpfert*, S. 214 f. (Fn. 54), die auf eine Entscheidung des englischen High Courts verweist. Kritisch dazu *Geimer/Schütze*, Bd. I/1, § 44 S. 293, Fn. 23; *Schütze*, RIW 1975, 543, 545.

664 Dies gilt natürlich nur insofern, als dass die Streitverkündung gerade auf die Vorbereitung der Geltendmachung des Rechtsverhältnisses abzielte, welches Gegenstand des Folgeprozesses ist. Da der Streitverkünder den Streitverkündungsgrund gemäß § 73 S. 1 ZPO anzugeben hat, kann der Zusammenhang zwischen den Klagen ohne weiteres durch einen Abgleich von Streitverkündungs- und Klageschrift festgestellt werden. So auch *Otto*, S. 303 für die Anspruchsidentität bei Art. 27 EuGVO.

665 In diesem Sinne *Lüpfert*, S. 141.

dass das Gericht des Folgeprozesses das Verfahren aussetzen könnte (oder müsste), obwohl es zuerst angerufen wurde. In Anbetracht der diesbezüglich strengen EuGH-Rechtsprechung und im Interesse einer einfachen und klaren Handhabung von Verfahrenskonflikten erscheint diese Lösung aber nicht sachgerecht.

Nach alledem kann festgehalten werden, dass die Anwendbarkeit von Art. 28 EuGVO im Falle der Parallelität von Vor- und Folgeprozess kein ausreichendes Mittel zur Verfahrenskoordination darstellt. Im Interesse der Rechtssicherheit und der Effektivität des Rechtsschutzes durch die Verordnung bedarf es einer Lösung, die konsequent in beide Richtungen arbeitet und eine klare Aussage über die Handhabung eines Konfliktes zwischen Vor- und Folgeprozess trifft.

c. Eigene Lösung

aa. Analoge Anwendung von Art. 27 EuGVO

Die genannten Schwierigkeiten könnten durch die Erstreckung der Rechtshängigkeitssperre auf die Streitverkündung ausgeräumt werden. Dass Art. 27 EuGVO im Falle der Streitverkündung seinem Wortlaut nach nicht eingreift, diesbezüglich also eine Lücke vorliegt, wurde bereits festgestellt. Da der Empfänger einer Streitverkündung nicht zur Partei des Vorprozesses wird und mit der Streitverkündung auch keine materiellen oder prozessualen Ansprüche in den Vorprozess eingeführt werden, kann Art. 27 EuGVO nicht unmittelbar eingreifen. Ausgehend vom Zweck der Vorschrift ist nun zu klären, ob die Rechtshängigkeitssperre auf Streitverkündungen im Sinne von Art. 65 Abs. 1 S. 2 EuGVO zu erstrecken ist.[666]

(1) Vermeidung unvereinbarer Entscheidungen

Der 9. Abschnitt von Kapitel II der Verordnung bezweckt insgesamt die Vermeidung gegensätzlicher Entscheidungen in den verschiedenen Mitgliedstaaten und damit die Sicherung einer geordneten Rechtspflege innerhalb der Europäischen Union.[667] Während Art. 28 bereits inkohärente Entscheidungen verhindern will, zielt Art. 27 EuGVO auf die Vermeidung unvereinbarer Entscheidungen im Sinne von Art. 34 Nr. 3 EuGVO ab.[668] Entscheidungskonflikte, die zum Eintreten eines Anerkennungshindernisses im Sinne von Art. 34 Nr. 3 EuGVO führen

---

666 In diesem Sinne bereits *Otto*, S. 299 ff.; *Nieroba*, S. 83 ff.; *Nogratnig*, S. 109 Fn. 503.

667 Vgl. *Jenard*, Bericht zum EuGVÜ, S. 1, 41. So auch EuGH v. 8.5.2003, Rs. C-111/01 (*Gantner Electronic*), Slg. 2003, I-4207 Rn. 4.

668 *Geimer/Schütze*, EZVR, Art. 28 Rn. 1; *Otte*, S. 429.

können, sollen durch das präventive Eingreifen der Rechtshängigkeitssperre von vorneherein so weit wie möglich ausgeschlossen werden.[669]

Wenn es also im Falle der gleichzeitigen Anhängigkeit von Vor- und Folgeprozess zum Eintreten des in Art. 34 Nr. 3 EuGVO geregelten Anerkennungshindernisses kommen könnte, erscheint eine Prävention dieser Situation durch die Koordination der Prozesse im Stadium des Erkenntnisverfahren notwendig.[670] Aus diesem Grund ist zu prüfen, ob eine solche Situation im Falle der Parallelität von Vor- und Folgeprozess auftreten kann.

Grundsätzlich hat die Streitverkündung zur Folge, dass die Feststellungen des Vorprozesses auch für den Dritten bindend feststehen, so dass das Gericht des Folgeprozesses hinsichtlich der gemeinsamen Tatsachen- und Rechtsfragen keine abweichende Entscheidung treffen kann. Die Feststellungen des Vorprozesses sind kraft der Verordnung mit einer der Rechtskraft ähnlichen Bindungswirkung ausgestattet und beziehen sich ausdrücklich auf das Verhältnis zwischen Verkünder und Empfänger der Streitverkündung. Werden Vor- und Folgeprozess gleichzeitig in unterschiedlichen Mitgliedstaaten anhängig, könnte das Gericht des Folgeprozesses die Bindungswirkungen der im Vorprozess ausgesprochenen Streitverkündung aber unter Umständen nicht mehr berücksichtigen. Steht nämlich zum Zeitpunkt der Entscheidung des Folgeprozesses ein rechtskräftiges Urteil im Vorprozess noch aus, können die dortigen Feststellungen auch nicht auf den Folgeprozess erstreckt werden. In Bezug auf die gemeinsamen Elemente beider Verfahren kommt es in einem solchen Fall zu einer ähnlichen Konfliktsituation, wie sie in Art. 27 EuGVO angesprochen ist. Es besteht nämlich die Gefahr, dass die Gerichte dieselben Tatsachen- und Rechtsfragen im Rahmen desselben Personenverhältnisses unterschiedlich beurteilen. Neben der Tatsache, dass der Streitverkündungsempfänger dadurch in die missliche Lage geraten könnte, zwei Prozesse zu verlieren, obwohl er bei einheitlicher Beurteilung des identischen Lebenssachverhalts und der gemeinsamen Rechtsfragen mindestens einen hätte gewinnen müssen, kommt das Anerkennungshindernis des Art. 34 Nr. 3 EuGVO durchaus in Betracht.

Angenommen, die Wirkung der im Vorprozess erklärten Streitverkündung konnte im gleichzeitig anhängigen Folgeprozess nicht mehr berücksichtigt werden und ein- und dieselbe Rechtsfrage wird in beiden Prozessen unterschiedlich bewertet. Das Urteil des Folgeprozesses soll nun in dem Mitgliedstaat des Vorprozesses vollstreckt werden. Im Rahmen des Rechtsbehelfsverfahrens nach Art. 43 EuGVO stellt sich die Frage nach dem Eingreifen von Art. 34 Nr. 3 EuGVO. Danach ist einer Entscheidung die Anerkennung dann zu

669 EuGH v. 9.12.2003, Rs. C-116/02 (*Gasser*), IPRax 2004, 243, 247; EuGH v. 19.5.1998, Rs. C-351/96 (*Drouot*), Slg. 1998, I-3091 Rn. 17; EuGH v. 6.12.1994, Rs. C-406/92 (*Tatry*), Slg. 1994, I-5439 Rn. 32.

670 So z.B. OLG Hamburg IPRax 1999, 168, 171, welches eine analoge Anwendung des Art. 21 EuGVÜ auf die Aufrechnung befürwortet. Zustimmend *Oberhammer*, IPRax 2002, S. 424, 430 f. Kritisch *Hau*, ZZPInt 8 (2003), 505, 507 ff.

versagen, wenn sie mit einer Entscheidung unvereinbar ist, die im Anerkennungsstaat zwischen denselben Personen ergangen ist.

Die anzuerkennende Entscheidung – das Urteil im Folgeprozess – kann mit der im Vorprozess ergangenen Entscheidung nicht im Sinne von Art. 34 Nr. 3 EuGVO unvereinbar sein, da sie nicht dasselbe Personenverhältnis betrifft. Der Konflikt mit einer Entscheidung des Anerkennungsstaates könnte aber durch die Interventionswirkung selbst begründet werden. Dann müsste sich die Interventionswirkung als Entscheidung eines Gerichts des Anerkennungsstaates qualifizieren lassen. Weiterhin müsste sie mit der anzuerkennenden Entscheidung aus dem Folgeprozess unvereinbar sein.

(a) Interventionswirkung als Entscheidung

Nach Art. 32 EuGVO ist jede von einem Gericht eines Mitgliedstaates erlassene Entscheidung als Entscheidung im Sinne der Verordnung zu qualifizieren. Dies gilt ohne Rücksicht auf ihre Bezeichnung wie Urteil, Beschluss, Zahlungsbefehl oder Vollstreckungsbescheid, einschließlich des Kostenfestsetzungsbeschlusses eines Gerichtsbediensteten. Ausschlaggebend ist, dass die betreffende Entscheidung von einem Rechtssprechungsorgan eines Mitgliedstaates erlassen wurde, das kraft seines Auftrages selbst über zwischen den Parteien bestehende Streitpunkte entscheidet.[671]

Das Gericht des Vorprozesses entscheidet zwar nicht unmittelbar über das Rechtsverhältnis von Verkünder und Empfänger der Streitverkündung. Aufgrund von Art. 65 Abs. 1 S. 2 EuGVO in Verbindung mit den nationalen Streitverkündungsnormen ist es bei Bestehen eines ausreichenden Sachzusammenhangs aber befugt, mittelbar über dieses Rechtsverhältnis zu entscheiden. Die Streitverkündungswirkung – die aufgrund von Art. 65 Abs. 2 S. 2 EuGVO grenzüberschreitend anzuerkennen ist – führt dazu, dass bestimmte Elemente des Vorprozesses, die für den Folgeprozess vorgreiflich sind, bindend feststehen. Damit kann die Interventionswirkung als Entscheidung im Sinne von Art. 32 EuGVO angesehen werden.

(b) Unvereinbarkeit

Um festzustellen, ob zwischen dem Urteil im Folgeprozess und der Interventionswirkung aus dem Vorprozess ein Entscheidungskonflikt im Sinne von Art. 34 Nr. 3 EuGVO vorliegt, ist zu klären, wie der Begriff der Unvereinbarkeit auszulegen ist. Geht man davon aus, dass Entscheidungen nur dann miteinander unvereinbar sind, wenn es zu einem echten Rechtskraftkonflikt kommt,[672] wäre

---

671 EuGH v. 2.6.1994, Rs. C-414/92 (*Solo Kleinmotoren*), NJW 1995, 38 Rn. 17.

672 *Lenenbach*, S. 151 hält Entscheidungen nur dann für unvereinbar, wenn sich ihre Urteilswirkungen (Rechtskraft-, Interventions- und Gestaltungswirkungen) gegenseitig ausschließen, also in unmittelbarem Geltungswiderspruch stehen. In diesem Sinne auch *Adolphsen*, ZZPInt 3 (1998), 249, 255.

ein Anerkennungshindernis im vorliegenden Fall wohl zu verneinen. Die Rechtskraftwirkungen des ausländischen Urteils im Folgeprozess – die nach der jeweiligen lex fori zu beurteilen sind[673] – werden sich nämlich in der Regel nur auf den Urteilsausspruch, nicht auf die Urteilsgründe beziehen. Denn nach den meisten europäischen Rechtsordnungen erwächst nur die Entscheidung über den Streitgegenstand in Rechtskraft, nicht dagegen die Feststellungen zu präjudiziellen Rechtsverhältnissen in den Entscheidungsgründen.[674] Der Urteilsausspruch der Entscheidung aus dem Folgeprozess (z.B. Haftung bzw. Nichthaftung des Streitverkündungsempfängers) wird aber kaum mit den Urteilselementen in Widerspruch stehen, auf die sich die rechtskraftähnliche Bindungswirkung der Streitverkündung bezieht (z.B. Feststellungen zur Schadensursache).

Nach der Rechtsprechung des EuGH liegt Unvereinbarkeit im Sinne von Art. 27 Nr. 4 EuGVÜ/Art. 34 Nr. 3 EuGVO dann vor, wenn die betreffenden Entscheidungen Rechtsfolgen haben, die sich gegenseitig ausschließen.[675] Daher sei eine ausländische (deutsche) Entscheidung, durch die ein Ehegatte verpflichtet wird, dem anderen Ehegatten aufgrund seiner aus der Ehe resultierenden Verpflichtung Unterhalt zu gewähren mit einer inländischen (niederländischen) Entscheidung unvereinbar, durch die die betreffende Ehe geschieden wurde.[676] Der EuGH hielt weiterhin Entscheidungen für unvereinbar, von denen die eine die Verurteilung zur Erfüllung eines Vertrages aussprach (Deutschland), während die andere die Unwirksamkeit bzw. Auflösung desselben Vertrages betraf (Italien).[677] In beiden Fällen lag aber ein echter Konflikt der nach der jeweiligen lex fori zu beurteilenden Rechtskraftwirkungen nicht vor. Ein deutsches Unterhaltsurteil hat nämlich keine Wirkung hinsichtlich der Frage des Bestehens der Ehe, wie auch ein niederländisches Urteil über die Scheidung keine Wirkung auf die Frage des Trennungsunterhalts hat, auch wenn die Fragen in materiellrechtlicher Hinsicht voneinander abhängen.[678] Ebenso ergeht im Rahmen eines deutschen Urteils über den Kaufpreisanspruch keine rechtskraftfähige Entscheidung über die Wirksamkeit des Kaufvertrages. Es handelt sich lediglich um ein präjudizielles Rechtsverhältnis, welches nicht an der Rechtskraftwirkung der Entscheidung teilnimmt.[679] Im Ergebnis stellt der EuGH für die Frage der Unvereinbarkeit im Sinne von Art. 34 Nr. 3 EuGVO also nicht auf die Rechts-

---

673 EuGH v. 4.2.1988, Rs. C-145/86 (*Hoffmann/Krieg*), Slg. 1988, 645 Rn. 11; *Kropholler*, EZPR, vor Art. 33 Rn. 11.

674 Vgl. *Lenenbach*, S. 147, 164 ff.; *Koch*, S. 147.

675 EuGH v. 4.2.1988, Rs. C-145/86 (*Hoffmann/Krieg*), Slg. 1988, 645 Rn. 22; EuGH v. 6.6.2002, Rs. C-80/00 (*Italian Leather*), NJW 2002, 2087 Rn. 40.

676 EuGH v. 4.2.1988, Rs. C-145/86 (*Hoffmann/Krieg*), Slg. 1988, 645 Rn. 25.

677 EuGH v. 8.12.1987, Rs. C- 144/86 (*Gubisch Maschinenfabrik*), Slg. 1987, 4861 Rn. 18.

678 *Otto*, S. 169; *Lenenbach*, S. 132.

679 Vgl. *Lenenbach*, EWS 1995, 361, 365; *Leipold*, GS Arens, 227, 234 f.

kraftwirkungen nach nationalem Verfahrensrecht ab[680], sondern nähert sich einem materiellen Verständnis der Urteilswirkungen in Europa.[681] Ein ausländisches Urteil ist daher bereits dann mit einem inländischen unvereinbar, wenn es entweder denselben Streitgegenstand anders entscheidet oder auf Prämissen aufbaut, die mit der materiellen Rechtskraft oder der Gestaltungswirkung eines inländischen Urteils unvereinbar sind.[682] Gleiches gilt nach dem oben Gesagten auch hinsichtlich der Interventionswirkung.[683] Ein direkter Widerspruch in den Rechtskraftwirkungen ist dagegen nicht erforderlich.

Eine ausländische Entscheidung ist daher unvereinbar im Sinne von Art. 34 Nr. 3 EuGVO, wenn sie auf Prämissen aufbaut, die mit den von der Interventionswirkung einer inländischen Streitverkündung erfassten Feststellungen in inhaltlichem Widerspruch stehen. Dementsprechend wäre dem Urteil des Folgeprozesses die Anerkennung zu versagen, wenn es die mit dem Vorverfahren gemeinsamen Tatsachen- und Rechtsfragen auf eine andere Weise beurteilt als das Gericht des Vorprozesses.[684]

Im Falle der gleichzeitigen Anhängigkeit von Vor- und Folgeprozess können also Situationen entstehen, in denen das Anerkennungshindernis des Art. 34 Nr. 3 EuGVO eingreift. Die Rechtshängigkeitssperre des Art. 27 EuGVO dient gerade der Prävention des Entstehens solcher Anerkennungshindernisse, so dass die Vorschrift nach ihrem Zweck auch auf die Streitverkündung anzuwenden ist.[685]

(2) Prozessökonomie

Neben der Vermeidung unvereinbarer Entscheidungen im Sinne von Art. 34 Nr. 3 EuGVO verfolgt Art. 27 EuGVO den weitergehenden Zweck, den

---

680 Vgl. *Schack*, Rn. 949; *Otto*, S. 170; *Adolphsen*, ZZPInt 3 (1998), 249, 254 f.; *Bäumer*, S. 158 Fn. 580; *Nieroba*, S. 193.

681 Vgl. *Leipold*, GS Arens, 227, 240; *Nieroba*, S. 193; *Wernecke*, S. 14 ff. Kritisch hierzu *Adolphsen*, ZZPInt 3 (1998), 249, 253 ff.; *Wolf*, FS Schwab, 651 ff., 572; *Lenenbach*, S. 138 f. Der autonome europäische Streitgegenstandsbegriff im Rahmen von Art. 27 EuGVO und das daran orientierte materielle Verständnis der Unvereinbarkeit von Entscheidungen gingen über den bei der Urteilsanerkennung gemäß Art. 33 EuGVO geltenden Grundsatz der Wirkungserstreckung hinaus. Je nach Situation käme zu einer unterschiedlichen Beurteilung der Rechtskraftwirkungen. Bei Art. 33 EuGVO würden diese eng nach der jeweiligen lex fori, bei Art. 34 Nr. 3 EuGVO dagegen autonom-materiell, also erheblich weiter bestimmt.

682 *Schlosser*, Art. 34-36 Rn. 22; MüKoZPO/*Gottwald*, Art. 34 Rn. 35.

683 Ähnlich *Mansel*, Streitverkündung und Interventionsklage, S. 220; Wieczorek/Schütze/*Mansel*, § 68 Rn. 40. Zustimmend *Köckert*, S. 192 f.

684 Umgekehrt kann die aus der Streitverkündung resultierende Bindungswirkung nicht anerkannt werden, wenn sie mit einer inländischen (oder anzuerkennenden ausländischen) Rechtskraft- oder Interventionswirkung kollidiert, vgl. dazu im dritten Abschnitt unter C. II. 2.

685 So auch *Otto*, S. 299 ff.; *Nieroba*, S. 83 ff.; *Nogratnig*, S. 109 Fn. 503.

Parteien die Führung unnötiger, Zeit und Kosten raubender Doppelprozesse zu ersparen und die Gerichte vor mehrfacher Inanspruchnahme in derselben Sache zu schützen.[686]

Der Vorprozess, in dem die Streitverkündung erklärt wird, betrifft das Rechtsverhältnis von Empfänger und Verkünder der Streitverkündung nur mittelbar. Unmittelbarer Gegenstand dieses Verfahrens ist ein Anspruch im Verhältnis zwischen einer Hauptpartei und dem Streitverkünder. Deshalb müssen die gemeinsamen Tatsachen- und Rechtsfragen im Vorprozess für das Verhältnis der Hauptparteien in jedem Fall geklärt werden, auch wenn der Folgeprozess gleichzeitig anhängig ist. Die Durchführung des Vorprozesses vermag daher auch im Falle eines Verfahrenskonfliktes keine prozessökonomischen Bedenken auszulösen.

Die Durchführung des Folgeprozesses könnte im Falle der gleichzeitigen Anhängigkeit des Vorprozesses allerdings zur doppelten Beurteilung derselben Sache und damit zur Verschwendung gerichtlicher Ressourcen führen. Die Streitverkündung hat zur Folge, dass die vorgreiflichen Feststellungen des Gerichts des Vorprozesses auf das Verhältnis zwischen Verkünder und Empfänger der Streitverkündung erstreckt werden. Im Falle der Anerkennung der Streitverkündungswirkungen gemäß Art. 65 Abs. 2 S. 2 EuGVO hat das Gericht des Folgeprozesses daher weder Beweis über Tatsachen zu erheben, die von der Interventionswirkung erfasst sind, noch Ausführung zu vorgreiflichen Rechtsfragen zu machen.

Es wurde bereits festgestellt, dass es in Ermangelung eines geeigneten Mittels zur Verfahrenskoordination im Falle der gleichzeitigen Anhängigkeit von Vor- und Folgeprozess zu einem Wettlauf kommen könnte. Erginge das Urteil im Vorprozess dann vor der Entscheidung des Folgeprozesses, wäre die Interventionswirkung dort zu berücksichtigen. Dies würde auch dann gelten, wenn das Gericht des Folgeprozesses ebenfalls zur Klärung der gemeinsamen Fragen tätig geworden ist, etwa bereits umfangreiche Beweiserhebungen hinsichtlich von Tatsachen durchgeführt hat, die von der Interventionswirkung erfasst sind. Das bisherige Tätigwerden des Folgeprozesses würde durch die Anerkennung der Streitverkündungswirkung überflüssig.

Die Anwendung der Rechtshängigkeitssperre wäre geeignet, solche Situationen zu vermeiden, da sie dem zeitlich früheren Verfahren den absoluten Vorrang einräumt und so verhindert, dass unterschiedliche Gerichte dieselben Tatsachen- und Rechtsfragen beurteilen. Daher sprechen auch prozessökonomische Erwägungen dafür, die Vorschrift des Art. 27 EuGVO auf die Streitverkündung zu erstrecken.

686 *Lenenbach*, S. 124; *Schack*, Rn. 833; *Leipold*, GS Arens, 227, 236 f.; *Wolf*, FS Schwab, 651, 570.

(3) Einheitlichkeitsgrundsatz / Effektivität des Rechtsschutzes

Weiterhin sprechen das Gebot der Effektivität des Rechtsschutzes der Verordnung[687] und der Grundsatz der Einheitlichkeit der Rechte und Pflichten der von der Verordnung betroffenen Personen[688] dafür, die Rechtshängigkeitssperre auf die Streitverkündung zu erstrecken. Andernfalls würde der Streitverkünder im Vergleich zum Gewährleistungs- bzw. Interventionskläger erheblich belastet und die Funktion des Art. 65 EuGVO in Frage gestellt.

Drittbeteiligungsformen, die unter den Tatbestand von Art. 6 Nr. 2 EuGVO fallen, werden von Art. 27 EuGVO erfasst.[689] Diese führen – anders als die Streitverkündung – nach dem maßgeblichen nationalen Recht dazu, dass der Dritte zur Prozesspartei wird und machen den gegen ihn geltend gemachten Anspruch rechtshängig.[690] Eine Person, die im Rahmen eines anhängigen Prozesses eine Interventionsklage erhebt, wird dementsprechend vor späteren Parallelprozessen bewahrt, so dass das von Art. 6 Nr. 2 EuGVO geschützte Interesse des Interventionsklägers an der einheitlichen Beurteilung des zusammengehörigen Sachverhalts nicht mehr beeinträchtigt werden kann. Steht dieser Person in einem identischen Fall aber nur die Streitverkündung zur Verfügung, könnte deren Bindungswirkung ohne das strikte Eingreifen der Rechtshängigkeitssperre untermauert werden. Dadurch würde der Zweck des Art. 65 EuGVO – die Gewährleistung einheitlicher Entscheidungen – verfehlt. Der Streitverkünder könnte im Gegensatz zum Interventionskläger in die missliche Lage geraten, zwei Prozesse zu verlieren, obwohl er bei einheitlicher Beurteilung des zusammengehörigen Sachverhalts zumindest einen hätte gewinnen müssen.

Art. 6 Nr. 2 EuGVO und Art. 65 EuGVO haben allerdings dieselbe Zielsetzung. Unterschiede bestehen lediglich in der positiv-rechtlichen Ausgestaltung der jeweiligen Drittbeteiligungsinstitute. Es erscheint nicht sachgerecht, diese Zielsetzung allein im Falle der Streitverkündung außer Acht zu lassen, nur weil diese nach der insoweit maßgeblichen lex fori keine Rechtshängigkeit begründen kann.[691] Als Verwandte der Garantieklage sollte die Streitverkündung ungeachtet der formalen Unterschiede auch im Rahmen des Art. 27 EuGVO gleich behandelt werden, so dass die Zwecksetzung des Art. 65 EuGVO nicht verfehlt wird.

---

687 Der EuGH legt Normen der EuGVO so aus, dass sie nach Möglichkeit ihren Zweck erreichen und praktische Wirksamkeit entfalten. Vgl. nur EuGH v. 20.3.1997, Rs. C-295/95 (*Farell*), Slg. 1997, I-1683 Rn. 12 mwN.

688 *Kropholler*, EZPR, Einl Rn. 69 mwN.

689 S. dazu unter C. II.

690 Vgl. *Otto*, S. 300 f. (zum englischen und französischen Recht); *Nieroba*, S. 79 f.

691 So auch *Otto*, S. 300 f.

(4) Zwischenergebnis

Im Ergebnis lässt sich festhalten, dass die Rechtshängigkeitssperre des Art. 27 EuGVO analog anzuwenden ist, wenn bei dem Gericht eines Mitgliedstaates eine Klage anhängig ist, die denselben Anspruch betrifft, zu dessen Vorbereitung eine der Parteien der anderen in dem vor dem Gericht eines anderen Mitgliedstaates anhängigen Verfahren gemäß Art. 65 Abs. 1 S. 2 EuGVO den Streit verkündet hat. Zur Vermeidung unvereinbarer Entscheidungen im Sinne von Art. 34 Nr. 3 EuGVO und im Interesse der Rechtssicherheit und Prozessökonomie ist – je nach zeitlicher Priorität – entweder der Streitverkündung oder dem Folgeprozess der Vorrang einzuräumen. Diese Lösung fördert auch die Gleichbehandlung der unterschiedlichen Drittbeteiligungsinstitute im Rahmen der Verordnung.

bb. Rechtsfolgenanordnung des Art. 27 EuGVO

Liegen die Voraussetzungen der Rechtshängigkeitssperre vor, hat das später angerufene Gericht das Verfahren zunächst von Amts wegen auszusetzen, Art. 27 Abs. 1 EuGVO. Steht die Zuständigkeit des zuerst angerufenen Gerichts fest, erklärt sich das später angerufene Gericht gemäß Art. 27 Abs. 2 EuGVO endgültig für unzuständig. Diese Rechtsfolgenanordnung ist nach der obigen Argumentation auf die Streitverkündung zu übertragen.

(1) Rechtsfolgen bei Priorität der Streitverkündung

Bei strenger Anwendung der Rechtsfolgenanordnung des Art. 27 EuGVO auf die Streitverkündung hat sich das Gericht des Folgeprozesses im Falle der Priorität der Streitverkündung letztlich für unzuständig zu erklären. Wird der Folgeprozess zwischen Streitverkünder und Streitverkündungsempfänger über den der Streitverkündung zu Grunde liegenden Anspruch also anhängig, nachdem die Streitverkündungsschrift beim Gericht des Vorprozesses eingereicht wurde[692], müsste das Folgegericht den Prozess zunächst gemäß Art. 27 Abs. 1 EuGVO aussetzen, bis die Zuständigkeit des Gerichts des Vorprozesses in Bezug auf die Streitverkündung feststeht. Sodann müsste es sich gemäß Art. 27 Abs. 2 EuGVO für unzuständig erklären, die Klage im Folgeprozess also als unzulässig abweisen.[693]

Diese Rechtsfolge ist im vorliegenden Fall allerdings unpassend. Die strukturellen Unterschiede zwischen den verschiedenen Drittbeteiligungsformen im Rahmen der EuGVO werden hier erneut offenbar. Während bei der Erhebung

---

692 Bei späteren Klageerweiterungen, Widerklagen und ausländischen Interventionsklagen ist gemäß Art. 30 EuGVO auf den Zeitpunkt von deren jeweiliger Erhebung abzustellen; *Schlosser*, Art. 30 Rn. 2; *Kropholler*, EZPR, Art. 27 Rn. 17. Bei der Streitverkündung ist dementsprechend der Zeitpunkt des Eingangs der Streitverkündungsschrift maßgeblich; *Nieroba*, S. 86.

693 So *Otto*, S. 303.

einer Interventionsklage das Rechtsverhältnis zwischen Interventionskläger und Drittem im Gerichtsstand des Hauptprozesses abschließend geklärt wird, ist hierfür im Falle der Streitverkündung ein weiterer Prozess notwendig. Im Vorprozess wurden – anders als bei einer Klage im Sinne von Art. 6 Nr. 2 EuGVO – nur Teile des Regressanspruchs bindend festgestellt. Insbesondere über Einwendungen aus dem persönlichen Verhältnis zwischen Verkünder und Empfänger der Streitverkündung wird im Vorprozess nicht entschieden.[694] Aus diesem Grund wäre die (kostenpflichtige) Abweisung der Klage im Folgeprozess insofern unangemessen, da diese später gegebenenfalls erneut erhoben werden müsste.

Dementsprechend wäre es sinnvoller, den erst nach der Streitverkündung anhängig gewordenen Folgeprozesses bis zur Entscheidung des Vorprozesses auszusetzen, als ihn aufgrund von Art. 27 Abs. 2 EuGVO zu beenden. Sobald das Urteil im Vorprozess rechtskräftig ist, könnte das Folgeverfahren wieder aufgenommen und die Wirkungen der Streitverkündung gemäß Art. 65 Abs. 2 S. 2 EuGVO berücksichtigt werden.

Hier ergibt sich nun ein methodisches Problem. Die analoge Anwendung einer Vorschrift verlangt, dass die Rechtsfolge der herangezogenen Vorschrift mit der Rechtsfolge der gebildeten Vorschrift übereinstimmt und sich die beiden Vorschriften nur hinsichtlich des die Rechtsfolge begründenden Tatbestands unterscheiden.[695] Im vorliegenden Fall passt die Rechtsfolge der analog anzuwendenden Vorschrift nicht einwandfrei auf den analog zu behandelnden Sachverhalt, es liegt eine Rechtsfolgendifferenz vor.[696] Da sich die Rechtsfolge Aussetzung im Vergleich zur Rechtsfolge Unzuständigkeitserklärung aber als ein „weniger“ darstellt, lässt sich diese Differenz im Wege eines erst-recht Schlusses beseitigen.[697]

Art. 27 EuGVO ordnet zwar grundsätzlich die endgültige Beendigung des parallelen Verfahrens an. Dabei geht die Vorschrift allerdings davon aus, dass in dem die Rechtshängigkeitssperre begründenden Verfahren endgültig über das Rechtsverhältnis der Parteien entschieden wird. Da die Zwecke des Art. 27 EuGVO im Falle der Streitverkündung aber durch eine Aussetzung des Verfahrens vollumfänglich erreicht werden können, eine Beendigung des Verfahrens dagegen prozessökonomische Nachteile mit sich bringt, ist die Rechtsfolge des Art. 27 EuGVO im Falle der Streitverkündung anzupassen.

Im Ergebnis hat das Gericht des Folgeprozesses das Verfahren auszusetzen, wenn eine der Parteien der anderen zuvor den Streit verkündet hat. Sobald im Vorprozess ein rechtskräftiges Urteil ergeht, kann das Verfahren wieder aufge-

---

694 Dies betont der Hof den Haag, European Transport Law 2008, 618, 622.

695 *Rüthers*, Rechtstheorie, S. 539 f. Rn. 889; *Larenz/Canaris*, Methodenlehre, S. 202; *Glaser*, S. 322.

696 Zum methodischen Problem vgl. *Glaser*, S. 322.

697 Vgl. *Rüthers*, Rechtstheorie, S. 544 Rn. 897 f.; *Bydlinski*, Methodenlehre, S. 480.

nommen und die Streitverkündungswirkung gemäß Art. 65 Abs. 2 S. 2 EuGVO berücksichtigt werden.

(2) Rechtsfolgen bei Priorität des Folgeprozesses

Im umgekehrten Falle, also dann, wenn der Folgeprozess anhängig geworden ist, bevor dem Dritten im Vorprozess der Streit verkündet wurde[698], können sich bei der Übertragung der Rechtsfolgenanordnung des Art. 27 EuGVO ebenfalls einige Probleme ergeben. Diese zeigen sich insbesondere bei der vorübergehenden Verfahrensaussetzung nach Art. 27 Abs. 1 EuGVO.

(a) Unzuständigkeitserklärung; Art. 27 Abs. 2 EuGVO

Die Rechtsfolge der Unzuständigkeitserklärung nach Art. 27 Abs. 2 EuGVO lässt sich noch relativ unproblematisch auf die Streitverkündung erstrecken. Das Gericht des Vorprozesses hat sich in Bezug auf die Streitverkündung für unzuständig zu erklären, sobald die Zuständigkeit des Folgegerichts feststeht. In diesem Falle müsste das Gericht des Vorprozesses also die Unzulässigkeit der Streitverkündung aufgrund anderweitiger Rechtshängigkeit feststellen.[699]

Die Rechtsfolge der Unzulässigkeit der Streitverkündung für den Fall der früheren Anhängigkeit des Folgeprozesses entspricht dem strengen Prioritätsprinzip des 9. Abschnittes von Kapitel II der Verordnung. Dadurch werden Anerkennungshindernisse im Sinne von Art. 34 Nr. 3 EuGVO vermieden, die auf einem Konflikt der Interventionswirkung und der Entscheidung aus dem Folgeprozess gründen könnten. Weiterhin wird vermieden, dass Feststellungen des Gerichts des Folgeprozesses durch nachträgliches Eingreifen der Interventionswirkung überflüssig werden.

Zwar wird dadurch auch das Verbindungsglied zwischen Vor- und Folgeprozess gekappt, so dass das Risiko widersprüchlicher Entscheidungen und die Gefahr des doppelten Prozessverlustes für den Streitverkünder wiederaufleben. Dieselbe Situation ergibt sich aber auch im Falle der Erhebung einer isolierten Regressklage, bevor eine Interventionsklage am Gerichtsort des Hauptprozesses erhoben wurde. Da es mangels Parteienidentität zwischen Vor- und Folgeprozess aber nicht zu Anerkennungshindernissen kommen kann und lediglich inkohärente Entscheidungen drohen, ist dem Interesse an Rechtssicherheit und Klarheit bei der Koordination von Parallelverfahren der Vorrang einzuräumen. Der in Artt. 6 Nr. 2, 65 EuGVO verankerte Gedanke des Sachzusammenhangs tritt dahinter zurück.

---

698 Auch hier kommt es gemäß Art. 30 EuGVO auf den Zeitpunkt an, zu dem die Streitverkündungsschrift bei Gericht eingegangen ist.

699 *Otto*, S. 303; ebenso *Taupitz*, ZZP 102 (1989), S. 288, 311; aA. OLG Karlsruhe IPRspr. 2002, Nr. 181.

(b) Aussetzung nach Art. 27 Abs. 1 EuGVO

Fraglich ist jedoch, was passiert, bevor die Zuständigkeit des Folgegerichts im Sinne von Art. 27 Abs. 2 EuGVO feststeht. Art. 27 Abs. 1 EuGVO verlangt die Aussetzung des späteren Verfahrens bis das zuerst angerufene Gericht über seine Zuständigkeit befunden hat. Da Art. 27 EuGVO aber nur bei (Teil-)Identität der Parteien eingreift, kann die Rechtsfolgenanordnung des Art. 27 EuGVO auf den später anhängigen Prozess nur insoweit Auswirkungen haben, als die Parteien des bei dem Zweitgericht anhängigen Verfahrens auch Parteien des ersten Verfahrens sind.[700] Übertragen auf die vorliegende Konstellation bedeutet dies, dass sich die frühere Anhängigkeit des Folgeprozesses nicht auf das Verhältnis der Hauptparteien im Vorprozess auswirken kann. Dementsprechend kann der Vorprozess insgesamt auch nicht aufgrund von Art. 27 Abs. 1 EuGVO ausgesetzt werden.[701]

Die Rechtsfolge der Aussetzung bezieht sich genau genommen nur auf das Verhältnis zwischen Streitverkünder und Streitverkündungsempfänger. Das Verfahren im Vorprozess kann allerdings nicht beschränkt auf das Verhältnis zwischen Verkünder und Empfänger der Streitverkündung ausgesetzt werden, da dieses im Vorprozess nicht direkt verhandelt, sondern nur insofern berührt wird, als dass Feststellungen in der Hauptsache auf den Dritten erstreckt werden. In Betracht käme allenfalls, die Streitverkündung vorläufig als unzulässig anzusehen, insbesondere den Dritten nicht als Streithelfer zuzulassen. Dagegen spricht aber der Rechtsgedanke des § 71 Abs. 3 ZPO, nach dem der Intervenient zur Hauptsache zuzulassen ist, solange sein Beitritt nicht rechtskräftig zurückgewiesen wurde. Außerdem ginge dem Streitverkünder der spezielle Rechtsschutz der Streitverkündung dadurch unwiderruflich verloren, während die Aussetzung einer Klage grundsätzlich nur zur Verzögerung des Rechtsschutzes führt. Die Bindungswirkung der Streitverkündung kann nämlich nur dann eingreifen, wenn der Dritte auch eine entsprechende Unterstützungsmöglichkeit hatte.[702] Wäre der Beitritt des Dritten für die Zeitspanne der Zuständigkeitsprüfung des Erstgerichts suspendiert, könnten wichtige Ergebnisse des Vorprozesses, die in der Zwischenzeit gewonnen werden, nicht mehr von der Bindungswirkung der Streitverkündung erfasst werden. Insbesondere könnte der Vorprozess bereits zur Entscheidung kommen, bevor die Zuständigkeit des zuerst angerufenen Gerichts feststeht, so dass eine Bindungswirkung gänzlich ausfiele. Sollte sich das zuerst angerufene Gericht letztlich für unzuständig erklären, wäre die Streitver-

---

700 EuGH v. 6.12.1994, Rs. C-406/92 (*Tatry*), Slg. 1994, I-5439 Rn. 2 und 34. Dazu *Bäumer*, S. 162 mwN.

701 Ähnlich *Otto*, S. 303.

702 Dies ergibt sich im deutschen Recht aus §§ 74 Abs. 3, 68 Hs. 2 ZPO und ist Ausprägung des Art. 103 Abs. 1 GG bzw. Art. 6 Abs. 1 EMRK, vgl. Zöller/*Vollkommer*, § 68 Rn. 11.

kündung zum Nachteil des Streitverkünders gänzlich wirkungslos. Diese Situation birgt auch ein erhebliches Missbrauchspotential.

Zur Lösung dieses Problems sind die Zwecke der (vorübergehenden) Aussetzung nach Art. 27 Abs. 1 EuGVO näher zu beleuchten. Das später angerufene Gericht soll sich nicht sofort – allein aufgrund seiner zeitlichen Nachrangigkeit – für unzuständig erklären, da dasselbe Verfahren sonst erneut aufgerollt werden müsste, wenn sich das zuerst angerufene Gericht seinerseits für unzuständig erklärt. Auch negative Kompetenzkonflikte sollen so vermieden werden.[703] Weiterhin dient Art. 27 EuGVO insgesamt auch der Prozessökonomie und damit der Vermeidung von Doppelarbeit.[704]

Die Vorschrift des Art. 27 Abs. 1 EuGVO berücksichtigt also gerade die Möglichkeit, dass sich das zuerst angerufene Gericht letztlich selbst für unzuständig erklärt und will daraus resultierende Nachteile vermeiden, indem es den parallelen Rechtsstreit anhält. Eine sofortige Zurückweisung der Streitverkündung, welche sich allein auf deren zeitliche Nachrangigkeit stützt, muss daher ebenso wie eine sofortige Zurückweisung der späteren Parallelklage ausscheiden. Da sich aber im Falle der Streitverkündung – anders als bei einer Klage – vorübergehende und endgültige Unzulässigkeit mit der Zeit annähern, ein Anhalten der Streitverkündung dagegen nicht möglich ist, hat keine Aussetzung zu erfolgen. Tritt nämlich die von Art. 27 Abs. 1 EuGVO ins Auge gefasste Situation ein, erklärt sich das zuerst angerufene Gericht des Folgeprozesses also tatsächlich für unzuständig, so könnte die Streitverkündung nicht an gleicher Stelle wieder aufgenommen werden, da diese an den ungehindert fortgeschrittenen Vorprozess gekoppelt ist. Die Zwecksetzung des Art. 27 Abs. 1 EuGVO – die Vermeidung von Nachteilen für den Fall der Unzuständigkeit des zuerst angerufenen Gerichts – spricht also für eine Sicherung der Interventionswirkung, solange sich das Folgegericht hinsichtlich seiner Zuständigkeit noch nicht endgültig erklärt hat.

Aufgrund der Tatsache, dass die Feststellungen im Vorprozess völlig unabhängig vom Folgeprozess zu treffen sind, da sie ein anderes Personenverhältnis berühren, führte die Streitverkündung auch trotz einer andauernden Zuständigkeitsprüfung im Parallelverfahren nicht zu Doppelbelastungen. Das Gericht des Vorprozesses hat die Feststellungen, die von der Streitverkündung erfasst werden können, für das Verhältnis der Hauptparteien ohnehin zu klären. Vom Arbeitsaufwand her bedeutet es keinen Unterschied, ob das Gericht des Folgeprozesses diese im Falle der Zulässigkeit der Streitverkündung in Bezug auf den Dritten anzuerkennen hat, oder sie im Falle der Unzulässigkeit auf das Verhältnis der Hauptparteien zueinander beschränkt bleiben.

---

703 *Jenard*, Bericht zum EuGVÜ, S. 1, 41; *Kropholler*, EZPR, Art. 27 Rn. 22.

704 *Lenenbach*, S. 124; *Schack*, Rn. 833; *Leipold*, GS Arens, 227, 236 f.; *Wolf*, FS Schwab, 651, 570.

Nach alledem ist eine Aussetzung gemäß Art. 27 Abs. 1 EuGVO in Bezug auf die Streitverkündung weder notwendig noch möglich. Der Dritte ist entsprechend dem Rechtgedanken des § 71 Abs. 3 ZPO und zur Vermeidung von Rechtsschutzverlusten seitens des Streitverkünders zunächst als Nebenintervenient zuzulassen.[705] Sobald sich das Gericht des Folgeprozesses für zuständig erklärt, hat das Gericht des Vorprozesses die Unzulässigkeit der Streitverkündung wegen anderweitiger Rechtshängigkeit gemäß Art. 27 Abs. 2 EuGVO festzustellen.

Sofern die Zuständigkeitsentscheidung des Folgegerichts zum Zeitpunkt der Entscheidung des Vorprozesses noch aussteht, hat das Gericht des Vorprozesses vorbehaltlich der Entscheidung des Folgegerichts über die Streitverkündung zu befinden. Sofern keine weiteren Bedenken gegen die Streitverkündung sprechen, stellt es fest, dass die Streitverkündung (nur dann) gemäß Art. 27 Abs. 2 EuGVO unzulässig ist, wenn sich das Folgegericht gemäß Art. 27 Abs. 1 EuGVO für zuständig erklärt. In diesem Fall ist die Streitverkündung dort also nicht zu berücksichtigen. Erklärt sich das zuerst angerufene Gericht dagegen in Bezug auf den Folgeprozess für unzuständig, ist die Streitverkündung in einem weiteren Folgeprozess anzuerkennen.

IV. Ergebnis

Eine Streitverkündung im Sinne der §§ 72-74, 68 ff. ZPO führt nach dem insoweit maßgeblichen deutschen Verfahrensrecht nicht zur Anhängigkeit des mit der Streitverkündung vorbereiteten Anspruchs auf Schadloshaltung. Aus diesem Grund findet die Rechtshängigkeitssperre des Art. 27 EuGVO im Falle der gleichzeitigen Anhängigkeit von Vor- und Folgeprozess keine unmittelbare Anwendung. Es kommt lediglich eine Verfahrenskoordination über Art. 28 EuGVO in Betracht. Diese Möglichkeit bietet aber keine befriedigende Lösung des Konflikts zwischen Vor- und Folgeverfahren, da die Aussetzung des späteren Prozesses wegen Konnexität im Ermessen des angerufenen Gerichts steht und im Falle der früheren Anhängigkeit des Folgeverfahrens nicht weiter hilft.

Wenn bei dem Gericht eines Mitgliedstaates aber eine Klage anhängig ist, die denselben Anspruch betrifft, zu dessen Vorbereitung eine der Parteien der anderen in einem vor dem Gericht eines anderen Mitgliedstaates anhängigen Verfahren gemäß Art. 65 Abs. 1 S. 2 EuGVO den Streit verkündet hat, entsteht die Gefahr unvereinbarer Entscheidungen im Sinne von Art. 34 Nr. 3 EuGVO. Die Interventionswirkung und die Entscheidung im Regressprozess könnten miteinander in Konflikt geraten und zu Anerkennungshindernissen führen.

Das Eintreten solcher Situationen soll mithilfe der Rechtshängigkeitssperre bereits im Stadium des Erkenntnisverfahrens so weit wie möglich vermieden werden. Die Vorschrift des Art. 27 EuGVO ist dementsprechend analog anzu-

---

705 Tritt der Dritte nicht bei, so verschiebt sich jedenfalls der Zeitpunkt seines möglichen Beitritts – auf den es gemäß Art. 74 Abs. 3 ZPO ankommt – nicht nach hinten.

wenden, wenn der Vorprozess, in dem die Streitverkündung erklärt wurde, und der Folgeprozess, in dem diese ihre Wirkungen zeitigen soll, gleichzeitig anhängig werden. Diese Lösung dient weiterhin der Prozessökonomie und – durch eine gewisse Gleichbehandlung der Streitverkündung mit den Drittklagen im Sinne von Art. 6 Nr. 2 EuGVO – auch der Effektivität des Rechtschutzes der Verordnung und dem Einheitlichkeitsgrundsatz.

Sofern die Streitverkündung bei dem Gericht des Vorprozesses eingeht, bevor der Folgeprozess anhängig wurde, gebührt dieser der Vorrang. Das Gericht des Folgeprozesses hat das Verfahren gemäß Art. 27 Abs. 1 EuGVO auszusetzen, bis das Gericht des Vorprozesses über die Zulässigkeit der Streitverkündung entschieden hat. Sofern es sich diesbezüglich für zuständig hält, nimmt das Folgegericht das Verfahren erst wieder auf, wenn im Vorprozess ein rechtskräftiges Urteil ergangen ist. Die Streitverkündung ist dann gemäß Art. 65 Abs. 2 S. 2 EuGVO zu berücksichtigen. Eine Unzuständigkeitserklärung erfolgt aus Gründen der Prozessökonomie nicht, damit der Folgeprozess, welcher zur abschließenden Klärung des Rechtsverhältnisses von Verkünder und Empfänger der Streitverkündung erforderlich ist, nicht erneut anhängig gemacht werden muss.

Geht die Streitverkündung beim Gericht des Vorprozesses ein, nachdem der Folgeprozess anhängig wurde, so wird die Streitverkündung zunächst zugelassen. Der Vorprozess geht im Verhältnis zu den Hauptparteien ungehindert weiter. Sobald sich das Gericht des Folgeprozesses für zuständig erklärt, hat das Gericht des Vorprozesses die Unzulässigkeit der Streitverkündung aufgrund anderweitiger Rechtshängigkeit festzustellen. Steht die Zuständigkeitsentscheidung des Folgeprozesses gemäß Art. 27 Abs. 2 EuGVO bei der endgültigen Entscheidung im Vorprozess noch aus, befindet dieses über die Zulässigkeit der Streitverkündung vorbehaltlich der Zuständigkeitserklärung des Folgegerichts.

5. Abschnitt: Aktuelle Entwicklungen

A. Überblick

In den letzten Jahren ist das europäische Interventionsrecht in Bewegung geraten. Die Parallelvorschrift zu Art. 65 EuGVO im LugÜ ist im Rahmen einer umfassenden Revision dieses Übereinkommens im Jahre 2007 verändert und auf fünf weitere Staaten erstreckt worden, so dass auch eine Ausdehnung von Art. 65 EuGVO erwartet werden kann.

Weiterhin hat die Europäische Kommission am 21. April 2009 gleichzeitig einen Bericht über die Anwendung der Verordnung (EG) Nr. 44/2001 des Rates über die gerichtliche Zuständigkeit und die Anerkennung und Vollstreckung von Entscheidungen in Zivil- und Handelssachen EuGVO[706] und ein entsprechendes Grünbuch zur Überprüfung der Verordnung veröffentlicht.[707] Im Rahmen dieser Vorgänge ist auch eine Angleichung des europäischen Interventionsrechts angedeutet.

B. Revision des LugÜ

Die Regelungen des EuGVÜ von 1968 – dem Vorgängerübereinkommen der EuGVO – wurden durch das Lugano Übereinkommen aus dem Jahre 1988 auf das Verhältnis der Mitgliedstaaten der Europäischen Gemeinschaften zu bestimmten EFTA-Staaten, namentlich Island, Norwegen und der Schweiz erstreckt.[708] Im gesamten europäischen Rechtsraum sollten einheitliche Regelungen hinsichtlich der internationalen Zuständigkeit und der Anerkennung und Vollstreckung gerichtlicher Entscheidungen in Zivil- und Handelssachen gelten.

Durch die Einführung der EuGVO sind die Bestimmungen des EuGVÜ aber umfangreich modernisiert worden, so dass die weitgehende Parallelität, die zwischen dem EuGVÜ und dem Lugano Übereinkommen von 1988 bestand, wesentlich beeinträchtigt wurde. Aus diesem Grunde sollten die Bestimmungen der EuGVO im Rechtsverkehr zwischen den Mitgliedstaaten der Europäischen Union mit den betreffenden EFTA-Staaten in gleicher Weise Geltung erhalten.[709] Dementsprechend wurde das alte Lugano Übereinkommen umfassend revidiert und durch das Übereinkommen über die gerichtliche Zuständigkeit und die An-

706 KOM (2009) 174 endgültig.

707 KOM (2009) 175 endgültig. Zur geplanten Revision der EuGVO vgl. auch *Kropholler*, EZPR, Einl. Rn. 29 ff.

708 Übereinkommen über die gerichtliche Zuständigkeit und die Vollstreckung gerichtlicher Entscheidungen in Zivil- und Handelssachen, ABl. EG Nr. L 319 vom 25.11.1988, S. 9.

709 Vgl. den Beschluss des Rates vom 15.10.2007, ABl. EU Nr. L 339 vom 21.12.2007, S. 1, dort unter (4).

erkennung und Vollstreckung von Entscheidungen in Zivil- und Handelssachen vom 30. Oktober 2007 ersetzt.[710]

Die Vorschrift des Art. 6 Nr. 2 EuGVO findet eine weitgehend wortgleiche Entsprechung in Art. 6 Nr. 2 LugÜ. Die neue Regelung in Art. II des Protokolls 1 LugÜ enthält die Parallelvorschrift zu Art. 65 EuGVO. Auch diese beiden Vorschriften entsprechen sich im Wesentlichen, jedoch bezieht sich die neue Regelung im Lugano Übereinkommen neben Deutschland, Österreich, Ungarn und denjenigen Kantonen der Schweiz, deren Zivilprozessordnungen keine Gewährleistungs- und Interventionsklagen kennen auch auf Estland, Lettland, Litauen, Polen und Slowenien.

Das neue LugÜ bezweckt insgesamt eine Angleichung des Rechtsverkehrs zwischen den Mitgliedstaaten der Europäischen Union im Verhältnis zu Island, Norwegen und der Schweiz an die Regeln, die nach der EuGVO im Verhältnis der Mitgliedstaaten zueinander gelten. In diesem Sinne ist zu erwarten, dass der Anwendungsbereich der Vorschrift des Art. 65 EuGVO ebenso wie die Parallelvorschrift des Art. II Protokoll 1 LugÜ, Anhang IX um Estland, Lettland, Litauen, Polen und Slowenien erweitert wird. Damit würden bereits ein knappes Drittel der insgesamt 27 Mitgliedstaaten von der Ausnahmevorschrift im europäischen Interventionsrecht Gebrauch machen.

C. Grünbuch zur Überprüfung der EuGVO

I. Study JLS/C4/2005/03 74

Dem Bericht und dem Grünbuch der Kommission vom 21. April 2007 zur Überprüfung der EuGVO lag im Wesentlichen eine allgemeine Studie des Instituts für ausländisches und internationales Privat- und Wirtschaftsrecht an der Ruprecht-Karls-Universität Heidelberg aus dem Jahr 2007 zu Grunde.[711] Diese setzt sich insgesamt mit der praktischen Wirksamkeit der Verordnung auseinander und beschäftigte sich auch eingehend mit der grenzüberschreitenden Streitverkündung.[712]

Die Studie vergleicht die Gewährleistungs- und Interventionsklagen im Sinne von Art. 6 Nr. 2 EuGVO mit den Streitverkündungen nach Art. 65 Abs. 1 S. 2 EuGVO. Es wird festgestellt, dass die allgemeinen Regeln der Verordnung ohne weiteres auch für Gewährleistungs- und Interventionsklagen gelten. Ausdrücklich werden der Vorrang der ausschließlichen Zuständigkeiten nach Art. 22 EuGVO und der Wahlgerichtsstände nach Art. 23 EuGVO und die Vorschriften der Artt. 27 ff. EuGVO über die europäische Rechtshängigkeit erwähnt.[713]

---

710 ABl. EU Nr. L 339 vom 21.12.2007, S. 3 ff.
711 Study JLS/C4/2005/03.
712 Study JLS/C4/2005/03, S. 106-120.
713 Study JLS/C4/2005/03, S.112.

Demgegenüber bestünden bei der Streitverkündung wesentliche Unsicherheiten. Es wird insbesondere betont, dass die deutsche Rechtssprechung, welche eine Prüfung der Streitverkündung grundsätzlich erst im Folgeverfahren vorsieht, im grenzüberschreitenden Rechtsverkehr zu Schwierigkeiten führen kann. Es sei ungewöhnlich, dass das Gericht eines Mitgliedstaates fremdes Verfahrensrecht anzuwenden habe.[714]

Die Studie kommt zu dem Ergebnis, dass die Regelung zur zivilprozessualen Drittbeteiligung im Rahmen der Verordnung angepasst und auf weitere Mitgliedstaaten erstreckt werden sollte, die ebenfalls eine Streitverkündung vorsehen. Eine Streichung von Art. 65 EuGVO sei dagegen nicht zu fordern, da die Mitgliedstaaten des Streitverkündungsmodells ihr nationales Verfahrensrecht sonst grundlegend ändern müssten. Stattdessen wurde vorgeschlagen, Art. 65 Abs. 1 EuGVO wie folgt zu verändern.[715]

Der erste Satz sei zu streichen. Der zweite Satz sollte lauten: In Österreich, Deutschland, Ungarn, Estland, Lettland, Litauen, Polen und Slowenien kann die Zuständigkeit der Artt. 6 Nr. 2 und 11 EuGVO nach Maßgabe des jeweiligen nationalen Verfahrensrechts geltend gemacht werden. Jede Person mit Wohnsitz in einem Mitgliedstaat kann in der in Annex IV beschriebenen Weise vor die Gerichte dieser Mitgliedstaaten geladen werden.[716] Als dritter Satz sollte eingefügt werden: Diese Zuständigkeit ist nicht anwendbar, sofern die Zuständigkeit des Gerichts des Hauptprozesses auf Art. 4 Abs. 2 EuGVO beruht.[717] Als vierter und fünfter Satz sollte eingefügt werden: Das Gericht des Hauptverfahrens entscheidet über die Zulässigkeit der Drittbeteiligung. Ausschließliche Zuständigkeiten gehen der Drittbeteiligung vor.

II. Kommissionsbericht und Grünbuch

Durch die Study JLS/C4/2005/03 sind die mit der grenzüberschreitenden Streitverkündung verbundenen Unsicherheiten zumindest im Ansatz an die Kommission herangetragen worden. Der Kommissionsbericht vom 21. April 2009 erkennt diese Schwierigkeiten auch an. Durch die uneinheitliche Anwendung von Artt. 6 Nr. 2, 11 EuGVO und Art. 65 EuGVO würden Dritte wie auch Parteien, die einen Dritten in Anspruch nehmen wollen, je nach dem einzelstaatlichen Prozessrecht der Mitgliedstaaten unterschiedlich behandelt. Darüber hinaus fiele es den Gerichten schwer, die Wirkungen der in anderen Mitgliedstaaten infolge einer Streitverkündung ergangenen Entscheidung zu beurteilen.[718]

---

714 Study JLS/C4/2005/03, S.114.

715 Study JLS/C4/2005/03, S.119 f.

716 Dementsprechend sollte ein Annex IV eingeführt werden, der die nationalen Drittbeteiligunsgsnormen auflistet.

717 S. dazu im zweiten Abschnitt unter B. II. 1. und im dritten Abschnitt unter B. II. 1. a.

718 KOM (2009) 174 endgültig, unter 3.8.2.

Dementsprechend wirft das Grünbuch der Kommission die Frage auf, ob die Verordnung durch eine Anpassung von Art. 65 EuGVO verbessert werden könnte.[719] In Bezug auf diese Vorschrift sei zu überlegen, ob nicht eine einheitliche Regelung für Verfahren unter Beteiligung Dritter angestrebt werden sollte, die sich gegebenenfalls auf Forderungen gegenüber ausländischen Dritten beschränken könnte. Möglich sei es auch, es bei den Unterschieden im Zivilrecht der Mitgliedstaaten zu belassen, aber Art. 65 so umzuformulieren, dass sich das innerstaatliche Recht auf eine einheitliche Lösung zubewegen kann. Wenn außerdem bei einer Streitverkündung das Gericht, vor dem die Forderung gegenüber dem Dritten verhandelt wird, verpflichtet wird, die Zulässigkeit der Streitverkündung zu prüfen, könnte dies die Unsicherheit in Bezug auf die Wirkung der Entscheidung im Ausland verringern.[720]

III. Stellungnahmen

Auf die im Grünbuch aufgeworfenen Fragen konnte bis zum 30. Juni 2009 Stellung genommen werden.[721] Die Resonanz in Bezug auf die Frage nach der Reform des Drittbeteiligungsrechts ist allerdings recht gering ausgefallen. Das Bundesministerium der Justiz lehnte eine Änderung des Art. 65 EuGVO dergestalt, dass eine einheitliche Regelung für Verfahren unter Beteiligung Dritter geschaffen wird, strikt ab. Die aktuelle Ausnahmeregelung nehme auf die unterschiedliche Ausgestaltung des Zivilprozessrechts in den Mitgliedstaaten im Bereich möglicher Prozessinterventionen Rücksicht. Eine Änderung – und sei es nur im Hinblick auf eine einheitliche Regelung bezüglich Verfahrensbeteiligten aus dem Ausland – bedeutete einen grundlegenden Eingriff in die Struktur des geltenden nationalen Prozessrechts einiger Mitgliedstaaten.

Die Stellungnahme des Bundesministeriums für Justiz der Republik Österreich äußert sich ebenfalls kritisch in Bezug auf die Abschaffung von Art. 65 EuGVO, lässt aber – ebenso wie die Stellungnahme der deutschen Regierung – hinsichtlich möglicher Modifikationen der Vorschrift konstruktive Vorschläge vermissen. Der in Art. 65 EuGVO unter anderem für Österreich festgelegte Vorbehalt solle aufrecht bleiben, da Gewährleistungs- und Interventionsklagen dem österreichischen Prozessrecht fremd seien. Für eine einheitliche Regelung von Verfahren unter Beteiligung Dritter bestehe kein Bedarf.

Der Stellungnahme der Republik Frankreich lässt sich entnehmen, dass die französische Regierung die aktuelle, zweigliedrige Situation des Drittbeteiligungsrechts der Verordnung für problematisch hält. Eine einheitliche Lösung sei zwar wünschenswert, aber mit einem erheblichen Eingriff in das nationale Ver-

---

719 KOM (2009) 175 endgültig, Frage 8.

720 KOM (2009) 175 endgültig, unter 8.2.

721 Die Stellungnahmen sind einsehbar unter: http://ec.europa.eu/justice_home/news/consulting_public/news_consulting_0002_en.htm.

fahrensrecht einiger Mitgliedstaaten verbunden. Frankreich stehe einer Regelung offen gegenüber, welche die nationalen Gerichte dazu verpflichte, die Zulässigkeit ihrer Drittbeteiligungsmaßnahme selbst zu überprüfen.

IV. Kommissionsvorschlag

Am 14. Dezember 2010 veröffentlichte die Kommission einen Vorschlag für die Neufassung der Verordnung.[722] Die Vorschrift des Art. 65 EuGVO wurde in Art. 76 des Vorschlages wie folgt neu gefasst:

> 1. Die in Artikel 6 Nummer 2 und Artikel 11 für eine Gewährleistungs- oder Interventionsklage vorgesehene Zuständigkeit kann in den in Anhang VIII aufgeführten Mitgliedstaaten nur geltend gemacht werden, soweit das einzelstaatliche Recht dies zulässt. Eine Person kann in diesen Mitgliedstaaten unbeschadet der Artikel 22 und 23 nach den in Anhang VIII genannten Vorschriften über die Streitverkündung verklagt werden. Das nach diesem Artikel zuständige Gericht entscheidet über die Zulässigkeit der Streitverkündung.
> 2. Entscheidungen, die in den anderen Mitgliedstaaten aufgrund des Artikels 6 Nummer 2 und des Artikels 11 ergangen sind, werden in den in Anhang VIII aufgeführten Mitgliedstaaten nach Kapitel III anerkannt und vollstreckt. Die Wirkungen, welche die in diesen Staaten ergangenen Entscheidungen nach Absatz 1 gegenüber Dritten haben, werden auch in den anderen Mitgliedstaaten anerkannt.

In Anhang VIII werden neben Deutschland noch Estland, Lettland, Litauern, Ungarn, Österreich, Polen und Slowenien aufgezählt. Seit Februar 2011 wird der von der Kommission vorgelegte Vorschlag durch die Mitgliedstaaten in Brüssel verhandelt.

D. Ergebnis

Die im Rahmen dieser Arbeit herausgearbeiteten Schwierigkeiten sind durch die Vorgänge im Zusammenhang mit dem Grünbuch zur Überprüfung der EuGVO vom 21. April 2009 an die Europäische Kommission herangetragen worden. Die Verfasser der Study JLS/C4/2005/03 haben der Kommission im Vorfeld der Erstellung des Grünbuches einen konstruktiven Vorschlag zur Änderung der Ausnahmevorschrift des Art. 65 EuGVO unterbreitet, welcher dann durch das Grünbuch zur öffentlichen Diskussion gestellt wurde.

Auch wenn die Resonanz diesbezüglich äußerst gering ausfiel, ist doch deutlich, dass die Schwierigkeiten im Drittbeteiligungsrecht der EuGVO zum aktuellen Thema werden. Eine komplette Vereinheitlichung – also eine Abschaffung von Art. 65 EuGVO – scheint sich in nächster Zeit nicht durchzusetzen. Im Gegenteil ist eine Ausdehnung der Vorschrift auf fünf weitere Staaten zu erwarten, so dass die praktische Relevanz der grenzüberschreitenden Streitverkündung im

722 KOM (2010) 748 endgültig. Der Vorschlag lag bei Abgabe des Manuskriptes dieser Arbeit noch nicht vor und ist mit Stand Juni 2011 eingearbeitet worden.

europäischen Rechtsraum zunehmen wird. Dies hat sich mittlerweile durch den Kommissionsentwurf zur Neufassung der EuGVO bestätigt.[723]

Eine Änderung des Art. 65 EuGVO im Sinne der durch die Study JLS/C4/2005/03 vorgeschlagenen Weise wäre durchaus zu begrüßen, damit die einheitliche Anwendung der unterschiedlichen Drittbeteiligungsinstitute im europäischen Interventionsrecht sichergestellt ist. Insbesondere die Formulierung, die Zuständigkeit im Sinne der Artt. 6 Nr. 2, 11 EuGVO könne in den genannten Mitgliedstaaten nach dem jeweiligen nationalen Verfahrensrecht geltend gemacht werden, könnte einige Missverständnisse ausräumen. Eine solche Wortwahl ließe zum einen eine Entwicklung des nationalen Verfahrensrechts in Richtung echter Drittklagen zu.[724] Zum anderen würde die Gleichstellung der Streitverkündung mit Gewährleistungs- bzw. Interventionsklagen ausdrücklich normiert.

Insgesamt sollte Art. 65 EuGVO wie mittlerweile von der Kommission vorgeschlagen geändert werden. Unberücksichtigt bleibt bislang aber noch die Problematik in Bezug auf Parallelprozesse. Diesbezüglich sollte mittels eines Verweises auf Artikel 27 EuGVO eine entsprechende Anwendung gewährleistet werden. Die Vorschrift könnte insgesamt wie folgt gefasst werden:[725]

(1) Die in Artikel 6 Nummer 2 und Artikel 11 für eine Gewährleistungs- oder Interventionsklage vorgesehene Zuständigkeit kann in den in Anhang VII aufgezählten Staaten[726] nach Maßgabe der dort genannten nationalen Vorschriften in Anspruch genommen werden.[727] Ausschließliche Zuständigkeiten gehen auch den in Anhang VII beschriebenen Drittbeteiligungsformen vor. Das Gericht des Hauptverfahrens hat selbst über die Zulässigkeit der Drittbeteiligung zu entscheiden. Die Vorschriften der Abschnitte 7, 8 und 9 des Kapitels II finden entsprechende Anwendung.

(2) Die Wirkungen, welche die in diesen Staaten ergangenen Entscheidungen nach Absatz 1 gegenüber Dritten haben, werden in den anderen Mitgliedstaaten nach Titel III der Verordnung anerkannt.

---

723 Der Vorschlag lag bei Abgabe des Manuskriptes dieser Arbeit noch nicht vor und ist mit Stand Juni 2011 eingearbeitet worden.

724 Vgl. Study JLS/C4/2005/03, S. 111, 118 ff. (mit Hinweis auf die Entwicklung der deutschen Rechtsprechung zur isolierten Drittwiderklage).

725 Formulierungsvorschlag Stand April 2010.

726 Dort wären neben Deutschland, Österreich und Ungarn auch Estland, Lettland, Litauen, Polen und Slowenien, ggf. auch Spanien zu nennen.

727 Dementsprechend sollte ein Anhang VII eingeführt werden, der die betroffenen Mitgliedstaaten und die jeweiligen Drittbeteiligunsgsnormen auflistet.

Zusammenfassung der Ergebnisse

A. Das europäische Interventionsrecht

Das europäische Interventionsrecht ist zweigliedriger Natur. Grundsätzlich steht für die grenzüberschreitende Einbeziehung Dritter in fremde Prozesse eine internationale Zuständigkeit für Gewährleistungs- und Interventionsklagen zur Verfügung (Art. 6 Nr. 2 EuGVO und LugÜ). Ausnahmsweise greift der Vorbehalt des Art. 65 EuGVO bzw. Art. II Protokoll 1 LugÜ und schließt die Anwendbarkeit des Gerichtsstands der Gewährleistungs- und Interventionsklage aus. Stattdessen ist dann die Streitverkündung statthaft. Beide Rechtsinstitute verfolgen den Zweck, widersprüchliche Entscheidungen in unterschiedlichen Mitgliedstaaten zu vermeiden und durch Verfahrenskonzentration eine ökonomische Prozessführung zu gewährleisten.

I. Gewährleistungs- und Interventionsklagen

1. Gewährleistungsklagen im Sinne von Art. 6 Nr. 2 EuGVO sind solche Klagen, die der Beklagte in einem Rechtsstreit gegen einen Dritten zum Zweck der eigenen Schadloshaltung wegen der Folgen dieses Rechtsstreits erhebt.
2. Interventionsklagen im Sinne von Art. 6 Nr. 2 EuGVO sind alle im Verfahrensrecht eines Mitgliedstaates vorgesehenen Klagearten, die nach diesem Recht dazu führen, dass ein Dritter zur dritten Partei des Prozesses wird und dabei eine dritte Parteiseite neben dem Kläger und dem Beklagten des Hauptprozesses einnimmt. Der Interventionskläger muss einen eigenen prozessualen Anspruch verfolgen, über den im Rahmen des Mehrparteienprozesses rechtskräftig entschieden wird. Eine Interventionsklage kann sowohl von einer der Hauptparteien als auch vom zuvor unbeteiligten Dritten selbst initiiert werden.
3. Art. 6 Nr. 2 EuGVO ist auch dann anwendbar, wenn sich die Zuständigkeit des angerufenen Gerichts in Bezug auf die Hauptsache auf nationales Recht stützt. Eine Tatbestandsausnahme für den Fall, dass die Zuständigkeit in der Hauptsache auf einem exorbitanten Gerichtsstand beruht, ist nicht anzunehmen.
4. Gewährleistungs- und Interventionsklagen müssen in einem inneren Zusammenhang zu der Klage stehen, welche im Hauptprozess verfolgt wird. Dem Begriff der Gewährleistungsklage ist ein solcher Zusammenhang immanent. Interventionsklagen weisen einen ausreichenden Zusammenhang zur Hauptklage auf, wenn sie im weiten Sinne einen Ausgleichsanspruch hinsichtlich der Folgen des ursprünglichen Prozesses zum Gegenstand haben. Zur Feststellung des erforderlichen Zusammenhangs genügt die Schlüssigkeit des entsprechenden

Tatsachenvortrages. Ein Rückgriff auf die lex causa ist nicht erforderlich.

5. Eine Gewährleistungs- bzw. Interventionsklage scheidet aus, wenn ein insoweit vorrangiger Gerichtsstand besteht. Einen solchen Vorrang beanspruchen die ausschließlichen Zuständigkeiten des Art. 22 EuGVO und die besonderen Regelungen der Abschnitte 3, 4 und 5 des Kapitels II der Verordnung. Im Rahmen der Abschnitte 4 und 5 des Kapitels II der Verordnung gilt dieser Vorrang nur insoweit, als die typischerweise schützenswerte Person (Verbraucher, Arbeitnehmer) über Art. 6 Nr. 2 EuGVO außerhalb ihres Wohnsitzstaates gerichtspflichtig gemacht werden soll.

6. Der Zuständigkeit nach Art. 6 Nr. 2 EuGVO steht eine wirksame, ausschließliche Gerichtsstandsvereinbarung zwischen Gewährleistungs- bzw. Interventionskläger und –beklagtem entgegen. Die Derogationswirkung beurteilt sich nach Art. 23 EuGVO. Aufgrund der Ausschließlichkeitsregel des Art. 23 Abs. 1 S. 2 EuGVO ist eine Gewährleistungs- bzw. Interventionsklagen vor einem anderen als dem prorogierten Gericht ausgeschlossen, sofern sich die Parteien die Möglichkeit einer solchen Drittbeteiligung nicht ausdrücklich vorbehalten haben. Es ist nicht erforderlich, dass die Vereinbarung ausdrücklich als „ausschließlich" bezeichnet wurde. Auch ein sprachlicher Hinweis auf den Ausschluss von Drittbeteiligungsmechanismen ist entbehrlich.

7. Sonstige Zulässigkeitsvoraussetzungen der Gewährleistungs- bzw. Interventionsklagen bestimmen sich nach dem nationalen Verfahrensrecht am Gerichtsort, solange die praktische Wirksamkeit der Verordnung dadurch nicht beeinträchtigt wird.

8. Ein im Gerichtsstand des Art. 6 Nr. 2 EuGVO ergangenes Urteil ist nach den allgemeinen Vorschriften der Artt. 33 ff. EuGVO in den anderen Mitgliedstaaten anzuerkennen. Diese Anerkennungspflicht gilt aufgrund von Art. 65 Abs. 2 S. 1 EuGVO auch für solche Mitgliedstaaten, in denen die Zuständigkeit für Gewährleistungs- und Interventionsklagen nicht in Anspruch genommen werden kann. Die Anerkennung des Gewährleistungs- bzw. Interventionsurteils ist unabhängig von der Anerkennung des Urteils in der Hauptsache.

9. Eine Überprüfung der Zuständigkeit im Anerkennungsstadium entfällt gemäß Art. 35 Abs. 3 S. 1 EuGVO. Etwas anderes gilt gemäß Art. 35 Abs. 1 EuGVO nur, wenn eine ausschließliche Zuständigkeit im Sinne von Art. 22 EuGVO oder eine Vorschrift aus den Abschnitten 3 und 4 des Kapitels II der Verordnung verletzt wurde. Die letztgenannte Ausnahme ist teleologisch dahingehend zu reduzieren, dass eine Überprüfung nur dann stattfindet, wenn sich die schützenswerte

Person (Versicherungsnehmer, Verbraucher) in der Beklagtenrolle befand und diese in der Zuständigkeitsfrage benachteiligt wurde.

II. Streitverkündung

1. Der in Art. 65 Abs. 1 S. 1 EuGVO (bzw. Art. II Abs. 1 S. 1 Protokoll 1 LugÜ) statuierte Vorbehalt gegen die Anwendung von Gewährleistungs- und Interventionsklagen gilt nur für die dort ausdrücklich aufgezählten Staaten. In Ermangelung eines expliziten Vorbehalts ist jeder Mitgliedstaat zur Justizgewähr verpflichtet und hat einen Gerichtsstand im Sinne von Art. 6 Nr. 2 EuGVO einzurichten.
2. Art. 65 Abs. 1 S. 2 EuGVO statuiert die besondere Form der (mittelbaren) Gerichtspflichtigkeit kraft Streitverkündung in den aufgezählten Staaten. Sofern die Verfahrensordnung eines anderen Mitgliedstaates eine Streitverkündung vorsieht, die denen der genannten Mitgliedstaaten in ihren Voraussetzungen und Wirkungen vergleichbar ist, kann die Vorschrift analog angewendet werden. Die Gerichtspflichtigkeit kraft Streitverkündung besteht in diesen Staaten neben dem Gerichtsstand der Gewährleistungs- bzw. Interventionsklage.
3. Die Vorschrift des Art. 65 Abs. 1 S. 2 EuGVO ist anwendbar, wenn der Ausgangsprozess, in dem die Streitverkündung erklärt wird, in den sachlichen Anwendungsbereich der Verordnung fällt. Es ist nicht erforderlich, dass sich die Zuständigkeit des Ausgangsgerichts auf eine Vorschrift der Verordnung stützt. Es genügt, wenn diese auf nationalem Verfahrensrecht beruht und zwar auch dann, wenn es sich um eine exorbitante Zuständigkeit im Sinne von Art. 3 Abs. 2 EuGVO handelt. Es ist nicht erforderlich, dass der (potentielle) Regressprozess in den Anwendungsbereich der Verordnung fällt.
4. Der Streitverkündungsempfänger muss seinen Wohnsitz gemäß Art. 65 Abs. 1 S. 2 EuGVO in einem anderen Mitgliedstaat haben. Ist er in einem Drittstaat oder dem Gerichtsstaat des Ausgangsprozesses selbst ansässig, bestimmt sich seine (mittelbare) Gerichtspflichtigkeit allein nach nationalem Streitverkündungsrecht.
5. Hinsichtlich der Zulässigkeitsvoraussetzungen verweist Art. 65 Abs. 1 S. 2 EuGVO ausdrücklich auf die jeweilige lex fori, für Deutschland also auf die §§ 72-74, 68 ZPO. Die Frage, ob ein Streitverkündungsgrund im Sinne von § 72 Abs. 1 ZPO vorliegt, ist alternativ nach dem Sachrecht zu beantworten, welches durch das am Gerichtsort des Ausgangs- bzw. potentiellen Folgeprozesses geltende IPR berufen ist.
6. Der Missbrauchsvorbehalt des Art. 6 Nr. 2 Hs. 2 EuGVO ist auf die Gerichtspflichtigkeit kraft Streitverkündung nach Art. 65 Abs. 1 S. 2 EuGVO zu übertragen.

7. Die Gerichtspflichtigkeit gemäß Art. 65 Abs. 1 S. 2 EuGVO entfällt bei Vorliegen eines insoweit vorrangigen Gerichtsstands. Eine Streitverkündung ist unzulässig, wenn der den Streitverkündungsgrund bildende Regressanspruch unter die ausschließlichen Zuständigkeiten im Sinne von Art. 22 EuGVO fällt. Gleiches gilt, wenn der Streitverkündungsgrund eine Versicherungs-, Verbraucher- oder Arbeitssache betrifft. Der Vorrang der Regelungen der Abschnitte 4 und 5 des Kapitels II bezieht sich allein auf Streitverkündungen gegenüber der typischerweise schwächeren Partei.
8. Haben Verkünder und Empfänger der Streitverkündung eine wirksame und ausschließliche Gerichtsstandsvereinbarung getroffen, so ist eine Streitverkündung vor einem anderen als dem prorogierten Gericht unzulässig. Der Streitverkündungsausschluss richtet sich im Anwendungsbereich der Verordnung nach den gleichen Regeln, die für eine Derogation der Zuständigkeit für Gewährleistungs- und Interventionsklagen gelten. Aufgrund der Ausschließlichkeitsvermutung des Art. 23 Abs. 1 S. 2 EuGVO ist eine Streitverkündung vor einem anderen als dem gewählten Gericht auch dann unzulässig, wenn die Vereinbarung nicht ausdrücklich als „ausschließlich“ bezeichnet oder auf sämtliche Drittbeteiligungsmöglichkeiten erstreckt wurde.
9. Die in Art. 65 Abs. 2 S. 2 EuGVO statuierte Anerkennungspflicht gilt auch in Bezug auf Streitverkündungen nach den Verfahrensordnungen von nicht ausdrücklich erwähnten Mitgliedstaaten, sofern diese vergleichbare Wirkungen erzielen. Gleiches gilt hinsichtlich von Streitverkündungen gegenüber Drittstaatlern und Inländern, welche allein auf nationalem Recht beruhen.
10. Die Streitverkündungswirkung baut auf dem im Ausgangsprozess ergehenden Urteil auf und ist nur dann anerkennungsfähig, wenn das Ausgangsurteil selbst nach den Artt. 33 ff. EuGVO anzuerkennen ist. Darüber hinaus findet eine Prüfung der Anerkennungshindernisse des Art. 34 EuGVO im Verhältnis zum Streitverkündungsempfänger statt.
11. Die internationale Zuständigkeit des Ausgangsgerichts wird gemäß Art. 35 Abs. 3 S. 1 EuGVO im Anerkennungsstadium nicht mehr überprüft, so dass die Unzulässigkeit der Streitverkündung kein Anerkennungshindernis darstellt. Ein Verstoß der Streitverkündung gegen die Vorschriften der Abschnitte 3, 4 und 6 des Kapitels II der Verordnung kann gemäß Art. 35 Abs. 1 EuGVO noch im Anerkennungsstadium gerügt werden. Die Ausnahme bezüglich der Abschnitte 3 und 4 des Kapitels II ist teleologisch dahingehend zu reduzieren, dass eine Überprüfung der Zulässigkeit der Streitverkündung nur dann stattfindet, wenn die schützenswerte Person (Versicherungsnehmer, Verbraucher) im Ausgangsprozess die Rolle des Streitverkündungsemp-

fängers eingenommen hat und in der Zuständigkeitsfrage benachteiligt wurde.

12. Art. 65 Abs. 2 S. 2 EuGVO ordnet eine verfahrensrechtliche Wirkungserstreckung an. Urteile, die in Deutschland nach den §§ 72-74, 68 ZPO ergangen sind, haben in den übrigen Mitgliedstaaten somit die gleichen Wirkungen wie in Deutschland selbst. Gleiches gilt sowohl für die ausdrücklich genannten als auch die unerwähnt gebliebenen Mitgliedstaaten, welche das Rechtsinstitut der Streitverkündung verwenden. Die Anerkennungspflicht erstreckt sich nicht auf die materiellen Wirkungen der Streitverkündung, etwa die Unterbrechung der Verjährung. Diese sind nach dem auf das Vertragsverhältnis anwendbaren Sachrecht zu beurteilen.

13. Art. 65 EuGVO verstößt nicht gegen das Diskriminierungsverbot von Art. 18 AEUV. Die Vorschrift knüpft nicht an die Staatsangehörigkeit des Streitverkünders, sondern allein an den Gerichtsort des Ausgangsprozesses an.

B. Vermeintliche Strukturdefizite der Streitverkündung

Die Unsicherheiten im europäischen Interventionsrecht, welche sich einerseits aus der Zweigliedrigkeit der Rechtsmaterie und andererseits aus dem Zusammentreffen von in sich abgeschlossenen Systemen (ZPO einerseits, EuGVO andererseits) ergeben, sind durch Anpassung des nationalen Verfahrensrechts im Lichte des Gemeinschafts- bzw. Unionsrechts und durch Beachtung des Einheitlichkeitsgrundsatzes bei der Anwendung der Verordnung aufzulösen.

I. Zeitpunkt der Zulässigkeitsprüfung

1. Die Zulässigkeit einer unbeantwortet gebliebenen Streitverkündung wird nach der ZPO erst im Folgeprozess überprüft. Gleiches gilt, wenn der Streitverkündungsempfänger dem Ausgangsprozess zwar beitritt, gleichzeitig aber die Zulässigkeit der Streitverkündung ausdrücklich in Frage stellt. Findet im Ausgangsprozess ein Zwischenstreit gemäß § 71 ZPO statt, so ist die Zulässigkeit der Streitverkündung bereits dort zu prüfen. Bei einem vorbehaltlosen Beitritt des Dritten wird die Zulässigkeit weder im Ausgangs- noch im Folgeprozess gerichtlich überprüft.

2. Im Anwendungsbereich der Verordnung kann die internationale Zuständigkeit im Anerkennungsstadium gemäß Art. 35 Abs. 3 S. 1 EuGVO nicht mehr überprüft werden. Dies gilt nach Art. 35 Abs. 1 EuGVO nur dann nicht, wenn eine Vorschrift des 3., 4. oder 6. Abschnittes von Kapitel II der Verordnung verletzt wurde. Das Gericht eines Mitgliedstaates ist aufgrund dieser Regelung da-

ran gehindert, die im Vorprozess zunächst unterbliebene Zulässigkeitsprüfung im Folgeprozess nachzuholen.

3. Die Zulässigkeit einer grenzüberschreitenden Streitverkündung im europäischen Rechtsraum ist – nach Maßgabe der Artt. 24 bis 26 Abs. 1 EuGVO – bereits im Ausgangsprozess zu überprüfen, wenn der Folgeprozess in einem anderen Mitgliedstaat stattfinden wird. Tritt der Dritte dem Rechtsstreit nicht bei, so ist die Zulässigkeit der Streitverkündung von Amts wegen zu prüfen. Im Falle des Beitritts ist dem Dritten die Möglichkeit zu geben, die Zulässigkeit der Streitverkündung zu rügen. Tritt er dem Rechtsstreit im Ausgangsprozess ohne Vorbehalt bei, so hat das Gericht eine amtswegige, auf eine Verletzung des Art. 22 EuGVO beschränkte Zulässigkeitsprüfung vorzunehmen.

II. Europäische Rechtshängigkeit und Streitverkündung

1. Die Rechtshängigkeitssperre des Art. 27 EuGVO ist auf die Streitverkündung nicht unmittelbar anwendbar. Im Falle der gleichzeitigen Anhängigkeit von Vor- und Folgeprozess kommt eine Verfahrenskoordination nach Art. 28 EuGVO in Betracht. Aufgrund der Tatsache, dass diese Vorschrift keine zwingende Rechtsfolge vorsieht und im Falle der früheren Anhängigkeit des Folgeprozesses nicht weiterführt, ist die geltende Rechtslage in Bezug auf Parallelprozesse im Falle der Streitverkündung lückenhaft.

2. Die Vorschriften zur europäischen Rechtshängigkeit sind auf Streitverkündungen im Sinne von Art. 65 Abs. 1 S. 2 EuGVO zu erstrecken. Art. 27 EuGVO ist insoweit analog anzuwenden, da auch im Falle der gleichzeitigen Anhängigkeit von Vor- und Folgeprozess die Gefahr des Eintretens von Anerkennungshindernissen im Sinne von Art. 34 Nr. 3 EuGVO besteht. Damit ist auch eine einheitliche Behandlung der unterschiedlichen Drittbeteiligungsinstitute im Rahmen der EuGVO gewährleistet.

3. Wird in einem Mitgliedstaat ein Prozess zwischen zwei Parteien über einen Anspruch anhängig, zu dessen Vorbereitung eine der Parteien der anderen zuvor vor dem Gericht eines anderen Mitgliedstaates den Streit verkündet hat, so ist dieser Prozess zunächst auszusetzen, bis das zuerst angerufene Gericht (Gericht des Ausgangsprozesses) über die Zulässigkeit der Streitverkündung entschieden hat. Sofern es die Zulässigkeit bejaht, kann das später angerufene Gericht (Gericht des Folgeprozesses) sein Verfahren erst wieder aufnehmen, wenn das frühere Verfahren rechtskräftig beendet wurde. Nach der Wiederaufnahme hat das später angerufene Gericht die Streitverkündungswir-

kung aus dem früheren Verfahren gemäß Art. 65 Abs. 2 S. 2 EuGVO anzuerkennen.

4. Verkündet eine Person einer anderen Person vor dem Gericht eines Mitgliedstaates den Streit, um einen Anspruch vorzubereiten, der bereits zwischen denselben Personen vor dem Gericht eines anderen Mitgliedstaates anhängig ist, so geht das Verfahren, in dem die Streitverkündung erklärt wird zunächst ungehindert fort, bis sich das zuerst angerufene Gericht (Gericht des Folgeprozesses) über seine Zuständigkeit erklärt. Sobald die Zuständigkeit des zuerst angerufenen Gerichts feststeht, hat das später angerufene Gericht (Gericht des Ausgangsprozesses) die Unzulässigkeit der Streitverkündung wegen anderweitiger Rechtshängigkeit festzustellen. Steht bei der Entscheidung des Ausgangsverfahrens die Zuständigkeitsentscheidung des zuerst angerufenen Gerichts noch aus, entscheidet das Ausgangsgericht vorbehaltlich der Zuständigkeitsentscheidung über die Zulässigkeit der Streitverkündung.

C. Ausblick

1. Aufgrund der Revision des LugÜ und der angestrebten Parallelität von LugÜ und EuGVO ist davon auszugehen, dass die Vorschrift des Art. 65 EuGVO auf Estland, Lettland, Litauen, Polen und Slowenien erweitert wird.

2. Eine Vereinheitlichung des europäischen Interventionsrechts im Sinne einer Abschaffung von Art. 65 EuGVO ist im Rahmen der anstehenden Revision der EuGVO nicht zu erwarten.

3. Die Vorschrift des Art. 65 EuGVO sollte wie folgt gefasst werden, um eine weitgehende Gleichbehandlung der unterschiedlichen Drittbeteiligungsinstitute im europäischen Interventionsrecht sicherzustellen:

   (1) Die in Artikel 6 Nummer 2 und Artikel 11 für eine Gewährleistungs- oder Interventionsklage vorgesehene Zuständigkeit kann in den in Anhang VII aufgezählten Staaten nach Maßgabe der dort genannten nationalen Vorschriften in Anspruch genommen werden. Ausschließliche Zuständigkeiten gehen auch den in Anhang VII beschriebenen Drittbeteiligungsformen vor. Das Gericht des Hauptverfahrens hat selbst über die Zulässigkeit der Drittbeteiligung zu entscheiden. Die Vorschriften der Abschnitte 7, 8 und 9 des Kapitels II finden entsprechende Anwendung.

   (2) Die Wirkungen, welche die in diesen Staaten ergangenen Entscheidungen nach Absatz 1 gegenüber Dritten haben, werden in den anderen Mitgliedstaaten nach Titel III der Verordnung anerkannt.

Materialien

Zum EuGVÜ

Jenard, Paul: Bericht zu dem Übereinkommen über die gerichtliche Zuständigkeit und die Vollstreckung gerichtlicher Entscheidungen in Zivil- und Handelssachen vom 27. September 1986, ABl. EG 1979, Nr. C 59, S. 1 ff. (zit: Bericht zum EuGVÜ)

Schlosser, Peter: Bericht zu dem Übereinkommen des Königreichs Dänemarks, Irlands und des Vereinigten Königreichs Großbritannien und Nordirland über den Beitritt zum Übereinkommen über die gerichtliche Zuständigkeit und die Vollstreckung gerichtlicher Entscheidungen in Zivil- und Handelssachen vom 9. Oktober 1978, ABl. EG 1979, Nr. C 59, S. 71 ff. (zit: Bericht zum 1. Beitrittsübereinkommen EuGVÜ)

Almeida Cruz, Matinho / Desantes Real, Manuel / Jenard, Paul: Übereinkommen über den Beitritt des Königreichs Spaniens und der Portugiesischen Republik zum Übereinkommen über die gerichtliche Zuständigkeit und die Vollstreckung gerichtlicher Entscheidungen in Zivil- und Handelssachen vom 26. Mai 1989, ABl. EG 1990, Nr. C 189, S. 35 ff. (zit: Bericht zum 3. Beitrittsübereinkommen EuGVÜ)

Gerichtshof der Europäischen Gemeinschaften: Nachschlagewerk der Rechtsprechung zum Gemeinschaftsrecht, Serie D – Übereinkommen vom 27. September 1968, Luxemburg 1993, (zit: Nachschlagewerk der Rspr. zum GR, Serie D)

Zur EuGVO

Hess, Burkhard / Pfeiffer, Thomas / Schlosser, Peter: Report on the Application of Regulation Brussels I in the Member States, Study JLS/C4/2005/03, September 2007, abrufbar unter:

http://ec.europa.eu/civiljustice/news/docs/study_application_brussels_1_en.pdf , (zit: Study JLS/C4/2005/03)

Europäische Kommission: Bericht der Kommission an das Europäische Parlament, den Rat und den Europäischen Wirtschafts- und Sozialausschuss über die Anwendung der Verordnung (EG) Nr. 44/2001 des Rates über die gerichtliche Zuständigkeit und Vollstreckung von Entscheidungen in Zivil- und Handelssachen vom 21. April 2009, KOM (2009) 174 endgültig

Europäische Kommission: Grünbuch zur Überprüfung der Verordnung (EG) Nr. 44/2001 des Rates über die gerichtliche Zuständigkeit und die Anerkennung und Vollstreckung von Entscheidungen in Zivil- und Handelssachen vom 21. April 2009, KOM (2009) 175 endgültig.

Bundesministerium der Justiz: Stellungnahme zum Grünbuch Überprüfung der Verordnung (EG) Nr. 44/2001 des Rates über die gerichtliche Zuständigkeit und die Anerkennung und Vollstreckung von Entscheidungen in Zivil- und Handelssachen (KOM (2009) 175 endgültig) vorgelegt von der Kommission am 21. April 2009, abrufbar unter:

http://ec.europa.eu/justice_home/news/consulting_public/0002/contributions/ms_governments/germany_de.pdf

Bundesministerium für Justiz der Republik Österreich: Stellungnahme zu Bericht und Grünbuch der Europäischen Kommission vom 27. April 2009, abrufbar unter:

http://ec.europa.eu/justice_home/news/consulting_public/0002/contributions/ms_governments/austria_de.pdf

Republik Frankreich: Note de la delegation francaise, Objet: Réponses des Autorités francaises au Livre vert relativ à la révision du règlement (CE) no. 44/2001 du Conseil concernant la compétence judicaire, la reconnaissance et l'exécution des decision en matière civile et commerciale, abrufbar unter:
http://ec.europa.eu/justice_home/news/consulting_public/0002/contributions/ms_governments/france_fr.pdf

Berliner Schriften zum internationalen und ausländischen Privatrecht

Herausgegeben von Helmut Grothe

Band 1 Petra Wutzo: Arzneimittelwerbung des Herstellers und Verbraucheransprüche im deutschen und französischen Recht. 2009.

Band 2 Ilias Chamos: Die Umsetzung der Verbraucherkreditrichtlinie 87/102/EWG in Deutschland und Griechenland. Unter besonderer Berücksichtigung personaler und dinglicher Kreditsicherheiten. 2010.

Band 3 Eva Schäper: Gewinnzusagen. Materiellrechtliche, international verfahrensrechtliche und kollisionsrechtliche Untersuchung des Anspruchs aus § 661a BGB. 2010.

Band 4 Bernhard Kunkler: Das internationale Zivilverfahren im französischen Rechtskreis. Eine rechtsvergleichende Untersuchung des autonomen internationalen Zivilverfahrensrechts Frankreichs, Belgiens und Québecs. 2010.

Band 5 Ulrike von Paris: Die Streitverkündung im europäischen Interventionsrecht. 2011.

www.peterlang.de

Peter Lang · Internationaler Verlag der Wissenschaften

Anne Winterling

Die Entscheidungszuständigkeit in Arbeitssachen im europäischen Zivilverfahrensrecht

Frankfurt am Main, Berlin, Bern, Bruxelles, New York, Oxford, Wien, 2006.
XIII, 203 S.
Studien zum vergleichenden und internationalen Recht.
Herausgegeben von Bernd von Hoffmann, Erik Jayme und Heinz-Peter Mansel.
Bd. 123
ISBN 978-3-631-54342-9 · br. € 48,20*

Der europäische Binnenmarkt garantiert den Arbeitnehmern Freizügigkeit. Die anwachsende grenzüberschreitende Beschäftigung geht mit dem Anstieg entsprechender Arbeitsrechtsstreitigkeiten einher. Das europäische Zivilprozessrecht hat dies mit seiner Neuregelung arbeitsvertraglicher Gerichtsstandsvorschriften in Art. 18–21 EuGVVO berücksichtigt, wobei hierbei noch viele Detailfragen ungeklärt sind. Zunehmend geraten auch grenzüberschreitende Rechtsstreitigkeiten zwischen Tarifvertragsparteien beziehungsweise Betriebsrat und Arbeitgeber in den Blick. Das europäische Zivilprozessrecht weist auch für diese Rechtsstreitigkeiten zuständigkeitsrechtliche Lösungen auf.

Aus dem Inhalt: Gerichtsstandregelungen nach der EuGVVO für arbeitsrechtliche Streitigkeiten · Gerichtsstandregelungen in Arbeitssachen außerhalb der EuGVVO im EG-Sekundärrecht

Frankfurt am Main · Berlin · Bern · Bruxelles · New York · Oxford · Wien
Auslieferung: Verlag Peter Lang AG
Moosstr. 1, CH-2542 Pieterlen
Telefax 00 41 (0) 32 / 376 17 27

*inklusive der in Deutschland gültigen Mehrwertsteuer
Preisänderungen vorbehalten

Homepage http://www.peterlang.de